低碳城市智能停车设施规划方法与技术

沈童 著

DITAN CHENGSHI ZHINENG TINGCHE
SHESHI GUIHUA FANGFA
YU JISHU

化学工业出版社
·北京·

内容简介

本书以城市智能停车设施规划为核心，系统探讨了低碳城市建设背景下的停车设施供需特征、影响因素及优化模型。作者通过对西安市的实证研究，深入分析了不同土地利用模式下的停车需求特征，并提出了基于交通需求预测的停车设施规划模型，旨在实现停车资源的合理配置，缓解城市交通拥堵，减少碳排放。

作者采用实地调研、数据分析、模型构建等多种研究方法，确保了研究结果的科学性和可靠性。研究发现，合理的停车设施规划不仅能缓解城市交通拥堵，还能显著降低碳排放，对推动低碳城市建设具有重要意义。

本书适用于城市规划者、交通工程师、环境科学研究人员及相关领域的从业人员，也可作为高等院校相关专业师生的参考资料。

图书在版编目（CIP）数据

低碳城市智能停车设施规划方法与技术 / 沈童著. 北京 ：化学工业出版社，2024. 9. -- ISBN 978-7-122-46447-7

I. U491. 7

中国国家版本馆CIP数据核字第2024B54F97号

责任编辑：陈　喆　　装帧设计：王晓宇
责任校对：田睿涵

出版发行：化学工业出版社
（北京市东城区青年湖南街13号　邮政编码100011）
印　　装：涿州市般润文化传播有限公司
710mm×1000mm　1/16　印张14¼　字数216千字
2025年2月北京第1版第1次印刷

购书咨询：010-64518888　　售后服务：010-64518899
网　　址：http://www.cip.com.cn
凡购买本书，如有缺损质量问题，本社销售中心负责调换。

定　　价：118.00元

Preface 前言

在快速城市化进程中，停车问题已成为城市缓堵减排的重要障碍。尤其在城市建成区，停车设施供给不足，导致道路拥堵、能源消耗及碳排放增加。本书旨在探讨如何在用地紧缺的情况下合理规划停车设施，以满足不断增长的停车需求，同时实现缓堵减排的目标。通过系统研究低碳导向下的停车规划方法，为城市规划提供科学依据，推动低碳城市的建设与发展。

撰写本书的初衷源于对城市交通与环境问题的认识以及改变人居环境美好愿望的驱动。在国家自然科学基金国际（地区）合作与交流项目“基于能源绩效的历史城市低碳转换机理与规划方法研究”（5151101158）和国家“十三五”重点研发计划《城市新区低碳模式与规划设计优化技术》项目、国家自然科学基金“碳中和背景下西北城镇社区宜居更新模式研究”（52478040）及国家自然科学基金面上项目“面向多模态多目标优化的多任务概率密度比建模与协同演化机理研究”（62272384）的部分支持下，我们对西安市停车设施进行了详细的实证研究，并提出了一套系统的停车设施规划方法与技术。

本书分为 6 章，内容涵盖了停车设施供需特征分析、停车设施规划方法与技术、低碳导向的停车设施规划及实证研究等方面。通过对不同土地利用模式下停车需求特征的分析，提出了基于交通需求预测的停车设施规划模型，旨在实现停车资源的合理配置，缓解城市交通拥堵，减少碳排放。本书采用了多种研究方法，包括实地调研、数据分析、模型构建等，力求研究结果的科学性和可靠性。本书不仅可为学术研究提供理论支撑，也可为城市规划实践提供指导方案。

最后，感谢所有在研究和写作过程中给予帮助和支持的同事、朋友及家人，感谢他们的鼓励和支持使得本书得以顺利完成。同时，感谢国家自然科学基金和国家重点研发计划对本书的资助。希望本书能够为城市规划者、研究者及相关从业人员提供有益的参考和借鉴，为推动低碳城市建设贡献一份力量。

著者

Contents 目录

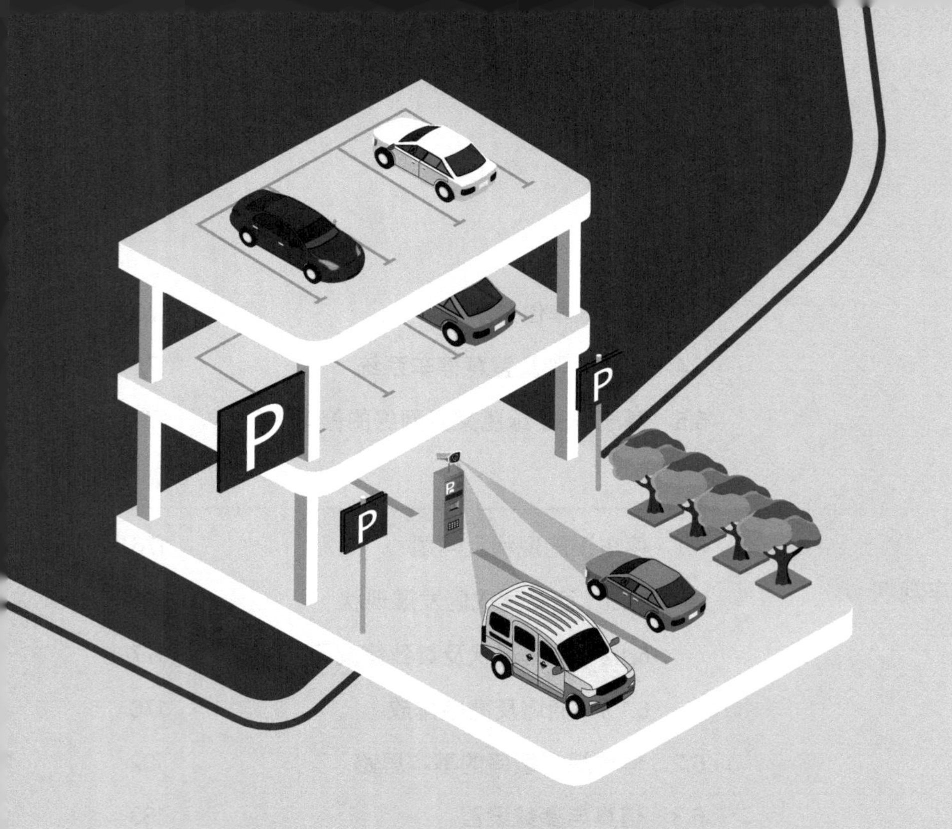

Chapter 1

第1章 绪论

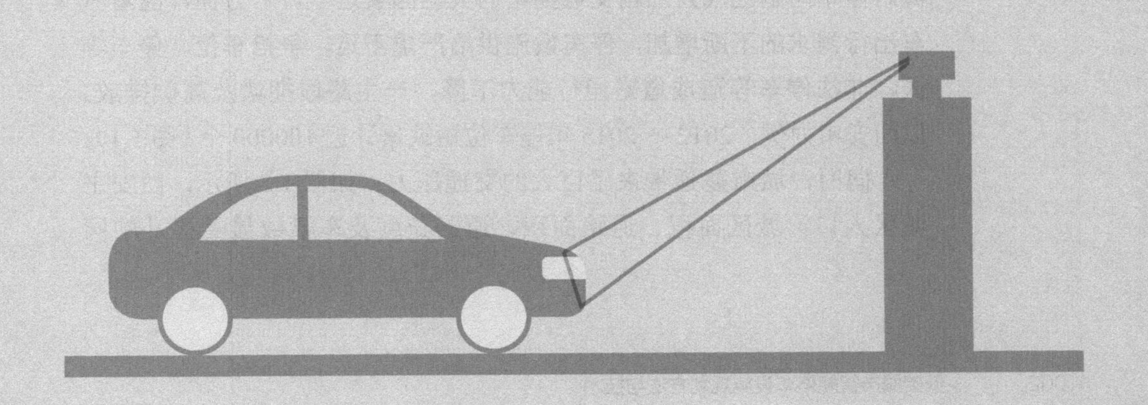

停车问题已成为影响城市缓堵减排的重要障碍。尤其在城市建成区，车位供给严重不足。道路拥堵时有8%～74%的车辆在寻找停车位，低速的停车巡航将增加20%～45%的交通流量，引发拥堵，带来能源消耗。因此，如何在城市建成区用地紧缺的情况下合理规划停车设施，既满足停车需求的不断增长，同时调控交通流的路网分布实现缓堵减排，对既有城区功能和品质提升具有重要意义。

从根源上讲，拥堵成因之一是城市公共资源供需关系失衡，而停车资源“失衡”主要涉及城市土地利用和交通系统。快速城市化增加了人们对小汽车出行的依赖，造成停车需求不断增加。停车位紧缺引发的停车巡航及不合理停车是建成区拥堵的重要原因之一。在配建停车位标准固定的情况下，新增停车需求可以通过新建公共停车场满足。然而建成区可用建设用地紧缺，不合理的停车场建设规划将造成土地资源浪费、车位闲置或供给不足，引发停车巡航及怠速等候，加剧拥堵。因此，在低碳城市建设研究背景下，建成区的停车规划合理考虑停车选址、规模对交通顺畅度及碳排放的影响至关重要。

1.1 既有城区停车概况

1.1.1 既有城区停车位供需矛盾

快速城市化及机动交通的普及使停车设施成为一种竞争的公共资源。停车问题已成为加剧交通拥堵的关键因素之一。一方面，随着汽车出行需求的不断增加，停车设施供给严重不足，争抢车位、停车等候、非法停车等造成道路通行能力下降，产生路段拥堵及高碳排放。以西安市为例，2012～2015年停车位短缺累计近100000个（图1.1）。

同时，城市蔓延带来了巨大的交通压力。如图1.2所示，西安主城区人口、城区面积、道路面积、道路长度及车辆数显著提升的同

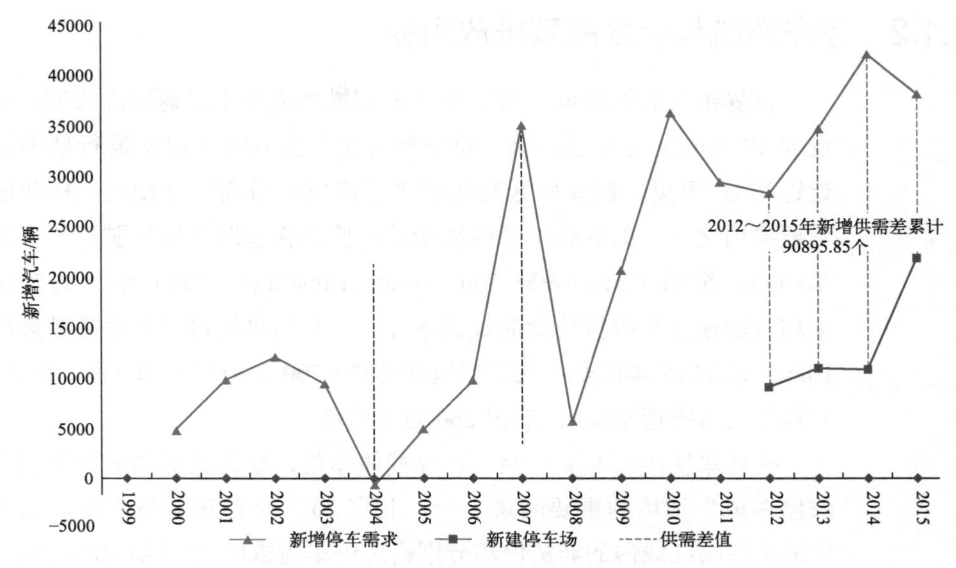

图 1.1　西安市汽车及停车位新增趋势图（1999～2015 年）

时，城市密度（人口密度）却呈现骤降的趋势。据世界银行对西安可持续交通项目的报告显示：1990 ～ 2001 年间西安道路交通量年增长率为 15.7%，超过经济年增长率 10.4%。2002 ～ 2016 年间西安城市千人口小汽车拥有量由 80 辆激增至 560 辆。城市密度的降低、道路长度及车辆数的增加意味着居民对小汽车出行依赖增强。通勤高峰常态化交通拥堵已成为难以治愈的“城市病”。

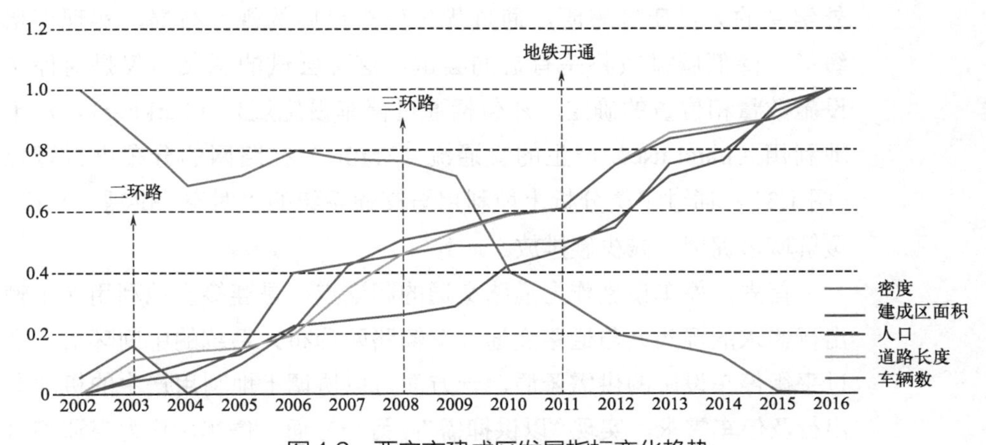

图 1.2　西安市建成区发展指标变化趋势

1.1.2 停车巡航与拥堵高碳排放问题

世界银行数据显示，2002 年西安明城墙内主干道通勤高峰期车速仅为 19.3km/h, 区域通行量 / 通行能力比值为 0.95（道路通行能力接近饱和）。可见，西安城区交通拥堵是造成区域高能耗和高碳排放的重要原因之一。如赵鹏军等研究所述，假设将道路平均行驶速度提高 30km/h，根据 Texas A&M Transportation Institute（TTI）给出的车辆平均行驶速度与碳排放量曲线关系计算，车辆平均每百公里将减排约 10kg。以 2018 年西安小汽车客运周转量 9700 万公里 /（车•日）计算，平均每天减排近 9700t，节约 266 万升汽油。

拥堵车辆中有 8%～ 74%在寻找停车位，缺乏足够的停车位使非法停车成为致堵的重要因素之一。北京 2015 年停车调查显示，在人行道及道路红线内的非法停车分别占总停车需求的 15%和 18%，以通行能力为 1200 辆 /h 的车道为例，18min 的路内非法停车将使路段碳排放量增加 26.5%。另一方面，停车巡航加剧路段交通负荷的同时，严重降低通过性交通流速，引发区域性拥堵及高碳排放。在都市交通繁忙区，车辆平均花费 3.5 ～ 13.9min 来寻找可用的停车位，使道路交通流量增加 20% ～ 45%。尤其在交通高峰期，停车布局、规模设置的不合理，会引发车辆进出频繁，严重降低直行车流速度，造成拥堵。

停车问题已成为影响交通拥堵、碳排放的一个重要因素，国内外学者的大量研究表明，通过优化停车设施的规划布局，实现拥堵缓解、降低碳排放将是有益的尝试。这种尝试的意义不仅是对停车设施数量和位置的确定，还包括通过停车设施规划（Parking），对土地利用（Land use）产生的交通流（Traffic）在路网的分布进行调控（图 1.3），通过平衡分析土地利用与交通系统的“时空 - 供需”平衡，缓解城市拥堵、减少碳排放。

首先，停车设施作为道路交通的起讫点，是连接土地利用（车辆出行需求的源头）与道路交通（车辆路网分布）系统的中间环节。通过平衡停车设施的供需矛盾，一方面可以协调土地利用产生的机动车出行及停车需求，实现“以供抑需”；另一方面，停车场作为交通流时

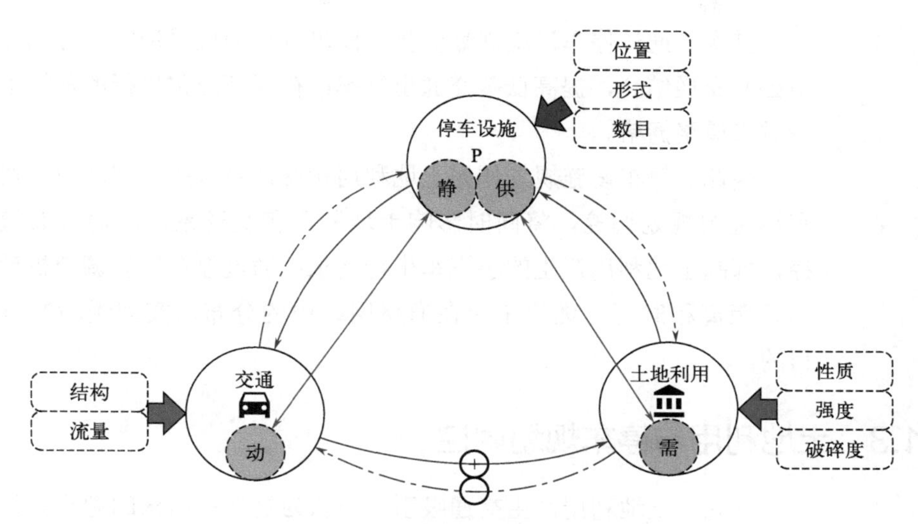

图 1.3　PLT 三元模型系统互动机制

空分布的控制点，通过停车诱导，均衡路网车流量，分散交通流，提升路段运行速度（图 1.4）。利用 PLT 三元模型系统的互动影响关系，实现停车规划对道路交通运行效率的优化目的。停车规划影响交通需求结构，而交通需求的改变又反馈于停车需求量及土地利用产生的交通需求，并将最终导致停车需求的变化。

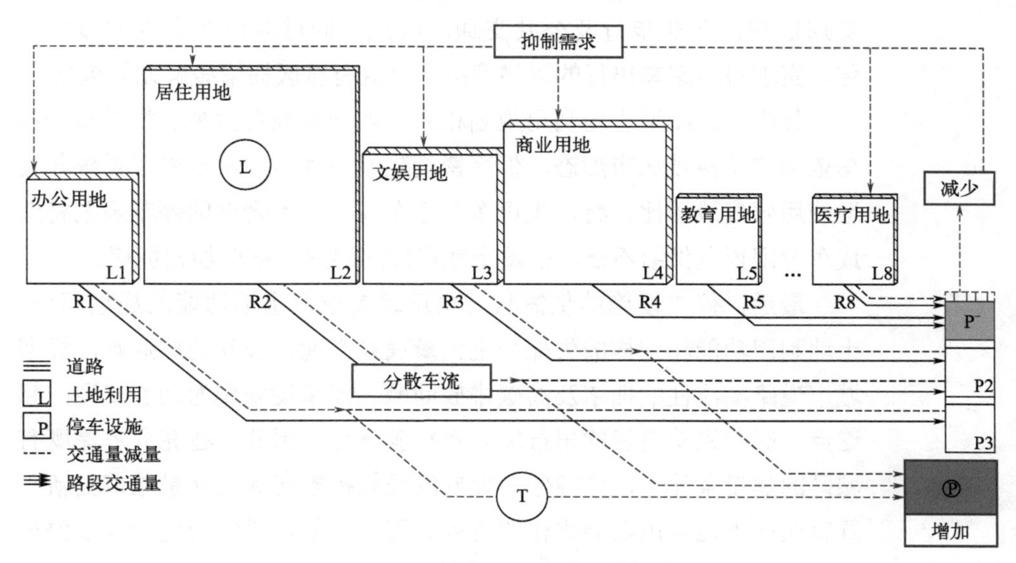

图 1.4　停车规划缓堵策略示意图

其次，通过停车设施规划优化居民出行交通模式现状，提倡停车与公共交通结合，提高低碳交通出行率，在保证正常出行的前提下减少城市道路拥堵。

因此，停车设施规划作为土地利用和交通系统的中间环节，对停车设施的规划调控，将同时影响土地利用和交通系统：通过数量调控，抑制土地利用产生的小汽车出行需求；通过停车选址调控机动车出行距离和时间，优化车流在道路网络中的分布，实现缓堵减排的目的。

1.1.3 土地利用与停车规划调控

首先，土地利用产生交通吸引，被认为是停车需求的源头。但在既有城区，试图通过对土地利用规划调整实现缓堵，虽理论可行，但实际难以操作。首先，既有城区建设程度高，土地利用结构和建设规模已基本确定，拆建过程将对城市环境和居民生活产生不利影响。其次，既有城区地价昂贵，可用于停车场建设的土地资源十分有限。更重要的是，土地利用的调整会引发交通需求总量的变化，其中包括步行、机动、公共交通等多种模式。然而拥堵疏解，需要减少的是机动交通需求，而非步行及公共交通。因此，通过对停车设施的布局优化，实现对私家车出行的以供抑需，对既有城区拥堵缓解尤为重要。

其次，紧凑型土地利用规划和高土地利用混合度被认为是减少汽车依赖的可持续城市形态，但高密度建设条件下，由于停车需求与土地使用强度成正比，将产生更多的停车需求。不合理的停车规划将造成车位闲置或供给不足，引发土地资源的浪费，甚至加剧拥堵。

最后，停车设施的供需状况也反映起讫点土地功能的规划问题。土地利用功能和结构的失配产生大量通勤交通，极易造成通勤高峰期城市道路潮汐性的拥堵及高碳排放问题。停车设施作为动态交通的起讫点，影响机动交通的出行需求及行驶路径。因此，在充分考虑既有城区的建设条件下，调控停车设施的规划措施实际上就是城市更新和既有城区土地利用功能优化的过程。因此，如何科学合理地规划停车设施，在城市的运行过程中，通过引导交通流空间分布，调控城市土地利用产生的小汽车出行需求和距离，是未来在低碳城市研究领域值得探索的问题。

既然供需失衡是拥堵的本源，那么在既有城区停车供给一定的条件下，调控停车需求至关重要。因此，从停车需求分析入手，制定缓堵策略需要重点分析以下两方面内容：停车需求的土地利用影响因素；如何通过调控停车需求实现缓堵减排。

1.2 停车致堵与缓堵

1.2.1 停车致堵机理

停车设施、土地利用与交通系统之间，及其相互影响关系一直是国外停车规划理论研究及分析模型的建立基础。Garrett 等指出，城市形态对交通碳排放的影响主要反映在空间布局（土地利用）引致的交通需求上，而停车设施作为道路交通的起讫点，与土地利用直接相关，并对交通需求的产生过程造成影响。1964 年，Lowry 提出的引力模型开创了土地利用与城市交通系统的互动关系研究。近几十年，停车从交通系统中被细分，称为“静态”交通。大部分欧洲城市利用停车设施以“静”制“动”的原理制定停车管理政策，约束私家车出行，保证公共交通使用率以减少城区拥堵。

然而，停车设施不仅是静态交通的一部分，同时也是土地利用的一种类型，其分布、数量对土地利用产生的汽车出行需求有显著影响。20 世纪初，停车场的供应和管理开始成为国外拥堵管理的重要政策之一。J D Hunt 等认为，停车受到土地利用产生交通吸引量的影响，同样可能成为触发拥挤的一个重要原因。国外学者的研究表明，停车设施作为日益稀缺的社会公共资源常常引发“争抢”而带来拥堵，当车位供给低于通勤高峰期土地利用产生的停车需求，会造成道路交通状况的瓶颈拥塞。然而 M Chester 等提出，即使提高车位设置下限，增加停车供给的措施也可能与车辆限行、减少碳排放背道而驰。停车位的大量供应将消减公共交通的使用概率，并诱增私家车出行需求，从长远看，有可能导致空间形态的改变及城市规模的进一步扩张。

因此，近年来停车位“可用性”和“供需平衡”理论逐渐取代单一停车供给或需求研究理论，成为欧美城市拥堵管理及停车政策研究的热点。D Shoup 认为“价格”和“停车位可用性”是居民选择公交或私家车通勤的两个关键因素。停车位的可用性（Availability）直接影响着居民对出行方式的选择。J Cao 和 M Menendez 利用城市交通系统动力学，探讨了停车位可用性对“动态”交通系统的运行能力和交通运行状况的影响程度和原因。R Wang 和 Q Yuan 认为，停车供需差异是中国城市面临的主要问题。E Inci 将停车巡航对交通拥堵的影响转换为停车供需关系下的稳态平衡问题，给出了在路边停车容量限制的情况下，停车位供需关系、停车巡航量与旅行价格的函数关系。研究表明，在无停车容量限制停车位达到供需平衡时，对交通网络而言，停车巡航的车辆数将低于有容量限制的情况，但对车辆个体而言，旅行价格也将更高。

国内对停车致堵、缓堵的研究起步较晚。就停车问题的演进而言，在小汽车出现初期，国内对停车设施的规划并未受到足够重视。自 20 世纪 80 年代起，城市停车问题初现。由于缺少有效可行的停车法规制度，城市商业中心首先出现车位不足的问题。20 世纪末，随着汽车拥有量的不断增加，停车供求矛盾日益突出。其中老旧小区的停车问题已成为造成交通拥堵，影响既有城区可持续发展的重要问题。对此，国家“九五”重点科技攻关项目“大城市停车场系统规划技术”通过分析我国城市停车现状，提出了符合中国国情的停车规划方法。其中，主要修订了总体停车配建指标，尤其是居住区停车位指标。21 世纪初，停车问题已成为我国大中城市面临的普遍问题。在政策支持下，小汽车购买力上升，小汽车数量的激增给城市交通系统带来了严重压力。对停车设施的合理规划，协调城市交通资源供需关系成为国内学者研究的热点。主要研究包括：停车场布局理论研究、具有城市特异性的停车政策及管理制度、停车配建标准等。随着国内对停车设施规划的研究深入，目前，我国学术研究领域已形成了适应我国国情发展，比较全面的停车规划理论，法规、政策制度及研究模型等。

理论研究层面，郑思齐等认为，土地利用、交通和环境是城市空间的关键组成部分，它们相互作用并相互影响。将这三者放在一个系统内，分析并理解其内生互动关系是城市空间动态模型研究的基础。交通系统内部“以静制动”“以供定需”“区域差异化”的规划原则成为国内停车管理的基本原则。梅振宇等提出，停车管理应作为交通需求管理（Transportation Demand Management，TDM）的一部分，利用市场机制寻求停车供需的原始平衡，阻止拥堵造成城市环境的进一步恶化。除了停车管理，对交通规划的供给、需求和政策性框架的制定也受到了关注。吕峰和洪亮平基于交通需求管理理论提出了停车规划应对交通拥堵问题的对策：考虑停车需求的时空特征，对停车需求的总量、时间、空间进行综合管理。梁伟和段进宇从停车控制管理的角度，对我国控制性详细规划的编制方法进行了研究，提出通过设立停车需求标准、停车分区控制标准、停车分类及特征，设置差异化的停车供给策略。陆化普基于供需平衡理论，通过分析交通拥堵的主要成因，提出了停车缓解交通拥堵的系统政策。可见，停车设施供需关系对动态交通系统的影响是国内学者应对交通拥堵研究的重点。

1.2.2 停车规划法规及标准

在政策制度和规划标准方面，美国停车设施管理经历了：限制停车时间和停车禁令—设置最低车位标准—车位最高标准—价格调控的变化过程。在汽车初现的几十年中，路边停车，尤其是免费停车，大量占用道路交通资源，造成交通阻塞，被城市规划师强烈反对。1915年及1920年底特律和波士顿分别对路边停车时间进行了限制。但1920～1960年间，随着汽车保有量的激增，停车压力增大，美国各城市相继取消了路边停车禁令。同时为了保证小汽车出行有足够车位，要求以“最小停车供给”标准配置住宅和商业区。很快路内停车严重饱和，城市开始增加停车库及路上停车场，停车配置标准存在严重的随意性与盲目性。为了制定更准确的停车标准，交通工程师协会（Institute of Transportation Engineer, ITE）通过实地调查及统计数据分析，开发了现有土地利用类型与停车位需求的目录，简称为《停车生成指南》（Parking Generation Guide），报告了数百种不同土地用途的停车需求。美国先后制定的停车规范包括《城市停车指南》《城市中心停车》《停车原则》等。根据以上指南提供的停车需求指标，规划机构建立停车预测模型，并使用简单的回归计算来“预测”停车需求。主要的停车需求模型有：静态交通发生率模型；车辆出行线性相关模型；停车需求预测模型；用地与交通影响分析模型；出行吸引模型等。

然而，D Shoup 研究发现，停车需求的计算过程从本质上讲是“从邻近司法管辖区复制”的文字，缺乏对方法的适当性及地点特异性进行分析。规划人员以土地类型（例如住宅公寓、快餐店或专业办公场所）作为停车需求的计算标准，机械复制邻近管辖区的停车法规，指定停车需求生成率。并且为了简化计算，往往采用易于测量且相对稳定的建筑面积而不是销售量，员工或其他更接近于实际停车设施使用情况的基础数据计算停车需求量，忽略交通系统和出行方式对实际停车需求的影响。通常假定所有来访者均乘汽车到达并有免费停车位，停车收费、其他交通方式（步行、乘车或骑自行车到达）对小汽车出行需求影响被最小化或被忽略，因此停车需求往往被高估。直至 20 世纪 60 年代停车需求的高估带来了一些意想不到的后果：土地使用结构的改变，城市和郊区的大量土地面积被用以建设停车场；道路系统的改变，根据最小停车标准计算，城市区域之间将产生很大的停车空间距离，路网密度低于合理的过境服务阈值，过境交通受到不利影响；降低了非机动车出行选择的可能性，导致更多的汽车使用，车辆入库横穿人行道，造成许多人 / 汽车冲突点，降低步行环境安全性，使步行等非机动车交通方式变得不切实际。这些意外后果增加了汽车出行次数，进而导致交通拥挤、空气污染和温室气体排放。

1988年，我国《停车场规划建设管理导则》及《停车场建设管理暂行规定》颁布，针对停车管理、停车秩序等进行了指导。2010年，国家相继出台关于停车设施规划管理制度及指导意见。目前，停车规划的国家标准和地方规范作为我国城市停车供给的基本依据，涉及3个纵向等级，自上而下依次为：《城市停车规划规范》《城市停车设施规划导则》及各地方《停车管理规定》。停车设施规划作为我国现行控制性详细规划中的重要一项，在城市建设审批中有着重要的意义。《城市停车规划规范》为我国现行最重要的停车规划依据，该规定为估算不同土地利用类型的停车需求提供了基本框架。《城市停车设施规划导则》介绍了估算停车需求的详细原则并根据现场调查，结合不同的城市土地利用强度及特征制定差异化的停车供给标准，并给出10个案例城市（如广州、武汉、北京等）的参考标准。依照以上两部国家制定的停车场配建标准，可以根据我国城市土地利用性质估算各区域停车场的供需缺口。最后，各城市根据道路的具体情况，对停车场建设的具体条件进行约束。以西安为例，2017年西安市人民政府出台并通过了《西安市停车场管理办法》。该地方法规主要规定了禁止临时停车的区域，例如城市主干道，宽度小于4m的人行道；还阐明了政府对停车设施安装和管理进行监督的责任。

尽管以上法规政策确定了停车规划的基本框架及原则，但依据法规标准制定的停车策略在实施过程中仍遇到了以下问题：新建停车场用地紧张；停车需求潮汐变化，在需求低谷期停车位占用率低；传统城市形态对小汽车交通及停车需求适应度低。

1.2.3 停车规划拥堵管理实践

为了应对停车过量配置带来的不良后果，21世纪以来，国外学者开始意识到合理控制停车需求比提高供给对城市道路拥堵缓解更为有效。现代欧美国家将停车政策转向需求控制以降低拥堵，并且认为价格对停车需求具有显著影响作用。主要研究包括：拥堵模型中的停车价格和道路价格以及时空价格特异性影响，价格对停车设施可利用性及对居民出行方式的影响，停车位竞争，停车位（最小、最大）需求控制等。R Arnott 和 E Inci 开发了第一个市中心的路边停车“浴缸模型”（Bathtub Model），分析停车巡航对交通拥堵的影响，并提供停车价格建议，以缓解停车巡航造成的拥堵问题。城市管理者通过价格调控，限制城市中心的汽车使用。主要措施包括：实行价格管制，鼓励人们在工作日乘坐公共交通工具；将需求价格弹性（PED）作为缓解拥堵的方法，实行停车分区域、时间定价。经验证实，这些措施可减少交通延误成本、空气污染和能源消耗等。

停车场选址对交通状况影响的研究受到不少国外城市规划者的重视。关于车场选址研究的主要模型如下：①选址优化模型，侧重于提高个人或特定系统的交通效率，以尽量减少步行时间或停车成本等；②约束模型，研究在一定的约束条件下，确保整体交通效率的停车场选址方案；③重力模型和交通分配模型，通过土地利用强度确定始发地及目的地的交通流矩阵及路网的车流分配状况，找到最佳可用停车位及最短行驶时间或步行距离等。然而以上三类模型常建立在理想的计算情况下，假设所有道路都是单向的，并且忽略了停车巡航和运输过程中的车速差异，研究结果与真实城市运行状况差异较大；④交通 - 土地利用一体化分析模型，选择与土地利用、交通系统及停车系统相关的变量，通过回归模型确定各变量间的影响关系。根据城市交通调查数据，该回归分析方法更接近城市真实的道路交通状况，成为近年来国外研究的主流方法。P Christiansen 等使用三个独立的回归模型来检验停车位和城市结构对出行方式选择的影响。利用挪威 2013 ～ 2014 交通出行统计数据，分析了工作地及家庭停车位可用性对汽车出行选择的影响。其中，模型对城市形态的控制变量有：距城市中心的距离、建筑密度及人口密度，与停车相关的自变量有：停车位数目、车位可用性。研究发现，住宅及目的地的停车位限制将减少驾驶决策。J J Wang 和 Q Liu 应用回归分析模型，在街区（Block）尺度下，分析了土地利用变量：建筑容积率、建筑密度、人密度、土地利用混合度，与交通变量：交通量、道路密度、交通可达性对交通拥堵的影响。S Franco 将研究领域扩展到了城市中心商务区（Central

Business District, CBD），他开发了一种空间平衡模型，研究停车供给对居民出行方式和城市空间结构的影响。在建模过程中，Franco基于居民数量假定交通污染水平。Q Liu 等开发了一种结构方程模型（Structural Equation Model, SEM），探讨土地利用与停车位可用性的相互影响关系，并研究了它们对通勤距离的共同影响。虽然模型试图尽量模拟城市的真实情况，但对于拥堵程度和类型随时间和空间的变化特征始终是研究的瓶颈。已有停车拥堵管理研究倾向于选择特定的研究对象（如通勤者）与特定的城市土地利用类型区域［例如：中央商务区（CBD）、办公区和居民区］的拥堵情况，通过考虑行驶距离、时间或步行距离等，分析如何以停车场选址影响居民出行方式、计划和频率，从而减少碳排放。然而以某些地区收集的城市局部拥堵数据，无法追踪拥堵的产生轨迹及动态变化的污染物排放特征。J Cao 和 M Menendez 的研究表明，停车位可用性会对交通性能产生影响，但性能通常表现为道路运行速度或距离。从低碳城市的发展研究角度，由于速度与碳排放率存在六阶函数关系，单纯考虑道路运行速度或距离均不能实现对于交通碳排放及能源效率的提升。现有的停车选址模型缺乏对路网碳排放的研究。

停车需求管理一直以来是国内停车规划应对我国停车位严重不足问题的研究重点。2017 年，中国智慧停车行业大数据报告指出，我国 30% 的城市拥堵是由停车问题造成的，48% 的车辆存在排队停车等候现象。我国对停车需求研究方法历经三个基本阶段：停车调查、模型分析及智慧平台大数据挖掘。20 世纪 90 年代初，我国停车调查的主要研究方法包括：问卷、统计年鉴、政府报告等。其中停车需求分析及预测模型主要有：静态交通发生率模型；车辆出行线性相关模型；用地与交通影响分析模型；出行吸引模型等。

20 世纪末，随着我国停车供需矛盾的加剧，在城市停车标准基础上，国内学者加强了停车设施优化模型的探索。通过选址优化、规模优化、价格调控等，探索停车缓解城市拥堵的新方法。主要研究包括，①停车场选址优化，S Wang 等建立路内停车设施选址优化模型，提出从城市动、静态交通整体效率最优的角度出发，通过协调路外、路内停车场的规划布局，寻求交通延误、绕行距离、步行距离及泊位供应量的最优解。②停车路径优化，段满珍等通过建立管理者角度停车位利用率最高，与使用者角度停车后步行距离最短的二阶段博弈模型，提出服务于个性化的停车诱导模型，实现高峰停车需求泊位的高效利用，避免停车造成的局部拥堵。对停车规模的优化研究，如：陈群和晏克非结合城市道路网络容量的限制，以交通小区为分析单元，建立基于路网容量约束角度下的停车泊位规模优化模型，考虑城市道路网络容量约束停车需求限制。通过遗传算法，求解停车设施的最优泊位规模和停车需求的合理分布模式。从停车价格约束角度，梅振宇等认为停车选择行为是一种概率事件，通过建立停车概率选择模型，构建停车选择效用函数，设置停车选择的约束条件：车辆行程时间，停车场搜索时间，停车等待时间，出口时间及随机效用函数，在保证停车使用效率的前提下，结合停车定价、容量对模型进行求解，给出路内停车定价标准。

在公共停车场选址研究中，陈峻和王炜通过建立服务范围小于300m的停车功能小区，将各小区的停车需求特征集中于一点，将公共停车场选址优化问题简化为特征点的选址和车位分配问题。崔华芳等提出了停车小区的概念，并根据停车小区，计算停车需求量。然而他们研究发现，在停车选址还未确定的情况下，停车小区、停车生成量都无法确定，因此在停车选址优化模型的计算过程中，渐进选址优化技术更适用于在不断重复划分小区的前提下寻找停车场的最优解。从停车规模研究角度，陈峻等建立了基于供需平衡的路内停车需求模型，通过对停车需求的总体预测，以路网容量、路网饱和度为约束条件，寻求出行广义成本最小值下的城市中心路内停车的总体规模。

随着城市可用建设用地面积的不断减少，近年来，停车共享作为减少停车位需求的一种方法，成为停车规划领域的新兴方向，受到国内学者的广泛关注。研究集中在如何利用算法、模型、设备、技术手段，提高已有停车位使用效率，减少停车巡航时间。停车共享通常指在可接受步行范围内通过2种或以上的建筑类型的停车泊位需求时间差异，将一处停车场的泊位资源协调服务于相邻的2个或多个地点。

国内学者结合我国城市土地利用的特殊情况，提出了系列共享错时利用居住、宾馆、办公、医院停车资源的研究方案。研究结论证明，停车共享通过减少交通高峰期的巡航距离及交通压力，起到显著的碳减排效果。国内停车共享研究大多基于空间地理信息技术，根据停车供需关系建立分析模型。其中，有代表性的停车共享模型研究有：肖飞等基于停车需求的时变特征，总结出各类土地利用类型建筑物的停车需求高峰期，利用泊位共享原则，将不同停车需求高峰差异最大的两类土地进行共用。以无锡某市商业及居住用地为例，他的研究证明，停车位需求较共享前将减少20%。陈峻和谢凯等基于用户均衡理论，通过分析城市5类建筑类型停车需求时空占用特征：数量、停车时长，结合不同土地利用高峰的溢出停车需求，提出停车资源更符合实际使用需求的共享优化方案。研究发现，居住与办公建筑的停车位共享将获得最理想的效果（贡献率39%），医院是最不适宜共享的建筑用地类型。研究提出，在未来研究中应加入阻抗因素（步行距离、时间、价格等）使模型更具有实际应用价值。段满珍等建立了双层规划诱导模型，以停车泊位高峰期空闲指数均值最小、驾驶员停车后步行距离最短为约束目标，运用粒子群嵌套优化算法，计算得到了利用居住区泊位共享缓解道路交通拥堵的最优方案。

1.2.4　车联网及智慧停车技术在缓堵中的应用

在智慧停车领域，国外发展水平不一，其中欧美国家发展程度较高，智慧停车策略主要应用于车位预定、交通事故预告等，通过导航指引车辆，以低碳出行为导向的交通需求管理已成为低碳城市研究领域普遍关注的话题。亚洲智慧停车系统比较发达的国家有日本、新加坡等。以日本为例，无人值守停车场、自助缴费、停车诱导技术已较为普及。

在新兴技术领域，我国智慧停车技术领域重点关注停车资源利用效率的提升以缓解交通拥堵。其发展过程主要经历三个阶段：①初步改造阶段，对停车场的智慧化改造，比如，通过电子支付等技术，实现快速进出车库，减少了停车等候时间。随着信息技术的发展，我国停车行业通过“一泊位一编码”的信息集成，收集海量停车需求信息，并分析时变规律，使停车行业逐步进入数字化管理阶段。近年来，以ETCP（Electricity Transportation Car Parking）停车数据为基础，获取时空范围内不同建筑类型停车场停车需求特征、车位使用特征，结合数据挖掘技术、物联网技术、云计算、无线通信等实现高效的停车场管理。②延伸应用阶段，对车、驾驶员、停车场的大数据系统分析应用，包括拥堵预警，车位共享，动态定价等；比如，基于百度地图，建立停车查询系统，方便人们在网络覆盖的情况下，迅速查找到可用停车场。在共享经济的时代背景下，国内研发的多款停车预约APP对停车共享进行技术支持。停车位预订确保了目的地有可用停车位，有助于避免因排队和非法停车造成的拥堵。③智能平台阶段，利用车联网技术、自动驾驶技术等为驾驶员提供智能停车出行方案。智慧停车系统作为城市智能交通平台的重要组成，将移动通信技术和互联网技术运用于停车需求管理，实现城市停车静态资源动态化管理和实时化利用。深圳等城市率先开展了P+R停车换乘系统，通过车联网技术，以手机与用户交互及时向用户提供最优路线、车辆到达情况，地铁线路信息，泊位占用状况等。

1.2.5 停车缓堵研究存在的问题及相关思考

国内外研究为停车缓堵研究的可行性提供了良好的理论支撑及建模基础，但以缓堵为目标，降低既有城区碳排放的研究技术与方法还处于萌芽阶段。虽然从供需关系角度国外学者提出停车场位置、建筑性质、密度等将长期影响交通碳排放量，但受研究范围的局限，对停车规划模型与交通组织、拥堵碳排放特征随时间变化的机理研究不足，缺少城市尺度下拥堵碳排放特征的精确定量评价方法，缺少真实建成环境中，交通、土地利用，碳排放特征的实证分析研究支撑。可见，在低碳城市建设背景下，停车缓堵研究仍存在以下问题：

（1）理论研究层面

亟需对城市土地利用与停车设施协同规划，对道路交通需求及拥堵高碳排放影响过程、原理进行探讨。停车场作为车辆出行的起讫点，影响交通拥堵产生的“源头 - 点”及“过程 - 线”。然而，由于传统研究方法及数据获取方式限制，研究更关注停车起、讫区域的土地利用及交通状况下“点”状拥堵的形成原因，对于停车场规划如何引导车辆行驶的“线”状过程的原理探讨不足。

（2）停车规划标准制定方法

亟需中观、宏观研究尺度下，具有较高可操作性的停车标准制定方法。已有研究方法多针对特定研究对象或面向两种用地类型的停车共享策略，缺少复杂城市用地状况下停车拥堵机理的分析探讨，缺少可操作的多用地类型停车共享策略。尤其在既有城区用地紧张，停车供给严重不足，结合“开放小区”“城市扁平化管理”的规划改革趋势，弱化停车场的边界，合理制定停车场选址及供给方案以提高区域停车设施可用性。

（3）停车规划模型研究

亟需停车选址规划的全局分析模型；缺少针对缓解拥堵碳排放测算的定量分析模型；现有模型分区方法存在缺陷。首先，目前多维微观尺度的停车模型对道路交通状况的调节仅限街区尺度下道路速度的优化，难以保证路网整体运行速度的提升。但碳排放率与车速存在六阶曲线关系，拥堵车辆碳排放总趋势比正常行驶速度高出约 50%。也就是说，车辆绕路避堵所产生的碳排放有可能小于短途但拥堵状况下的碳排放量。因此，模型需要在系统碳排放优化的基础上，确定停车设施的规划选址及数量。其次，以碳排放的定量评价及分析作为拥堵评价标准的研究尚为空白。如理论研究缺陷第一点所述，停车引发的拥堵并不仅是起讫点的问题，而是车辆行驶过程中的累积。因此，停车缓堵研究不仅应分析拥堵结果的影响，更应该考虑对拥堵过程的评价。最后，基于静态交通分区的停车规划模型缺少对交通流时变特征的考虑，很难准确反映现实交通状况的动态变化。但交通状况的动态变化不但影响交通分析单元的划分，也对停车需求产生影响。例如，当某一停车场无可用车位时，为了减少停车等候，提高停车场的运行效率，理论上该停车场所在停车小区应不再参与流量分配，其溢出停车需求由附近可用停车（场）位解决。然而，这种基于溢出停车需求的动态分区过程却很少在建模中应用。

（4）技术及应用层面

亟需有效的数据获取及分析方法；现有模型分析方法缺少与智能交通停车诱导技术的结合，无法保证研究结论在城市真实环境中的应用效果。

① 亟需真实城市环境动态交通网络拥堵碳排放特征的获取方法。传统交通碳排放数据获取主要依赖调查，使不同城市空间尺度碳排放量的特异性分析受到局限。根据居民通勤时间及方式估算出行全过程总碳排放量的方法数据获取周期长、精度差、时效性弱；目前基于抽样、问卷调查或软件模拟的碳排放测算方法局限了模型的分析范围，无法准确测算城市尺度下，道路交通运行过程中的碳排放影响，无法准确反映城市尺度下复杂交通状况产生拥堵碳排放的真实情况。

② 亟需反映拥堵碳排放特征的有效指标。就低碳城市而言，需要降低的不是道路交通流的基本碳排放量，而是由于土地利用对交通的过度吸引、基础设施失配等引发拥堵造成的可以避免的碳排放增量，但既有研究缺乏衡量这种增量的指标及研究方法。因此，实时获取较自由流速交通碳排放增量的时变特征，建立评价指标，选择合理的分析方法，对以土地利用调整为基础的交通碳减排尤为重要。

③ 亟需动态数据获取、分析、调控的停车规划方法。供需失衡作为城市交通拥堵的本源是一个时空关系问题。因此，停车供需失衡需要根据停车需求的时变特征，交通网络的动态变化，进行动态调控，缓解由于停车供给一定情况下，停车需求随时间变化引发的拥堵问题。

④ 亟需与智慧交通系统的结合。在智慧交通系统的帮助下，智能交通技术为停车缓堵提供了技术支持和保证。其中，停车诱导技术对交通流的实时调节能力在拥堵管理中应用广泛。但实时动态交通诱导无法与停车规划模型有效结合，在模拟计算过程中得到的减碳效力，在现实城市交通运行过程中无法保证。

本书针对低碳导向下停车规划理论研究缺陷，及既有城区停车引发的交通拥堵问题，提出以降低拥堵碳排放为研究目标的调控型停车设施规划方法，为低碳城市建设领域提供“全局分析—动态决策—规划调控—方案实施”的系统规划方法及研究实践支撑，以期实现降低城市拥堵，改善人居生活品质，提高交通能源绩效的目标。

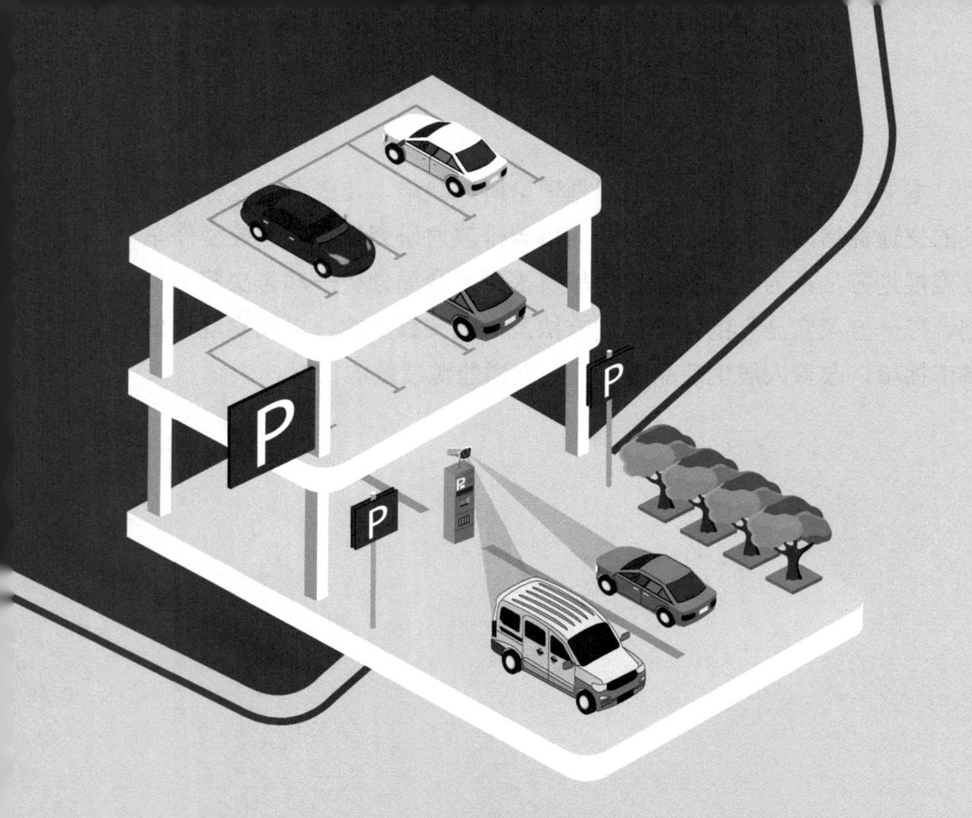

Chapter 2

第 2 章

停车设施供需特征分析

掌握城市建成区停车供需关系是实现以供定需、优化停车设施规划布局的关键。本章节通过分析停车供需特征的时空差异，为待建停车场位置、形式，车位数目的确定提供依据；在不同土地利用模式下，明确停车供需时间、空间差异，利用停车共享策略平衡不同土地利用类型的停车需求，是协调停车需求时空分布，提升已有停车设施利用率的基础。

2.1 停车需求

以西安为例，城市小汽车拥有量变化经历了提速期、高速期及激增期，如图 2.1 所示。1991 ～ 2000 年的十年间，停车保有量从 2 万 5 千辆骤增到 26 万辆，同比增长 9.33 倍。截至 2014 年，西安市机动车驾驶人员共计 319 万，占全市人口数的 40%。其中，90% 以上的车辆集中在主城区，车辆密度高达每平方千米 3400 余辆，仅次于 3800 辆 $/km^2$ 的北京。然而，与西安城市规模相近的成都，城区车辆仅占全市车辆的 45%。目前，随着人们生活水平的提高，西安城市人口汽车保有量主要特点表现为：小汽车拥有量增幅迅速，私家车拥有量持续加大，市民对驾驶技能的需求日益旺盛。

土地利用是产生停车需求的源头，因此掌握城市各功能区域土地利用停车需求特征，有助于根据停车需求的时空差异，优化停车资源配置。根据 2002 ～ 2016 年西安主城区交通资源的变化特征（图 2.2），2012 年后，人均道路面积极低的情况下，人均小汽车拥有量及停车需求率仍急剧增加，说明在主城区建设面积与可容纳人口近饱和的情况下，需要寻找更多的停车位。就三者的增长趋势而言，车位需求量[1]＞人均汽车拥有量＞人均道路面积增长率。

[1] 根据国际停车位配置标准，按照汽车保有量的 1.2 倍计算。

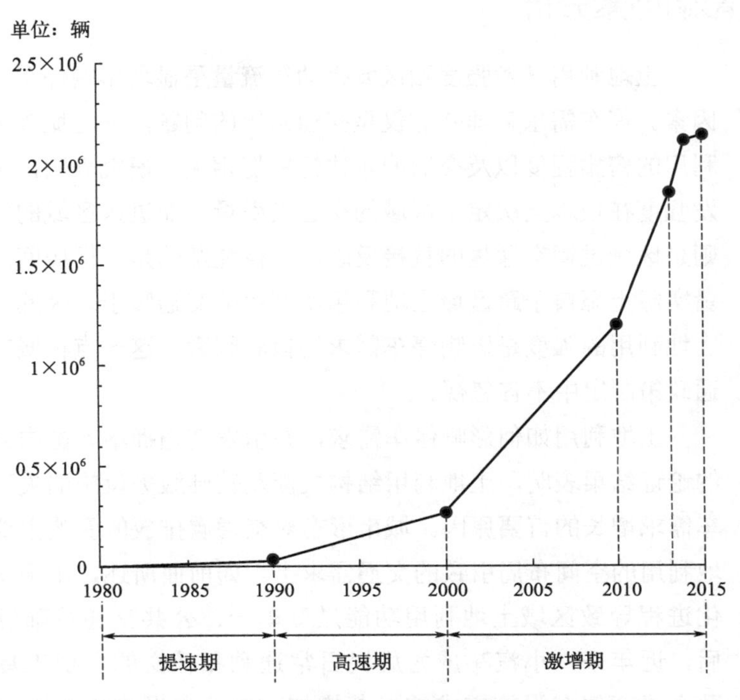

图 2.1　西安城区小汽车拥有量变化趋势

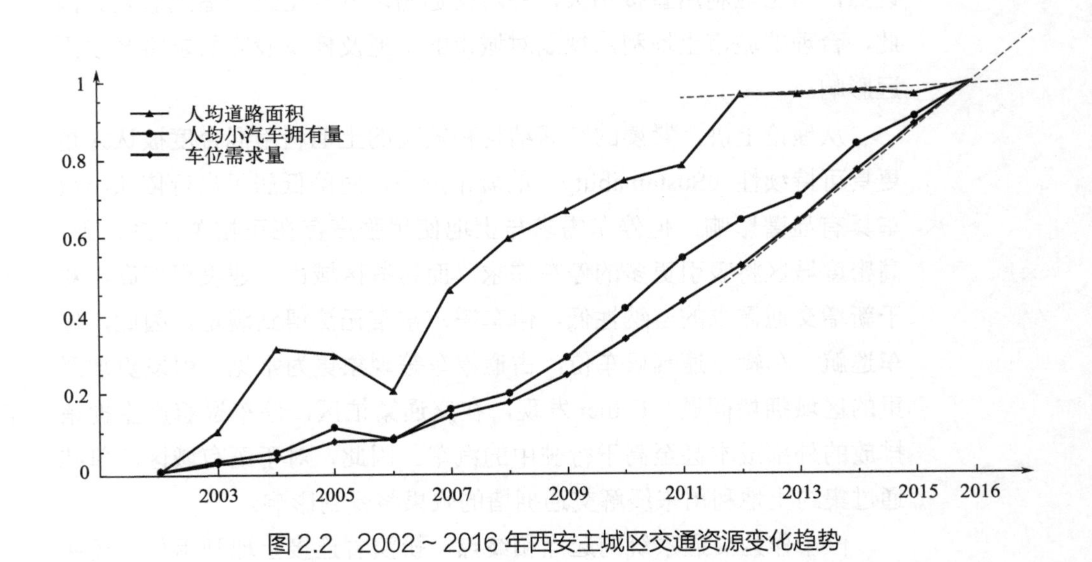

图 2.2　2002～2016 年西安主城区交通资源变化趋势

2.1.1 影响因素分析

土地利用开发强度和区域机动车流量是显著影响停车需求的关键因素。停车需求管理并非仅是交通系统的问题，它与城市形态、土地利用的密集程度以及交通的可达性密切相关。研究表明，土地利用开发强度在根本上决定了区域的交通吸引量，而进入区域的机动车流量则是区域过境交通量的直接反映。值得注意的是，区域间的过境交通量实际上源自于跨区域土地利用所产生的交通吸引。因此，可以认为土地利用的强度是影响停车需求的核心因素，这一点在城市规划和交通政策制定中不容忽视。

土地利用如何影响停车需求，并引发交通拥堵？国内外学者长期的论证结果表明，土地利用结构失衡及基础服务设施的失配是引发停车需求增长的首要原因。城市形态对交通碳排放的影响主要反映在土地利用的空间布局引致的交通需求上。如前面所述，中国快速的城市化进程导致区域土地利用功能过度单一，公共交通基础设施建设滞后。近年来，小汽车成为居民日常通勤和社交的主要工具，造成通勤高峰期停车设施需求的显著增加。而停车设施作为道路交通的起讫点，与土地利用直接相关，并对交通需求的产生过程造成影响。因此，合理的城市土地利用规划对城市的交通及停车设施需求将产生深远影响。

从理论上讲，紧凑的空间结构和较高的土地利用混合度被认为是更具可持续性（Sustainablity）的城市形态，对降低居民出行依赖小汽车具有显著影响。但停车需求与土地使用强度存在正相关关系，即：高密度城区将吸引更多的停车需求。而这些区域由于建设程度高，对于新增交通需求的容纳性低，停车需求常常无法得到满足。因此，停车巡航、车辆怠速等候车位，占道停车等现象更为常见，引发更加严重的区域拥堵问题。E Inci 发现，在交通繁忙区，停车巡航产生拥堵排放的外部成本甚至高于行驶中的汽车。因此，对于既有城区，单纯通过集约土地利用来缓解交通拥堵的效果将受到影响。

停车作为交通系统的起点和终点，扮演着连接土地利用与交通系统的桥梁角色。停车规划不仅关乎交通需求的生成源头——土地利用的强度与结构决定了停车需求的规模，还涉及交通需求的实现过程——停车设施的布局决定了机动车辆的流量和分布。通过精心设计的停车规划，我们不仅能够有效控制由土地利用引发的小汽车出行需求，还能引导居民合理选择停车设施，进而实现车流在路网上的均衡分布。因此，停车需求的调控实际上是对由土地利用衍生的小汽车出行需求与道路交通供给之间关系的全面调整与优化。

2.1.2 需求预测模型

为了更好地掌握停车需求的特征规律，需要根据不同土地利用对停车需求进行预测。目前，停车需求的计算模型主要分为：

（1）综合分析模型

通过选择与停车需求相关的社会、经济、人口等变量，结合历史数据建立回归模型，构建停车需求与影响因子变量间的函数关系，预测停车需求的发展趋势。

（2）土地利用相关分析模型

根据土地利用与交通生成率、静态交通发生率之间的函数关系，计算土地利用产生的交通高需求与停车需求量。

（3）出行相关分析模型

根据停车需求泊位数与通过区域的交通量存在的比例关系，通过区域近期交通量，对停车需求进行预测。

表 2.1 提供了计算停车需求的基本方法：根据土地利用强度和交通出行量的特定函数关系计算停车需求。

表 2.1　停车需求预测分析模型

类型	名称	公式	优点	缺点
综合分析模型	多源回归分析预测模型	$P_i = A_0 + A_1 X_{1i} + A_2X_{2i} + A_3X_{3i} + A_4X_{4i} + A_5X_{5i}$	所需数据为城市历史、社会经济、活动等基础数据，结果反映城市较为真实的停车需求	数据类别、数量需求大，回归模型准确性与变量选取相关

续表

类型	名称	公式	优点	缺点
土地利用相关分析模型	停车生成率模型	$P_i=\sum_{j=1}^{n}p_{ij}q_{ij}$	停车生成率获取通常基于实地调查，或已有规范参数。模型简单，意义明确，计算简便	计算单一用地类型的停车吸引量，忽略区域内不同土地利用之间相互作用对停车需求的影响，无法计算跨土地利用类型的公共停车位需求
	静态交通发生率法	$P_i=\frac{P'_i\delta\gamma}{\alpha\varepsilon}$ $P'_i=\sum_{j=1}^{n}a_je_{ij}$	基于现状数据的日停放车辆数、工作岗位数对未来停车需求进行预测，结果较为准确	仅适用于性质相似且相对独立的用地类型。参数多，基于调查数据的参数获取过程复杂
出行相关分析模型	出行吸引量模型	$P_i=D_i\beta_i$ $\beta_i=\frac{M_i}{N_i}$	基于小区交通出行量进行计算，分析结果相对可靠，可用于土地利用变化复杂的地区	对于OD（交通出行量）数据要求高，停车泊位需求因子均需要调查获得，难度较大
	交通量停车泊位模型	$\lg P_i=B+C\lg V_i$	对OD数据要求较出行吸引模型低，模型反映停车需求与交通量间的关系	适用小范围区域的停车泊位需求预测，随着预测范围增加，模型回归准确度降低

注：P_i为第i区高峰小时停车需求量，辆/h；A_i为回归系数；X_{1i}，X_{2i}，…，X_{5i}为第i区工作岗位、建筑面积、人口数、零售及服务业人口数量、小汽车拥有量；j为土地利用类型；p_{ij}为第i区j类土地利用类型的停车生成率；q_{ij}为第i区j类用地面积；P'_i为日停放车辆数；e_{ij}为预测年第i区j类土地利用工作岗位数，人；a_j为第j类用地静态交通发生率，辆/（百人·日）；δ为修正系数；γ为高峰小时停放车辆数与全日停放车辆数之比；α为高峰小时停车周转率；ε为高峰小时泊位利用率；D_i为第i区小汽车出行量；β_i为停车泊位需求因子；M_i为高峰第i区停车需求量；N_t为高峰小时第i区交通量；B、C为回归系数；V_i为到达第i区的交通量。

2.1.2.1 基于“四阶段法”的动态交通需求预测模型

虽然以上模型从土地利用、交通出行量角度提供了停车需求的计算结果，但已有模型均是单向计算模型，均无法实现车辆行驶过程在路网分布的预测，从而无法实现通过调控停车需求，优化交通量在路网的分布，协调交通供需动态平衡。因此，在调控型停车设施规划的研究中，需要一种“特定”的停车需求分析模型：反映土地利用产生交通需求的同时，反馈交通需求在路网上的分布情况。

因此，基于交通需求预测的“四阶段法”，对现有停车需求模型进行优化，以土地利用产生的交通出行量为起点，以停车选择为终点，将停车需求模型、交通需求模型与土地使用模型联系起来，优化路网道路交通流量分布。

2.1.2.2 主要计算步骤

①基于停车小区间的OD交通量预测；②基于系统均衡的交通流路网分布预测；③停车需求动态调控对路网交通量的优化。计算过程如下：

根据重力模型有

$$T_{ij}=K\frac{P_iA_j}{f(t_{ij})} \tag{2.1}$$

式中，T_{ij}为i小区到j小区的交通出行量，$i\neq j$；i，j为小区计算时取其所在泰森多边形的质心坐标；K为重力模型参数，根据经验可取0.8；P_i为i地块产生的交通出行量；A_j为j地块产生的交通吸引量；$f(t_{ij})$为i小区到j小区的交通阻抗（以时间、距离、费用等计算）。

其中

$$P_i=\sum d_kS_k \tag{2.2}$$

式中，k为i地块共有的用地类别数；d_k为k类用地的出行生成率；S_k为k类用地的建筑面积。

A_j与P_i的算法相似：

$$A_j=\sum b_kS_k \tag{2.3}$$

式中，k为j地块共有的用地类别数；b_k为k类用地的吸引系数；S_k为k类用地的建筑面积。

$$(T_{ij})_m=\left[\frac{KP_iA_j}{f(t_{ij})}\right]_m \tag{2.4}$$

式中，$(T_{ij})_m$为第m个OD对$i\sim j$的OD量；$f(t_{ij})$取i到j的最短距离。

$$V_k=\sum_{m=1}^{N}\{(T_{ij})_m w_{mk}\}$$

$$= \sum_{m=1}^{N} \left\{ \left[\frac{KP_i A_j}{f(t_{ij})} \right]_m w_{mk} \right\} \tag{2.5}$$

式中，V_k为分配到k路段上的流量；k为路段编号；N为OD对的总数；m为OD对编号；w_{mk}为第m个OD对$(T_{ij})_m$分配到k路段上的比例。

取一个OD对，假定从i小区到j小区有S条可行路线，其中有H条路线是通过第k个路段的，则从i小区到j小区出行选择第$\forall S$条路线的概率是：

$$P_S = \mathrm{e}^{(-\theta T_S)} / \sum_{S} \mathrm{e}^{(-\theta T_S)} \tag{2.6}$$

式中，P_S为选择第S条路径的概率；T_S为第$\forall S$条路线的总行程时间；θ为交通转换参数，根据经验值取3.0～3.5。

因此根据式（2.6）计算得到第m个OD对在第k路段分配的总比例为：

$$w_{mk} = \sum_{S=1}^{H} P_S$$

$$= \sum_{S=1}^{H} \mathrm{e}^{(-\theta \mathrm{T}_S)} / \sum_{S} \mathrm{e}^{(-\theta \mathrm{T}_S)} \tag{2.7}$$

其中，可行路段S的选择和H的确定步骤为：

① 确定有效路段：计算节点（交叉口）至起点的最短行程时间$T(\alpha)$，若某路段的节点号为α、β且$T(\alpha)>T(\beta)$，则α-β为可行路段。

② 由有效路段组成有效路径。

③ 分配中第α～β路段检索到有交通流量分配到此路段上的次数即为H。

$$V_{rk} = FV_k - V_{pk} U_{pk} T_{pk} - V_{ek} U_{ek} T_{ek} \tag{2.8}$$

式中，V_{rk}为道路实际车流量；V_{pk}为出口在k段路上的公共停车场车位数（容量）；V_{ek}为出口在k段路上的建筑物配建停车场车位数（容量）；T_{ek}为建筑物配建停车场高峰小时泊位周转率；U_{pk}为k路段公共停车场高峰小时泊位利用率；U_{ek}为k路段建筑物配建停车场高峰小时泊位利用率；T_{pk} 为高峰小时泊位周转率；F 为小区小汽车方式出行的比例。

根据距离最近原则，计算时认为小区产生的停车吸引量优先在建筑配建停车场解决，超出部分由公共停车场解决。

待建停车场车位数（容量）计算：

$$V_{pk}=\sum_{i=1}^{M}\frac{A_{ik}-V_{ek}T_{ek}}{U_{pk}T_{pk}} \tag{2.9}$$

式中，M 为出口在 k 段路上的公共停车场分区数。

$$A_{ik}=b_k S_k \tag{2.10}$$

式中，A_{ik} 为 i 地块的停车生成量；k 为用地类别数；S_k 为 k 类用地的建筑面积。

该模型弥补了传统的停车需求预测模型对交通需求的生成过程探讨不足的缺陷，打破了固定停车小区停车生成率与土地利用之间的计算关系，对停车规划（类型、分区、位置等）如何影响车辆在路网上的分布过程进行探讨。

为了定量分析评估土地利用产生的停车需求对道路交通分布状况的影响程度及范围，需要通过实际调查确定以上计算模型的参数。因此，2.1.3 节将基于停车需求调查，结合西安市城市建成区实际交通状况，分析不同时间（周内、周末）不同土地利用的停车设施需求特征，确定停车吸引率、停车周转率、停车时长等参数。

2.1.3 停车需求调查

结合 2.1.2 节提出的停车需求模型，选择既有城区不同土地利用区域（商业区、办公区、学校、居住区、混合区等）典型路段，调查获取 24 时 ×30 天内，各时段停车场停车需求特征，分析不同土地利用停车需求特征的时空差异。

2.1.3.1 调查采样的基本原则

为提升停车需求分析的精确度与样本的全面性，本书特别注重在西安三环内的七个行政区划中，均衡地抽取具有代表性的停车场样本。研究团队在每个行政区划内，优先选取土地利用类型最为集中、用地性质相对单一的区域进行样本抽样。具体而言，我们从土地利用类型占比最高的行政区划中，挑选出用地功能相对单一的区域，并从中甄选若干停车场作为样本。这些样本所呈现的特征值，将作为该用地类型停车需求特征的典型代表，为研究提供了坚实的数据支撑，确保了分析结果的科学性和可靠性。

西安市规划局发布的对土地利用的发展现状报告显示：居住用地主要集中在郊区未央区、雁塔区和灞桥区，分别达到 39%、27%、16%，这三者之和占总量的 82%；其余四区总的居住用地供应之和占总量的 18%；公共设施用地（包括商业金融业、行政办公、医疗卫生、体育用地等）主要分布在长安区、未央区和雁塔区，分别达到 41%、25%、16%，这三者之和占总量的 82%，其余四区公共设施用地占总量的 12%；工业用地的供应主要集中在灞桥区，占土地供应总量的 46%，未央区、雁塔区、长安区工业用地分布比较平均，为 14%、20%、10%，而城三区工业用地相对较少，其中碑林区在 2000 ～ 2004 年间无工业用地的供应（图 2.3）。

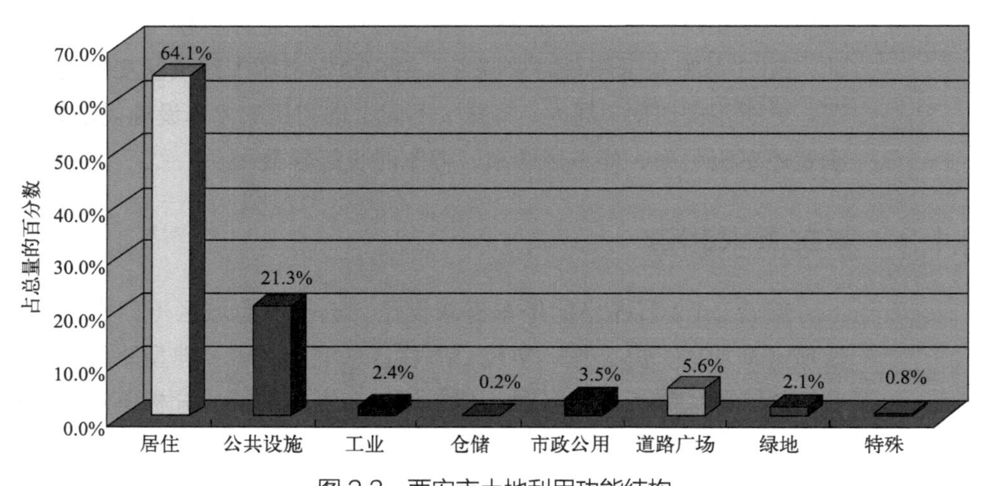

图 2.3　西安市土地利用功能结构

根据图 2.4，我们可以看到，在西安三环内的七个行政区划中，未央区的居住用地占比最高。因此，本书在未央区内选取了居住停车设施相对集中的区域，并对居住类建筑的停车场进行了随机抽样，以分析和获取居住用地的停车需求特征参数。此外，还根据各类土地利用的占比情况，合理确定了停车场的采样数目，具体排序如下：居住用地所属停车场的采样数目最多，其次是商业用地、教育用地、工业用地、办公用地、文娱用地、医疗用地以及公共设施用地所属的停车场。这样的采样策略既考虑了各类土地利用的实际情况，也确保了样本的代表性和研究结果的科学性。

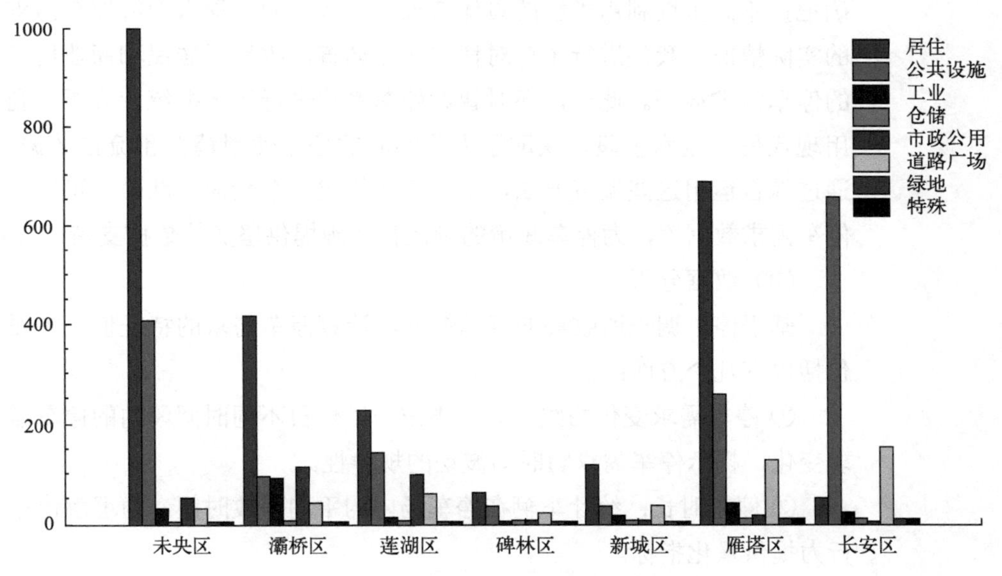

图 2.4　西安市土地功能的空间分布

根据以上原则，对 8 种土地利用类型停车需求的时变特征进行举例分析。

2.1.3.2 调查方法与步骤

（1）选定研究区域

为了确保研究成果具有更广泛的普适性，本书在选取研究区域时，特别考虑了停车需求模型中涉及的 8 种主要土地利用类型（居住用地、商业服务业设施用地、办公用地、文化娱乐用地、教育用地、工业用地、公共设施用地、医疗用地）。通过全面覆盖这些不同类型的区域，我们旨在构建一个能够适用于不同城市环境和土地利用特征的停车需求模型。这样的研究设计不仅有助于揭示不同土地利用类型对停车需求的具体影响，而且能够为不同城市提供更为精确和适用的停车规划和管理策略。

（2）实地调研及数据收集

本书的调查工作涵盖了多个层面，以确保数据的全面性和准确性。首先，我们对选定区域的用地性质进行了详细的人工调查，以准确把握不同土地利用类型的具体特征。其次，为了深入理解停车需求的实际情况，我们进行了针对性的人工调查，收集了居民和商业用户的停车需求数据。此外，还对智慧停车系统进行了数据统计分析，利用现代信息技术手段，获取了大量实时的停车使用情况和流量数据。通过综合运用这些调查方法，本书旨在构建一个全面、准确、可靠的停车需求数据库，为停车政策的制定和实施提供坚实的数据支持。

（3）数据分析

基于停车调查所收集的基础数据，计算停车需求的特征值。主要包括以下几个方面：

① 停车需求变化曲线：分析周末与工作日不同时间段内的停车需求变化，揭示停车需求随时间波动的规律性。

② 停车时长：统计车辆在停车场内的平均停放时间，为理解停车行为提供量化指标。

③ 车位周转率：计算车位的使用频率，反映停车场的运营效率。

④ 占有率：评估停车场在不同时段的使用饱和度，为停车场的容量规划和管理提供重要依据。

通过分析，旨在构建一个全面反映停车需求动态的模型，为城市规划者和交通管理者提供科学的决策支持，进而优化停车资源的配置，提高停车系统的服务水平和运行效率。

2.1.3.3 数据来源

城市配建停车场已经有明确的配建指标，采样西安城市建成区（三环内）24 个公共停车站点，自 2017 年 6 月 1 日～ 2017 年 6 月 30

日上午 8：00 至次日 0：00，70981 条停车使用数据，见表 2.2。其中每条数据所含信息如表 2.3 所示。

表 2.2　停车需求调查采样点车位信息

站点名称	数据量	站点名称	数据量
粉巷路东段北侧	6371	青龙路	910
粉巷路南侧	4789	太和路西侧	3085
经九路陕化大厦小区	1214	太和路周边	11487
经九路北侧路西	344	长安易居北门	1104
经九路东侧	1083	西华门大街消防队门前	398
经九路铁路局家属院	1579	西华门大街凯爱大厦	2206
经九路铁路局家属院至友谊路	1451	西华门大街莲湖区政府	9830
经九路西侧	1408	西华门大街西段	11465
青龙路北侧祭台村	1186	西华门大街消防队门前	3874
青龙路青龙小区	385	西华门大街中医研究院门前	3021
青龙路铁一中	915	小寨西路党校东	1133
青龙路南花园小区	257	小寨西路迪欧咖啡	1486
总计			70981

表 2.3　停车位使用信息统计表

站点编号	泊位号	停车时间	取车时间	停车时长
1-01-0-0148	1	06/01/2017 08:00:16	06/01/2017 09:23:39	1 时 23 分 23 秒
1-01-0-0148	5	06/01/2017 08:01:36	06/01/2017 08:18:48	0 时 17 分 12 秒
1-01-0-0148	6	06/01/2017 08:09:15	06/01/2017 10:39:13	2 时 29 分 58 秒
1-01-0-0148	2	06/01/2017 08:14:37	06/01/2017 09:59:34	1 时 44 分 57 秒
1-01-0-0148	3	06/01/2017 08:18:19	06/01/2017 12:33:16	4 时 14 分 57 秒
1-01-0-0148	7	06/01/2017 08:30:54	06/01/2017 09:09:45	0 时 38 分 51 秒
1-01-0-0148	11	06/01/2017 08:32:05	06/01/2017 17:10:31	8 时 38 分 26 秒
1-01-0-0148	4	06/01/2017 08:33:27	06/01/2017 09:29:17	0 时 55 分 50 秒
1-01-0-0322	2	06/01/2017 08:12:40	06/01/2017 17:36:07	9 时 23 分 27 秒

为了提高停车需求分析的准确性及样本的全面性，同时确保每个行政区划都抽取到停车场样本，在西安三环内的 7 个行政区划，选择最具有代表性的、用地性质相对单一的区域进行抽样。按周内（22 天）、周末（8 天）对站点停车数据进行分类，取停车需求量、停车时长、车位占用率、停车周转率的平均值作为停车需求特征值，绘制各站点停车需求时变特征曲线。下面对部分采样点信息进行统计分析：

（1）粉巷路

粉巷路位于西安市主城区南大街西侧，为主城区重要的商业、医疗综合服务型区域，选择该区域代表性停车场对商业、医疗用地停车需求特征进行调查。

其中，粉巷路南侧停车场共有 18 个合法停车位；粉巷路东段北侧停车场共有 21 个合法停车位。该区内路内停车的平均停车时长为 1 小时 47 分钟。在所有的停放车辆中，45% 停车时长在 1 小时以内，1.5% 超过 8 小时。调研发现，该区域常常出现非法占道停车问题，在通勤高峰期及周末晚间常出现拥堵。高峰小时泊位周转率为 3.7 辆 / 车位（图 2.5、图 2.6）。

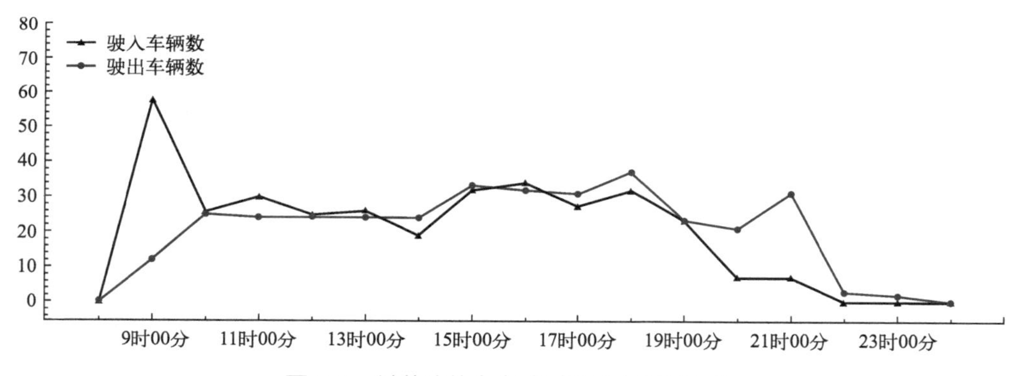

图 2.5　粉巷路停车车分时进出车辆数汇总

粉巷路东段北侧停车场：停车场周边多为商业设施用地。以该停车场为调查对象，调查结果反映该区商业设施用地停车需求特征。调查显示：周末晚间停车需求明显高于周内，如图 2.7（a）、（b）所示，此区域周内、周末停车需求时长变化不大，集中在 2 小时以内，如

图 2.7（c）、（d）所示。

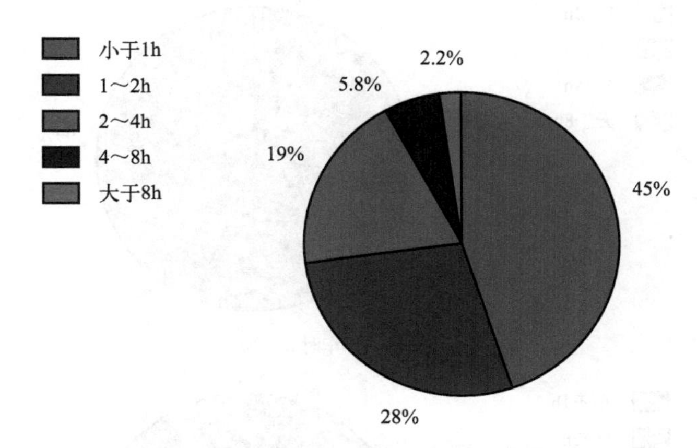

图 2.6 粉巷路段公共停车场停车需求数据统计

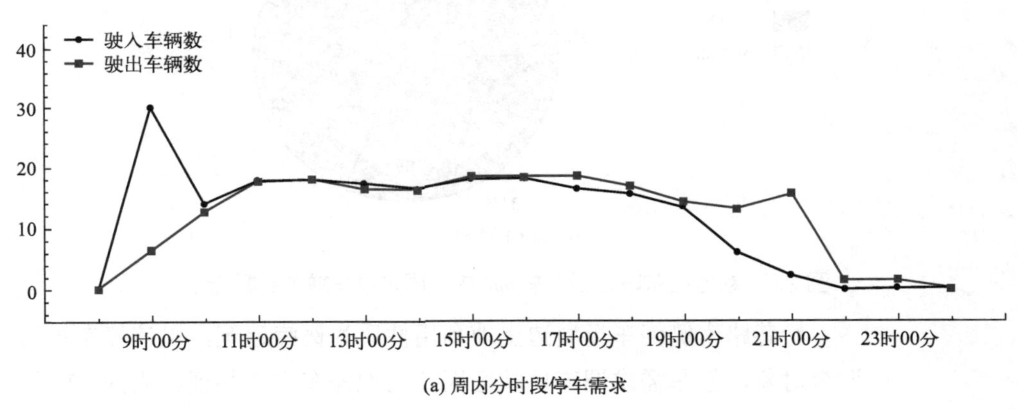

(a) 周内分时段停车需求

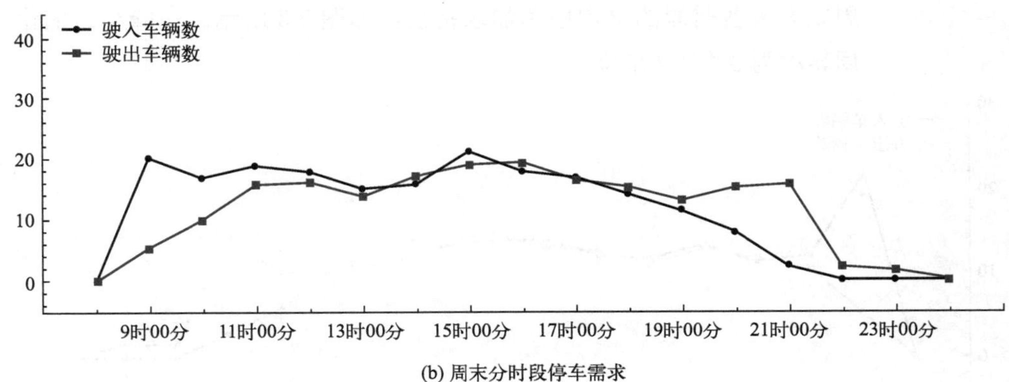

(b) 周末分时段停车需求

图 2.7

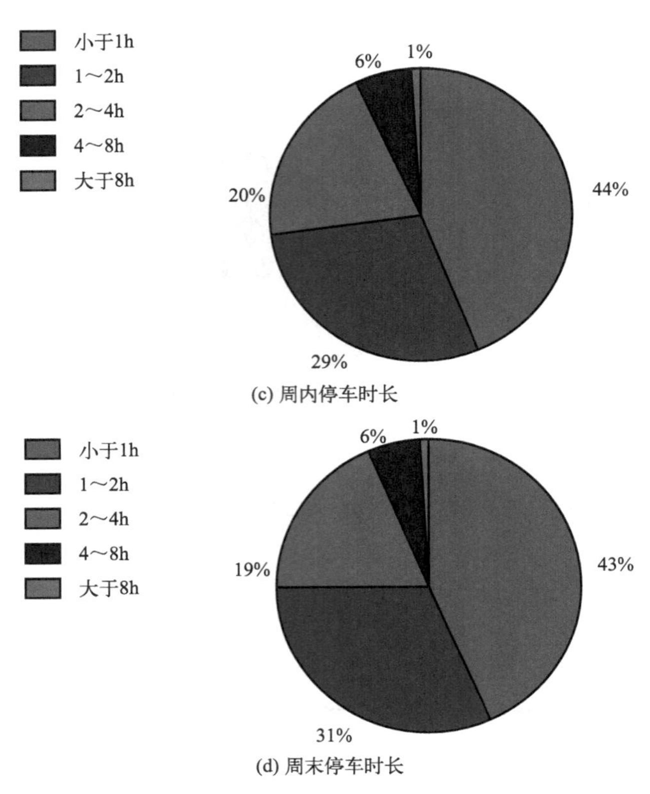

(c) 周内停车时长

(d) 周末停车时长

图 2.7　粉巷路东段北侧停车场周内、周末停车需求数据统计

粉巷路南侧停车场周边土地利用性质为医疗建筑，以该停车场为调查对象，停车需求调查反映区医疗用地停车需求特征。周内 22 天、周末 8 天各时段的平均停车需求特征，如图 2.8 所示。高峰小时泊位周转率为 3.4 辆 / 车位。

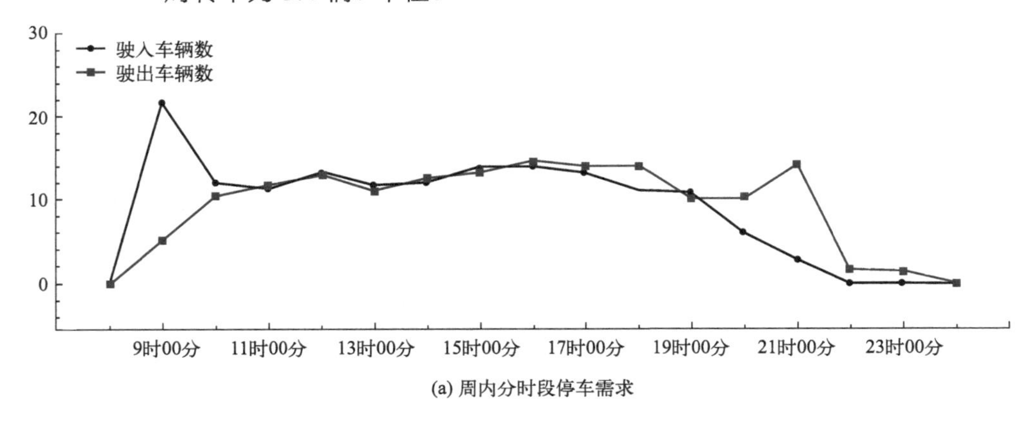

(a) 周内分时段停车需求

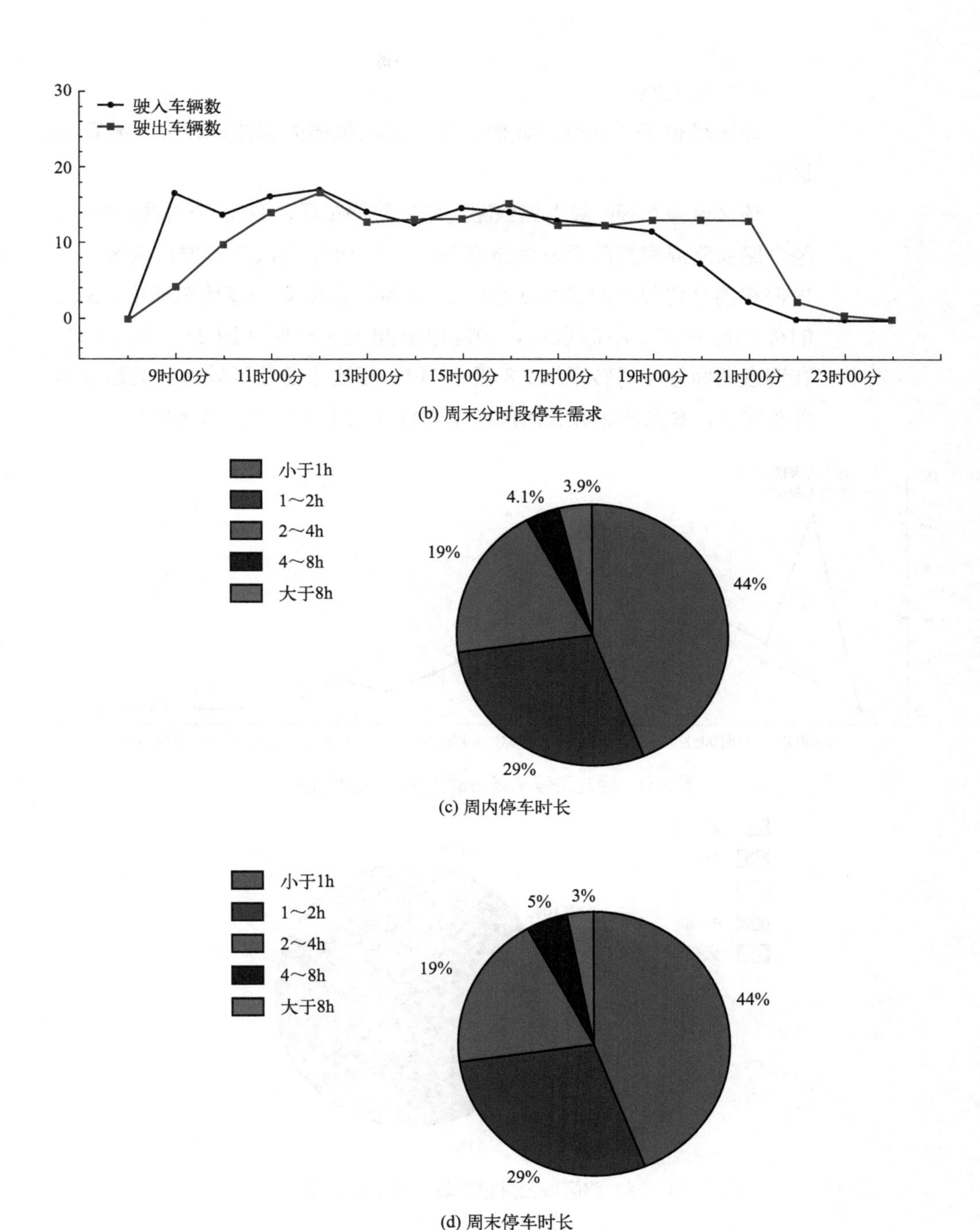

(b) 周末分时段停车需求

(c) 周内停车时长

(d) 周末停车时长

图 2.8 粉巷路南侧停车场周内、周末停车需求数据统计

（2）经九路

该区域位于二环南路北侧，为主城区重要的居住、办公、教育型区域。

该区域停车场：经九路铁路局家属院停车场，有 35 个合法停车位；经九路铁路局家属院至友谊路停车场，有 18 个合法停车位。该区内路内停车的平均停车时长为 3 小时 23 分钟。在所有的停放车辆中，37% 的停车时长在 1 小时以内，10% 停放超过 8 小时（图 2.9、图 2.10）。在调查期间停车周转率为 2.8 辆 / 车位。相比于粉巷区域商业类建筑的停车需求，经九路区域长时间停车需求（大于 8 小时）显著增加。

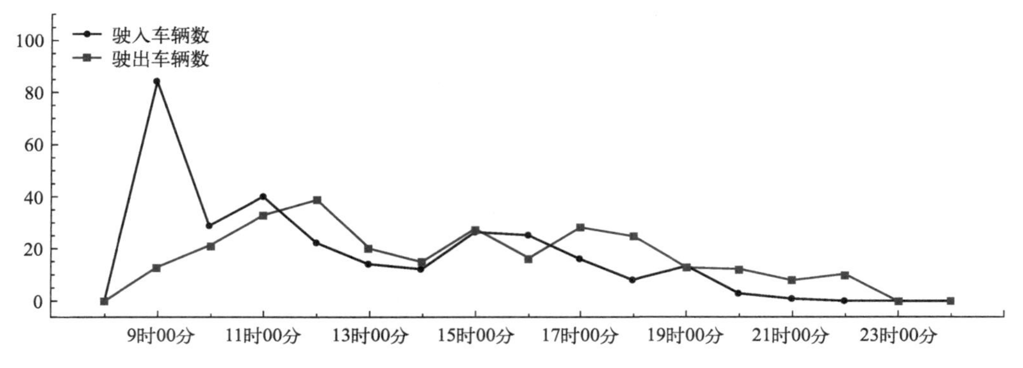

图 2.9　经九路停车场分时进出车辆数汇总

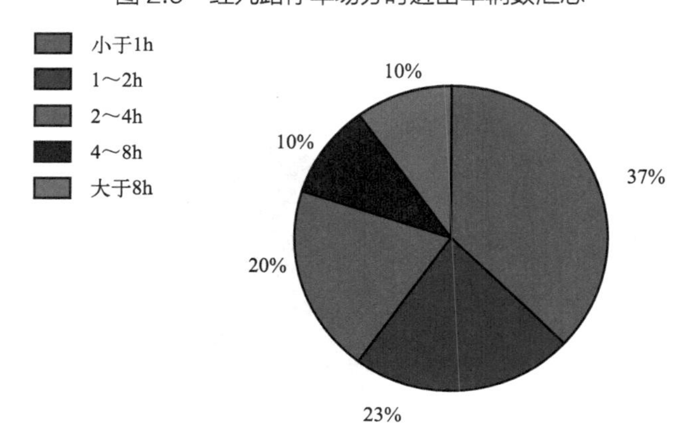

图 2.10　经九路区域公共停车场停车需求数据统计

铁路局家属区停车场周边多为居住用地，以该停车场为调查对象，调查结果反映该区通勤停车需求特征。周内 22 天、周末 8 天各时段的平均停车需求特征如图 2.11 所示。调查显示此区域周内、周末的停车需求时长变化不大。晚高峰时车辆集中驶出停车场，停车需求呈现负增长，各时间段的停车需求比较平均。

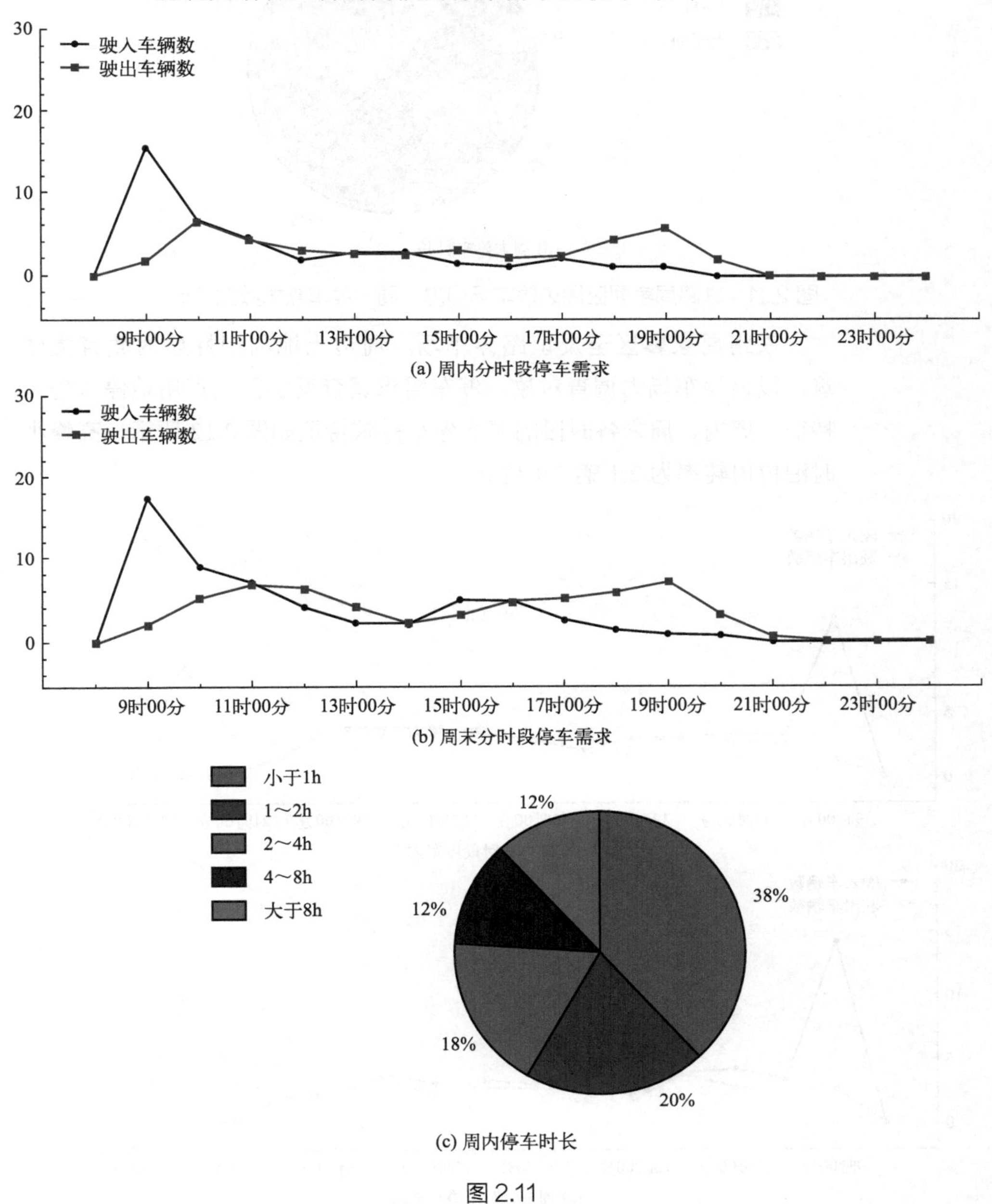

(a) 周内分时段停车需求

(b) 周末分时段停车需求

(c) 周内停车时长

图 2.11

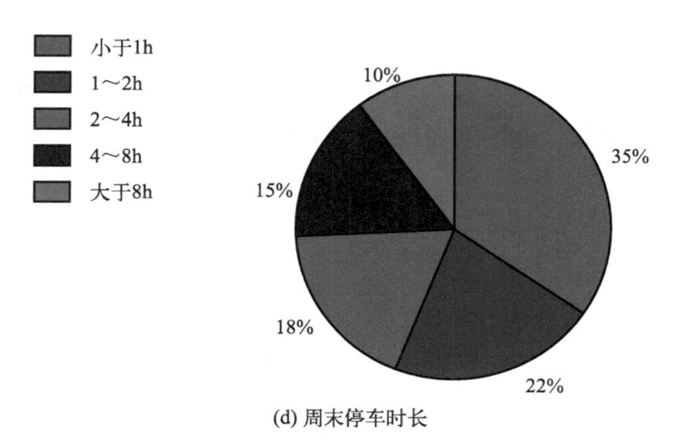

(d) 周末停车时长

图 2.11　铁路局家属区周边停车场周内、周末停车需求数据统计

铁路局家属区至友谊路停车场，周边土地利用性质为教育类建筑，以该停车场为调查对象，停车需求调查反映区教育用地停车需求特征。周内、周末各时段的平均停车需求特征如图 2.12 所示。高峰小时泊位周转率为 2.1 辆 / 车位。

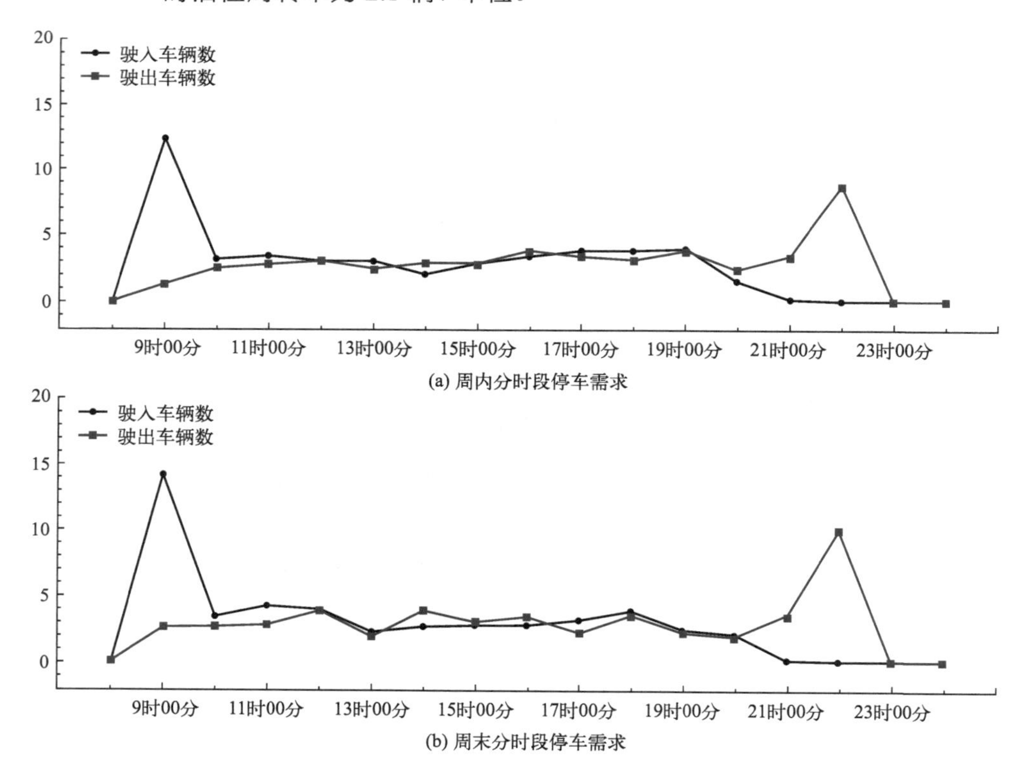

(a) 周内分时段停车需求

(b) 周末分时段停车需求

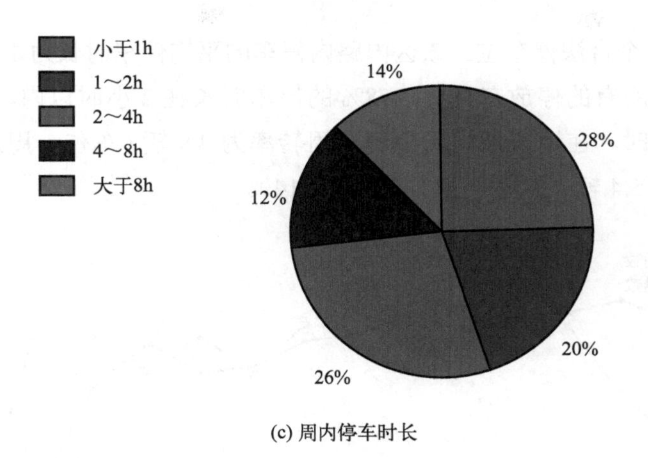

(c) 周内停车时长

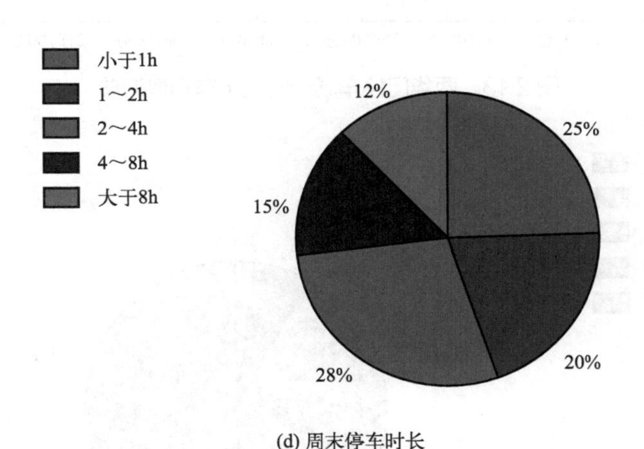

(d) 周末停车时长

图 2.12　铁路局家属区至友谊路停车场周内、周末停车需求数据统计

（3）西华门

该区域位于西安市主城区南大街西侧，为主城区重要的医疗、办公、公共设施综合性区域。

该区域停车场：西华门大街消防队门前停车场，有 16 个合法停车位；西华门大街西段停车场，有 61 个合法停车位；西华门大街莲湖区政府门前停车场，有 66 个合法停车位；西华门大街凯爱大厦停车场，有 15 个合法停车位；西华门大街中医研究院门前停车场，有

21 个合法停车位。该区内路内停车的平均停车时长为 1 小时 34 分钟。在所有的停放车辆中，78% 的停车时长在 2 小时以内，有 3% 超过 8 小时。在调查期间周内停车周转率为 4.9 辆 / 车位，周末停车周转率为 5.4 辆 / 车位（图 2.13、图 2.14）。

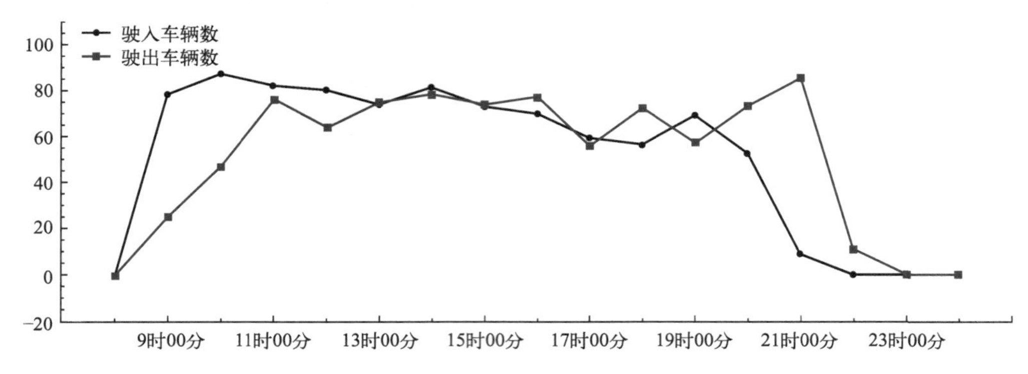

图 2.13　西华门停车场分时进出车辆数汇总

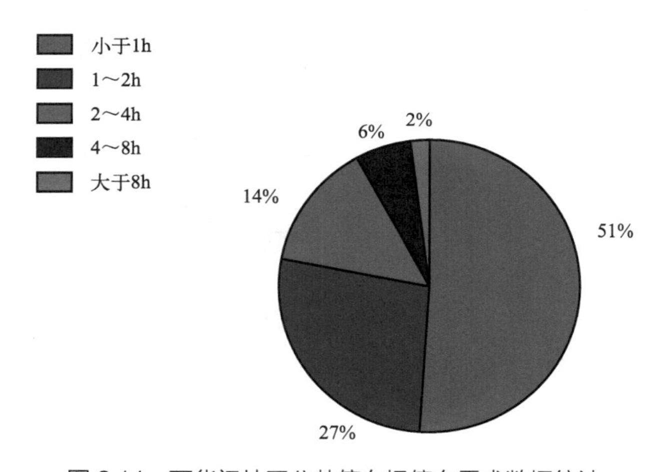

图 2.14　西华门片区公共停车场停车需求数据统计

西华门消防队门前停车场服务于消防站所这一公共设施，以该停车场为调查对象，调查结果反映该区公共设施用地的停车需求特征。周内 22 天、周末 8 天各时段的平均停车需求特征，如图 2.15 所示。

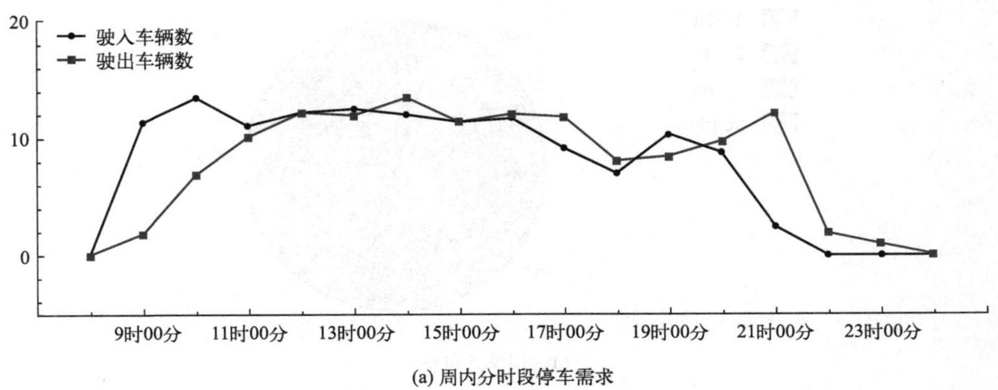

(a) 周内分时段停车需求

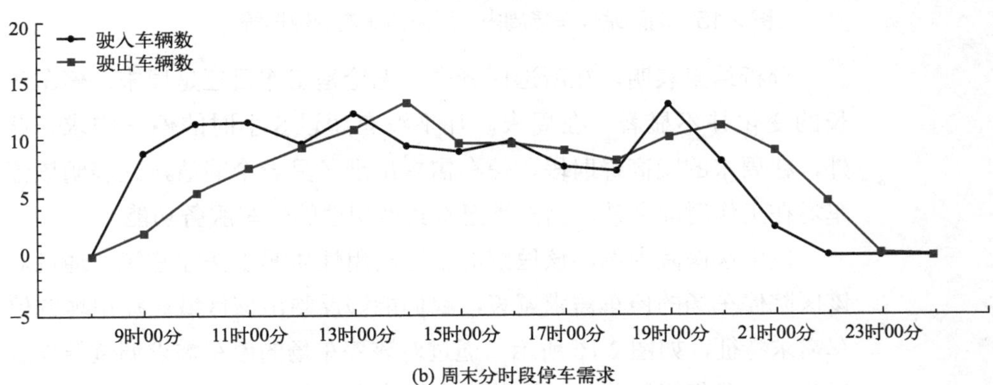

(b) 周末分时段停车需求

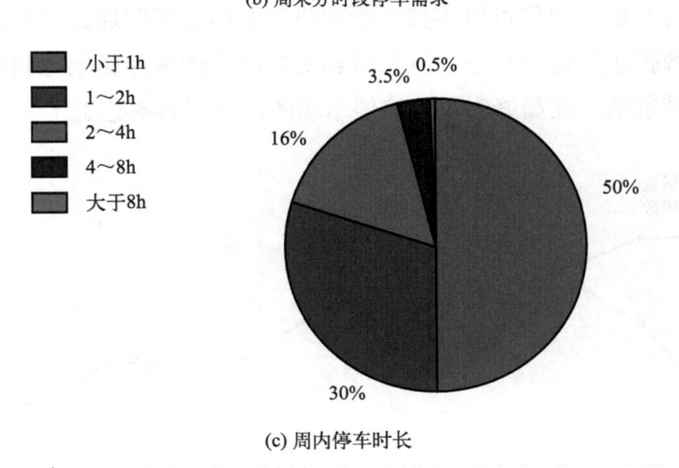

(c) 周内停车时长

图 2.15

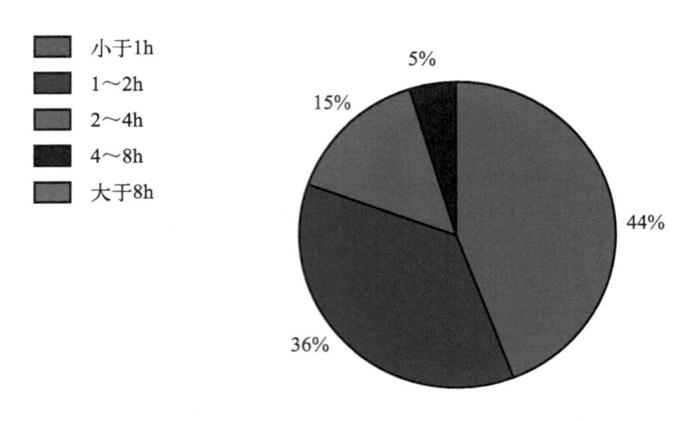

(d) 周末停车时长

图 2.15　消防站停车场周内、周末停车需求数据统计

分析结果表明，在所选区域中，无论是工作日还是周末，停车时长的变化并不显著。在周末，几乎没有超过 8 小时的停车需求。此外，在周末的晚高峰时段，停车需求出现了另一个峰值，这表明该停车场在工作时间之外，仍然承担着其他用地的停车服务功能。

以中医医院为例，该医院的土地利用性质属于医疗建筑。通过对该医院停车场的停车需求调查，我们能够反映出该区域医疗用地的停车需求特征，如图 2.16 所示。通过对该停车场的停车需求调查结果进行分析，我们可以将其与粉巷路南侧中心医院周边停车场的停车需求数据进行对比校正，从而得到更为准确的医疗类土地利用的停车需求特征值。在高峰时段，该停车场的泊位周转率达到了 4.6 辆 / 车位。

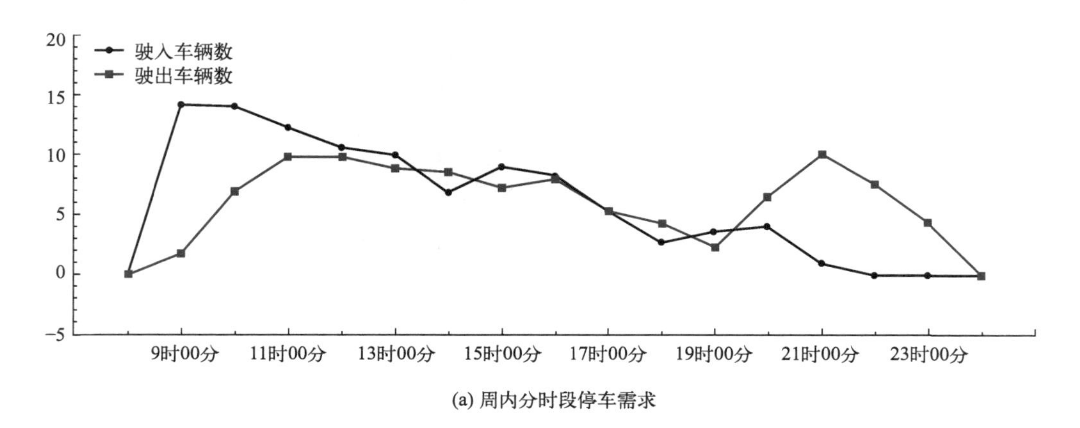

(a) 周内分时段停车需求

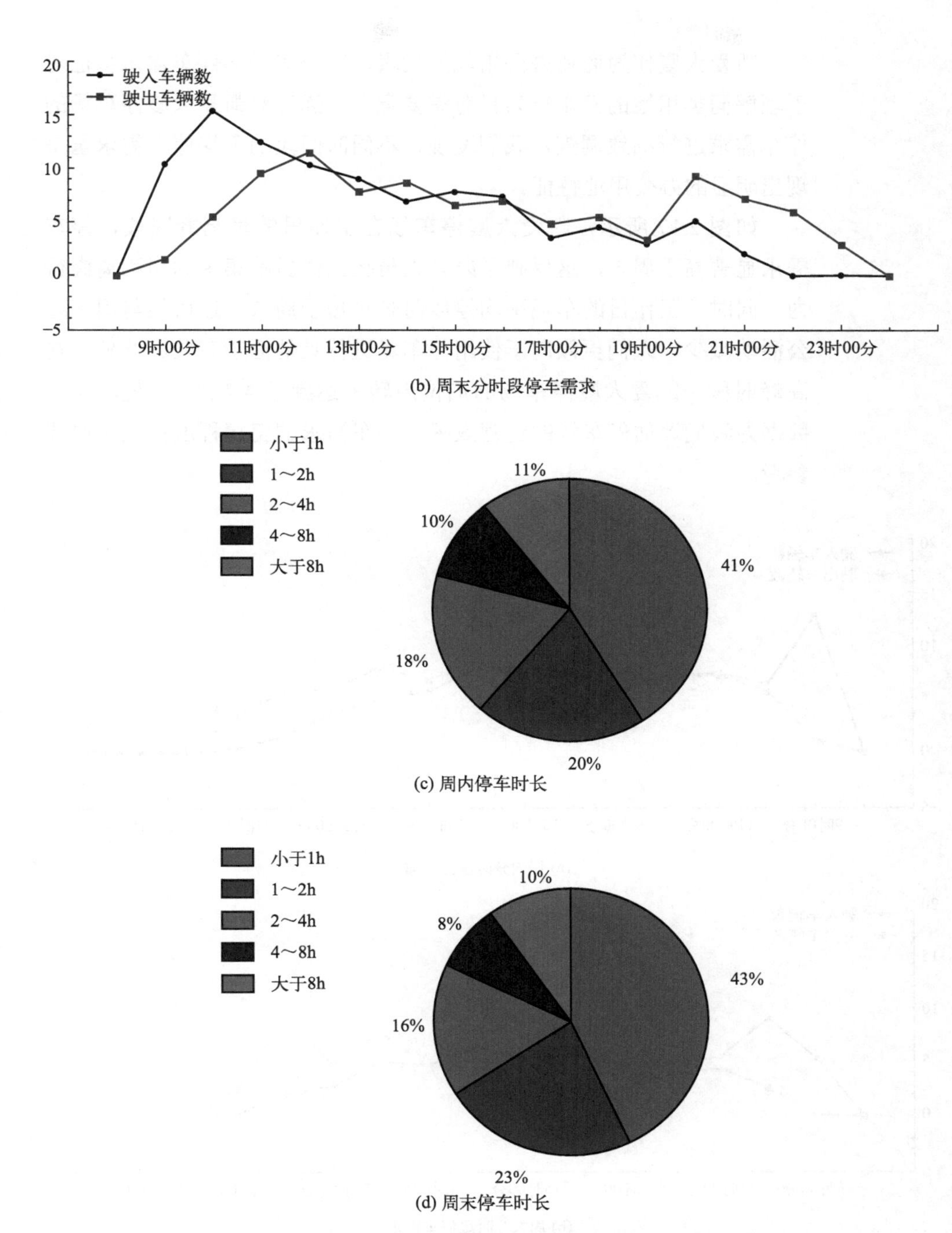

(b) 周末分时段停车需求

(c) 周内停车时长

(d) 周末停车时长

图 2.16　中医医院门前停车场周内、周末停车需求数据统计

凯爱大厦作为商业办公用地的代表，其停车场的停车需求特征对于理解同类用地的停车行为具有重要意义。通过对凯爱大厦停车场的停车需求进行细致调查，我们发现在不同时间段的平均停车需求量呈现出明显的办公用地特征。

如图 2.17 所示，凯爱大厦停车场在工作日的早高峰时段，停车需求显著高于周末，这反映了办公人员在工作日的集中到岗和离岗行为。同时，工作日的车辆平均停放时长也短于周末，这可能与周末办公活动减少、人们更倾向于使用停车场进行其他活动有关。此外，在高峰时段，凯爱大厦停车场的泊位周转率达到了 4.7 辆 / 车位，这一数据为我们评估停车场的运营效率和停车需求的密集程度提供了重要参考。

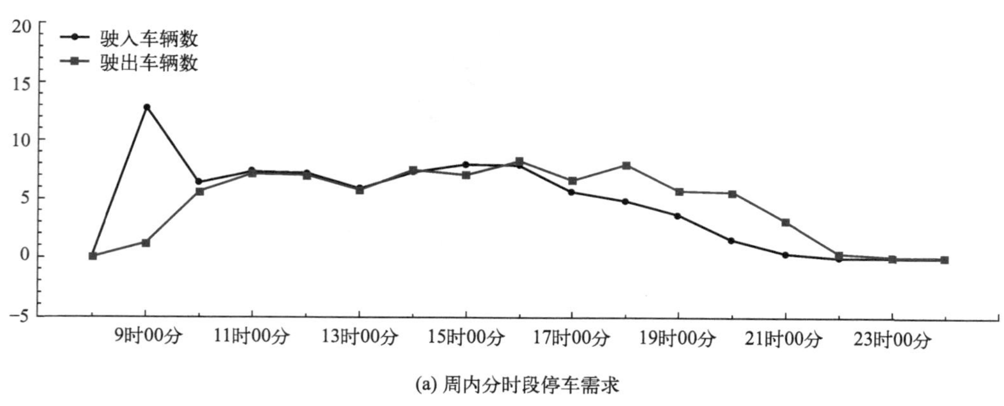

(a) 周内分时段停车需求

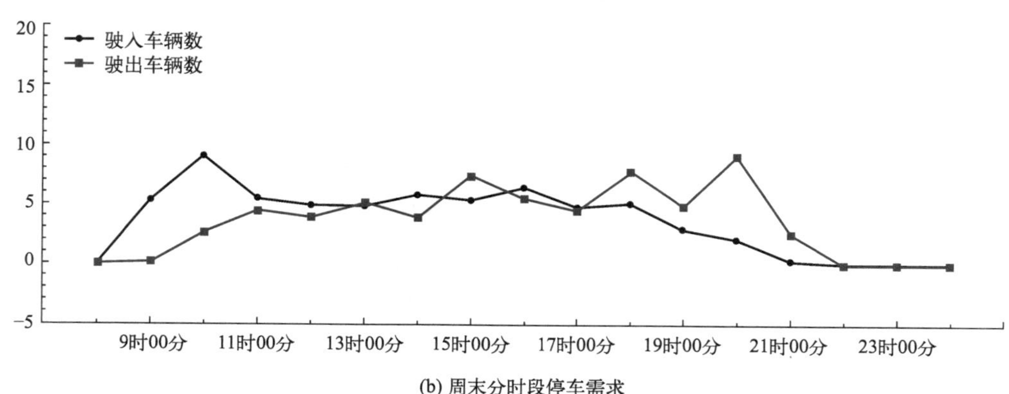

(b) 周末分时段停车需求

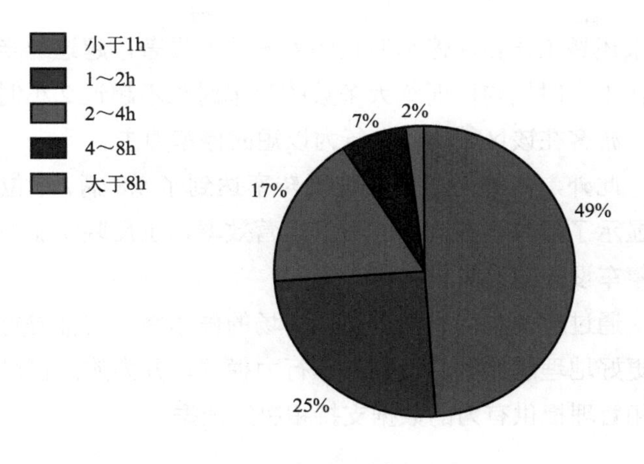

(c) 周内停车时长

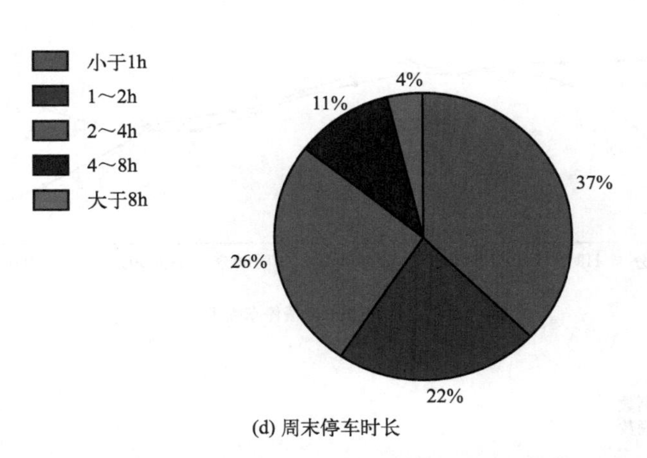

(d) 周末停车时长

图 2.17　凯爱大厦门前停车场周内、周末停车需求数据统计

西华门大街西段紧邻西安著名的商业步行街，其土地利用性质主要为旅游用地。通过对该区域停车场的停车需求进行深入调查，我们发现各时段的平均停车需求量能够反映出旅游用地的停车需求特征。

如图 2.18 所示，周内各时段的停车需求相对平均，而周末的停车需求略高于工作日。这可能与周末游客数量增加有关。同时，无论是周末还是工作日，停车时长的差异并不显著，超过一半的停车需求集中在 1 小时以内，而绝大多数的停车时长不超过 2 小时。这一现象表明，游客在该区域的停车行为以短时停车为主。

此外，高峰时段的泊位周转率达到了 5.8 辆 / 车位，这一数据不仅显示了停车场在高峰时段的运营效率，也反映了旅游高峰期间游客对停车设施的高需求。

通过对西华门大街西段停车场的停车需求特征进行分析，我们能够更好地理解旅游用地的停车行为模式，并为旅游区域的停车设施规划和管理提供有力的数据支持和决策依据。

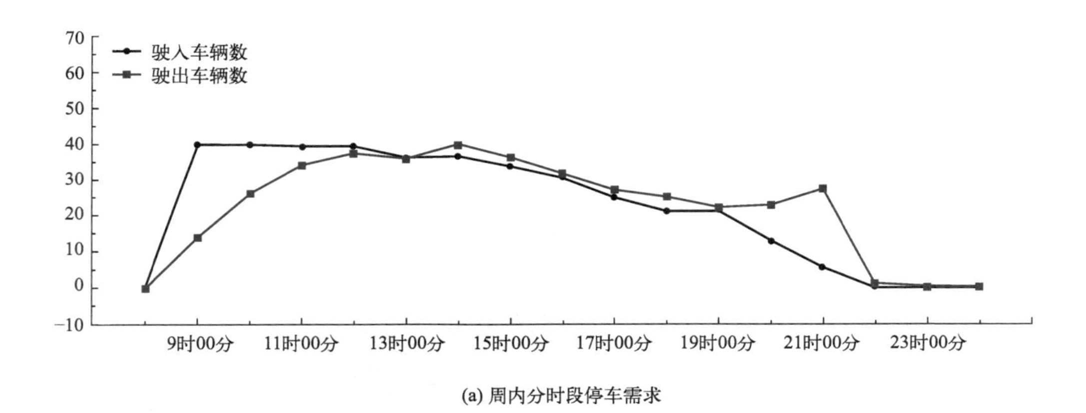

(a) 周内分时段停车需求

(b) 周末分时段停车需求

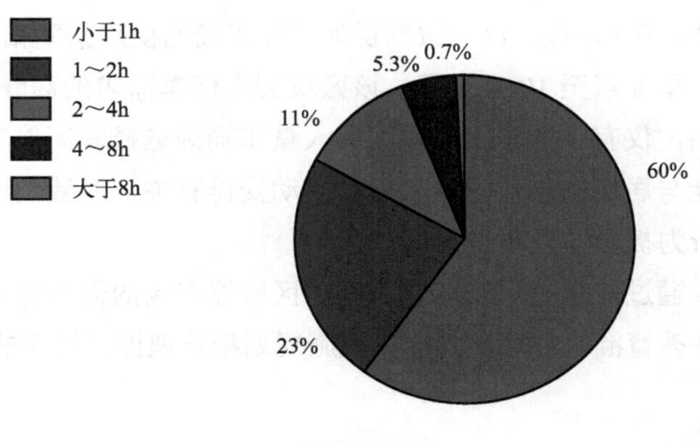

(c) 周内停车时长

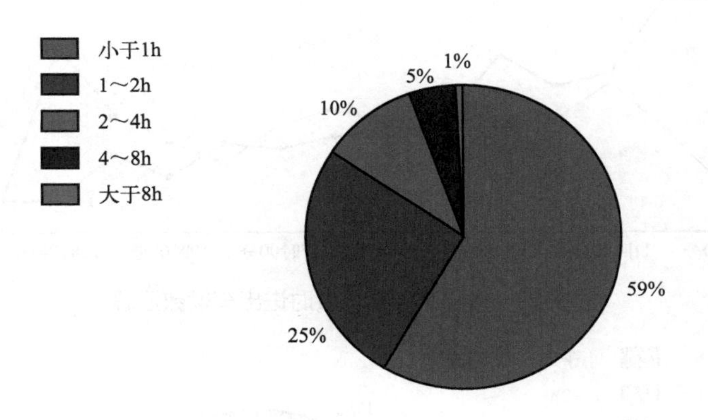

(d) 周末停车时长

图 2.18　西华门西段停车场周内、周末停车需求数据统计

（4）太和路区域

太和路片区位于西安市未央区二环北路南侧，土地利用性质表现为较为集中的居住与教育用地混合型特点。该区域的停车场分布如下：太和路周边停车场，配备有 95 个合法停车位；长安易居北侧路停车场，拥有 32 个合法停车位；太和路西段停车场，设有 65 个合法停车位。

如图 2.19、图 2.20 所示，区内路内停车的平均时长为 3 小时 19 分钟。在所有停放的车辆中，有 45% 的车辆停车时长超过 2 小时，其中更有 17% 的车辆停车时长超过 8 小时。调查期间的停车周转率为 2.1 辆 / 车位，这一数据反映了停车场的使用频率和运营效率。

早 8 点至 10 点之间，该区域迎来停车需求的高峰时段；晚 19 点之后，仅有少数车辆停入，而大量车辆则选择驶离停车场。这一现象可能与居民的出行习惯和日常活动安排有关，为我们理解该区域的停车行为提供了重要线索。

通过对未央区二环北路南侧区域停车场的停车需求特征分析，为居住教育混合型区域的停车设施规划和管理提供科学的决策支持。

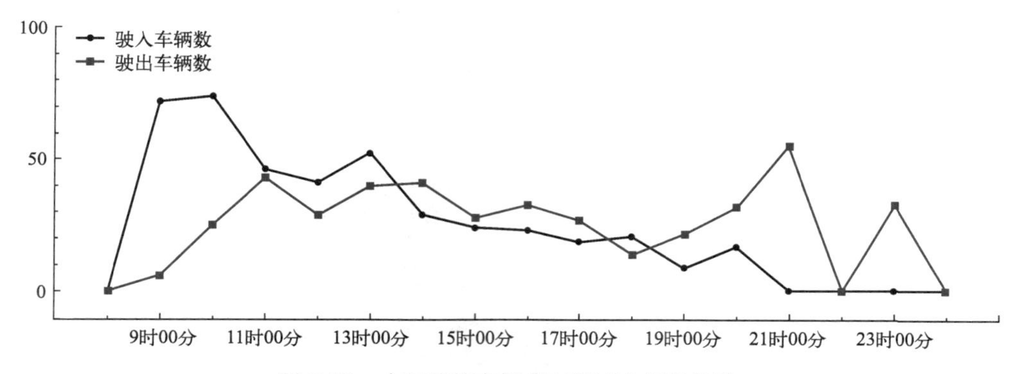

图 2.19　太和路停车场分时进出车辆数汇总

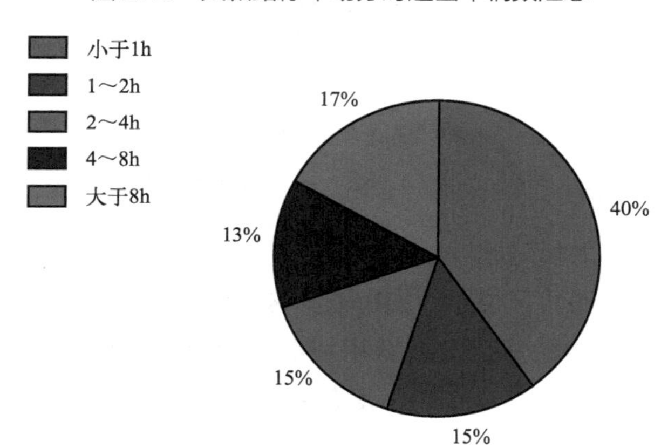

图 2.20　太和路区域公共停车场停车需求数据统计

太和路长安易居北门停车场坐落于西安市北二环内，其地理位置优越，四周被居住用地环绕。北邻、南邻、西邻、东邻的土地利用性质均为居住用地，这为研究居住用地的停车需求特征提供了理想的样本。通过对该停车场的停车需求进行细致的调查分析，我们发现各时段的平均停车需求能够反映出居住用地的停车行为特点。

如图 2.21 所示，该停车场的停车需求在 9:00 ～ 11:00 之间达到高峰，而在其他时间段，车辆的进出数量基本保持平衡。此外，周末的早高峰时段停车需求略高于工作日，表明周末居民可能有更多的停车需求。单位车辆的停车时长在周末也普遍长于工作日，这可能与居民的周末活动安排有关。

具体到停车时长的分布，工作日中有 75% 的车辆停放时间在 2 小时以内，而周末停放 4 ～ 8 小时的车辆数量远超过工作日。这一数据不仅反映了居住用地停车需求的时间特性，也为优化居住区停车资源配置和提高停车设施使用效率提供了重要的参考依据。

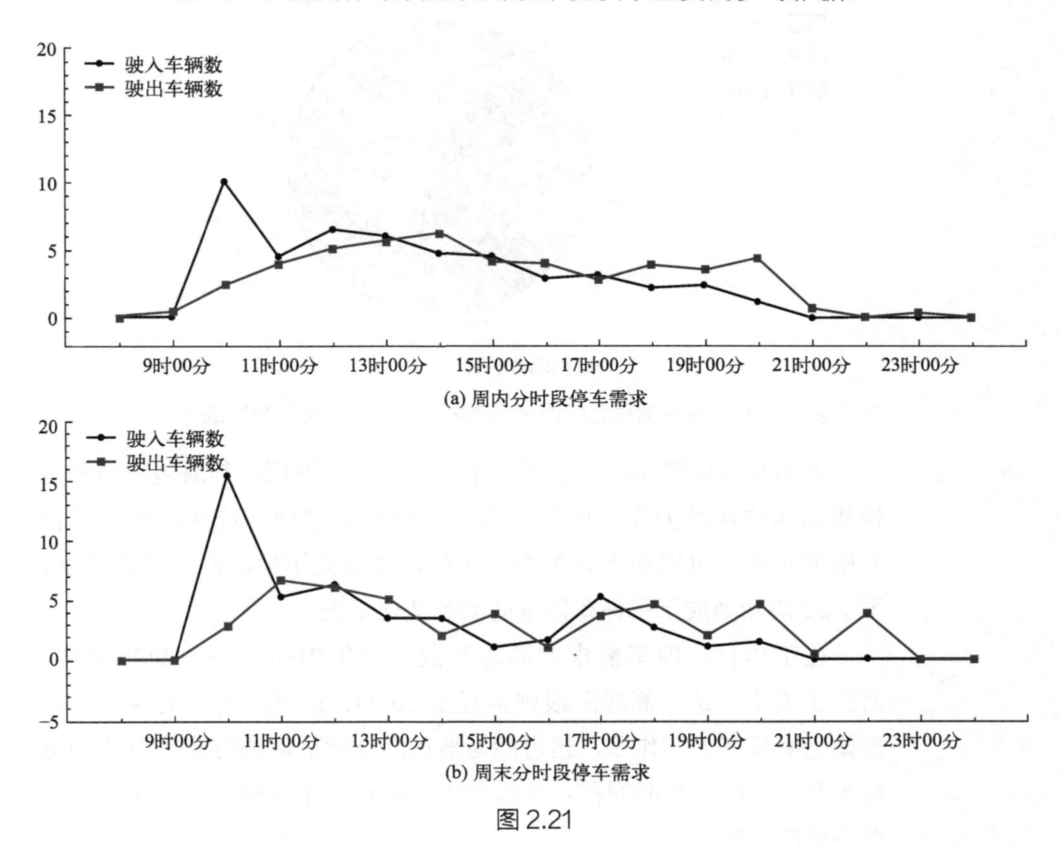

图 2.21

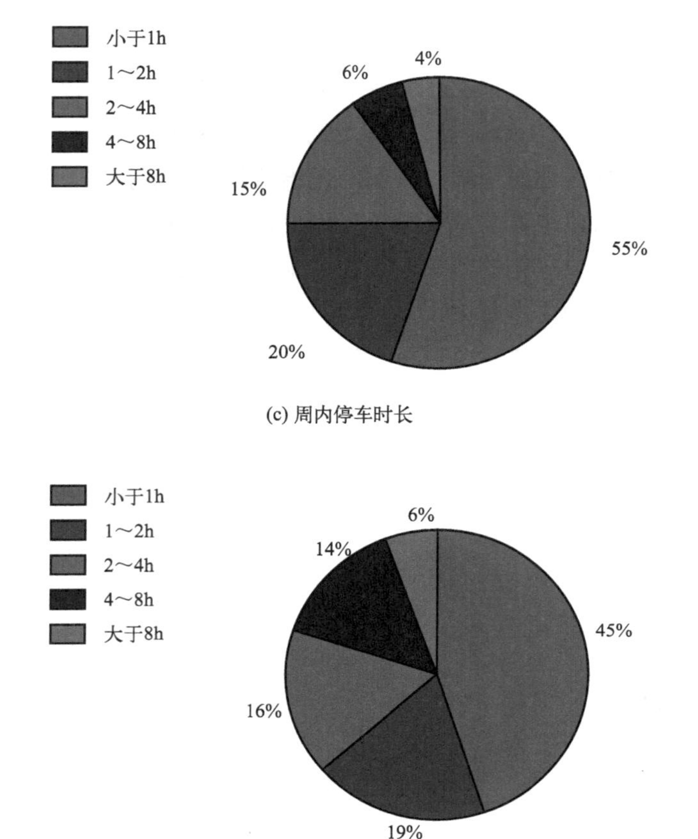

图 2.21　太和路长安易居北门停车场周内、周末停车需求数据统计

太和路周边停车场位于西安市北二环北路附近，其周边土地利用性质以居住用地为主，同时夹杂着部分办公用地。选择该停车场作为研究对象，可以深入分析混合居住、办公类用地的停车需求特征。图 2.22 清晰地展示了停车需求的动态变化情况。

在工作日，停车需求的高峰时段主要集中在 8:00 ～ 9:00 之间，而到了周末，这一高峰时段则推迟至 10:00。此外，周末的停车需求整体上明显高于工作日，这可能与居民的休闲活动和办公人员的加班需求有关。在其他时间段，车辆的进出数量基本保持平衡，显示出停车需求的稳定性。

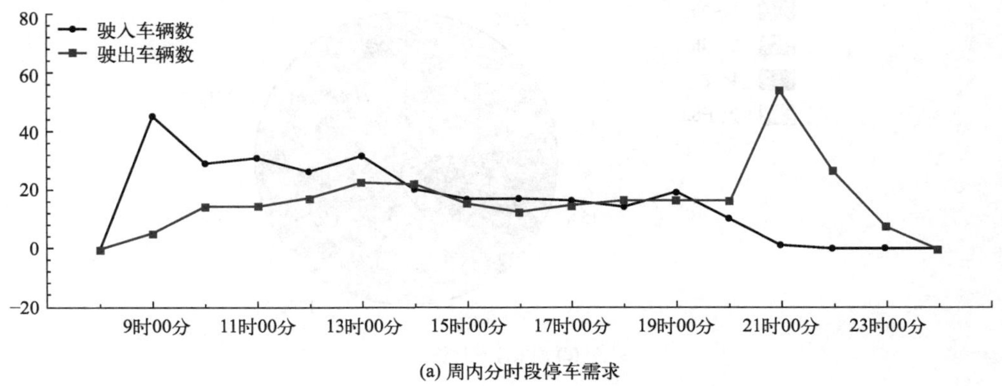

(a) 周内分时段停车需求

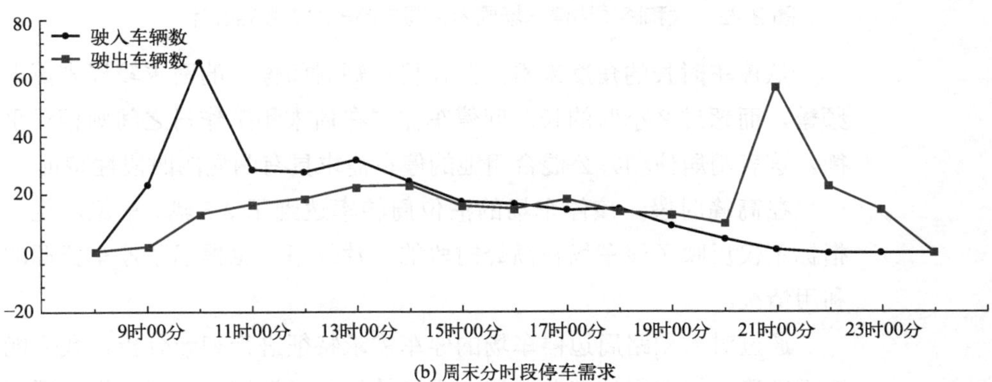

(b) 周末分时段停车需求

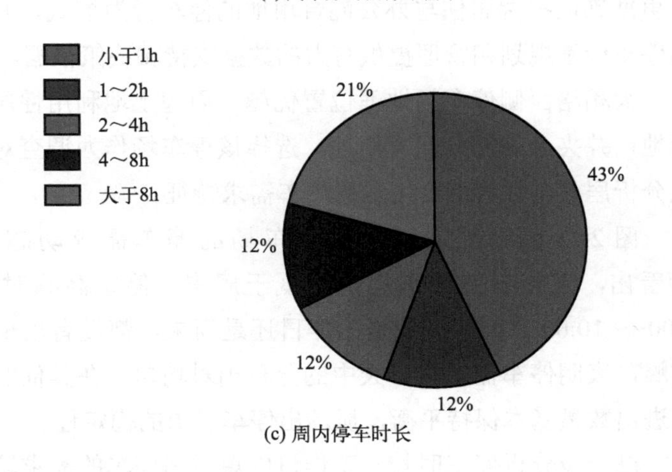

(c) 周内停车时长

图 2.22

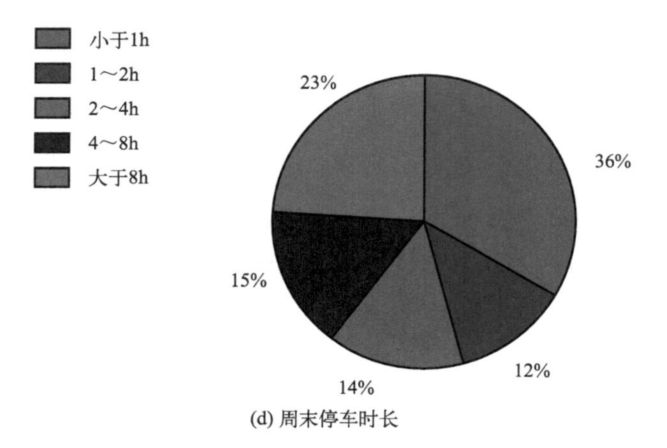

(d) 周末停车时长

图 2.22　太和路周边停车场周内、周末停车需求数据统计

从停车时长的角度来看，工作日中短时间停车的需求较周末更为频繁，而超过 8 小时的长时间停车需求在周末和工作日之间则相对平衡。这表明居住和办公混合用地的停车需求具有明显的时段性特征。

在高峰时段，该停车场的泊位周转率达到了 2.3 辆 / 车位，这一指标不仅反映了停车场在高峰时段的运营效率，也揭示了停车资源的利用情况。

通过对太和路周边停车场的停车需求特征进行细致分析，我们能够更准确地把握居住与办公混合用地的停车行为模式，并为相关区域的停车设施规划和管理提供有力的数据支持和决策依据。

太和路西侧停车场地理位置优越，周边土地利用性质主要为居住用地，并夹杂着部分教育用地。选择该停车场作为调查对象，可以深入分析居住与教育混合用地的停车需求特征。

图 2.23 清晰地展示了该停车场的停车需求动态。从图中可以看出，工作日的停车需求略低于周末，停车高峰时段均出现在 8:00 ～ 10:00 之间。无论是工作日还是周末，都没有出现明显的取车高峰，表明停车需求在一天中的分布相对均匀。在其他时间段，车辆的进出数量基本保持平衡，显示出停车需求的稳定性。

进一步分析停车时长，工作日中短时间停车的需求较周末更为频繁，这可能与上班族的日常通勤行为有关。无论是工作日还是周末，超过 8 小时的长时间停车需求基本持平，这可能与居民的生活习惯和学校的作息时间有关。

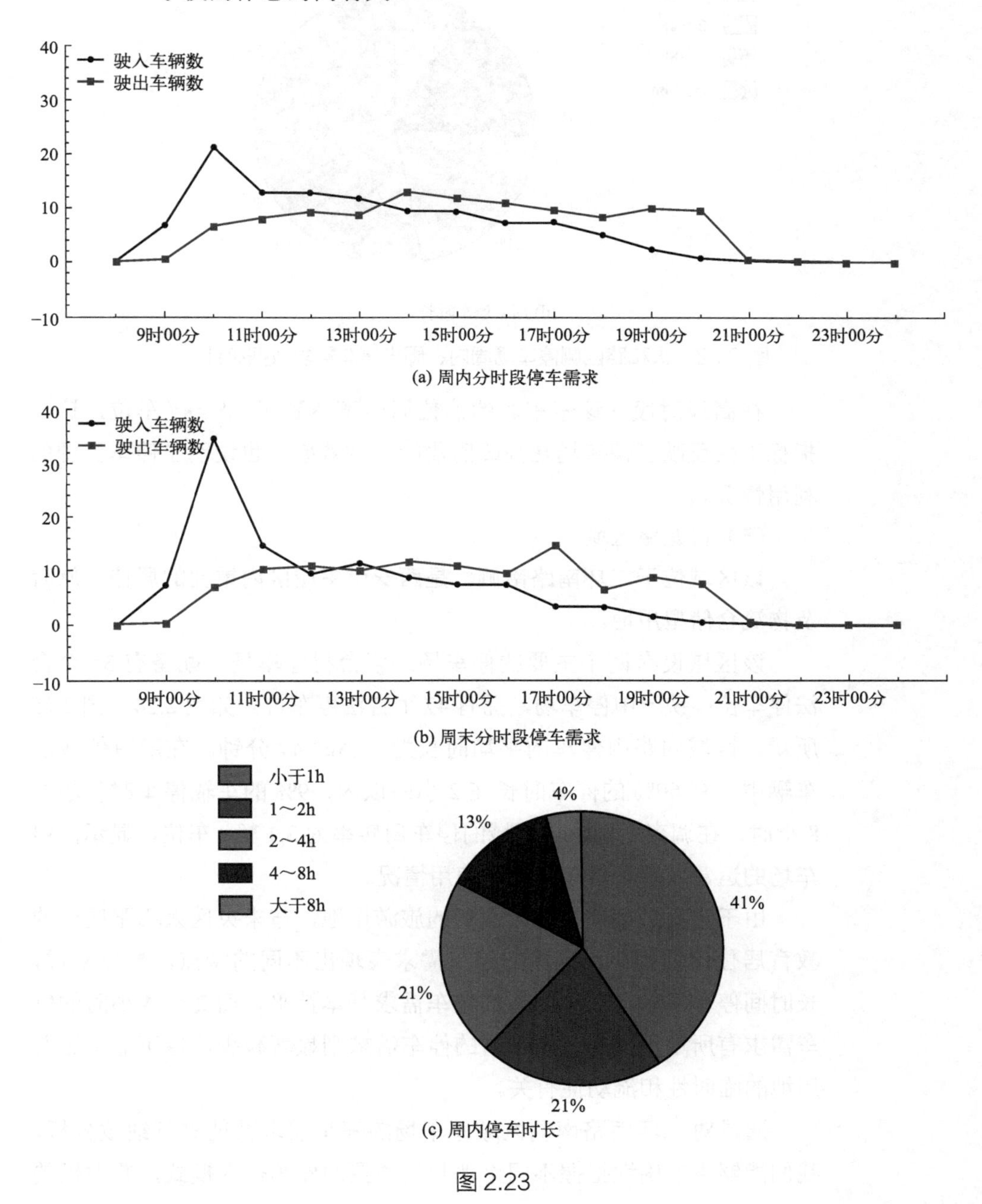

(a) 周内分时段停车需求

(b) 周末分时段停车需求

(c) 周内停车时长

图 2.23

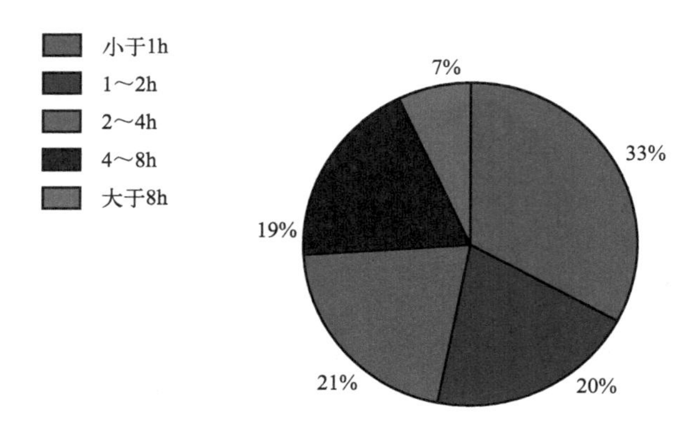

(d) 周末停车时长

图 2.23　太和路西侧停车场周内、周末停车需求数据统计

在高峰时段，该停车场的泊位周转率达到了 2.8 辆 / 车位，这一指标不仅反映了停车场在高峰时段的运营效率，也说明了停车资源的利用情况。

（5）青龙路区域

该区域位于二环南路南侧，是西安市主城区内重要的居住、旅游及物流仓储型用地。

该区域设有两个主要的停车场：祭台村停车场，配备有 35 个合法停车位；铁一中停车场，拥有 47 个合法停车位。如图 2.24、图 2.25 所示，区域内路内停车的平均时长为 2 小时 47 分钟。在所有停放的车辆中，有 60% 的停车时长在 2 小时以内，9% 的车辆停车时长超过 8 小时，在调查期间，该区域的停车周转率为 3.1 辆 / 车位，显示出停车场的运营效率和停车资源的使用情况。

由于该区域周边拥有大面积的旅游用地，与未央区太和路区域的教育居住用地相比，这里的停车需求表现出不同的特点。具体来说，长时间停车需求与 2 小时内的停车需求基本持平，而 2 ～ 4 小时的停车需求有所增加，超过 8 小时的停车需求则显著减少，这可能与旅游用地的临时性和流动性有关。

通过对二环南路南侧区域停车场的停车需求特征进行细致分析，我们能够更准确地把握不同土地利用类型的停车行为模式，并为相关区域的停车设施规划和管理提供有力的数据支持和决策依据。

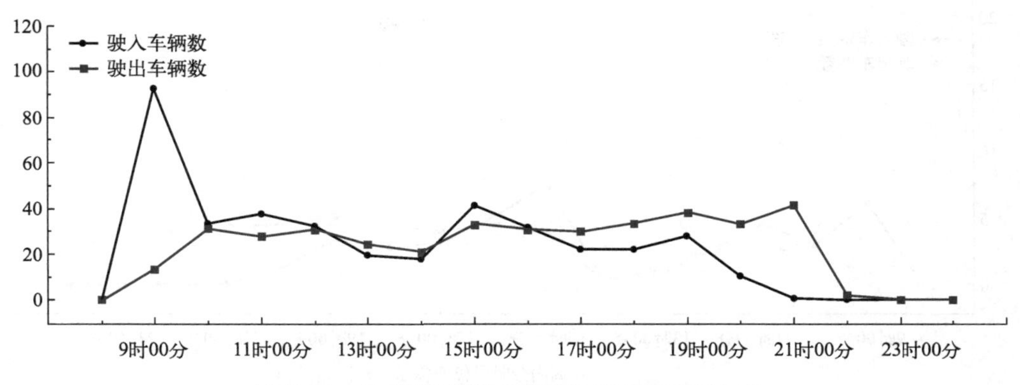

图 2.24 青龙路区域停车场分时进出车辆数汇总

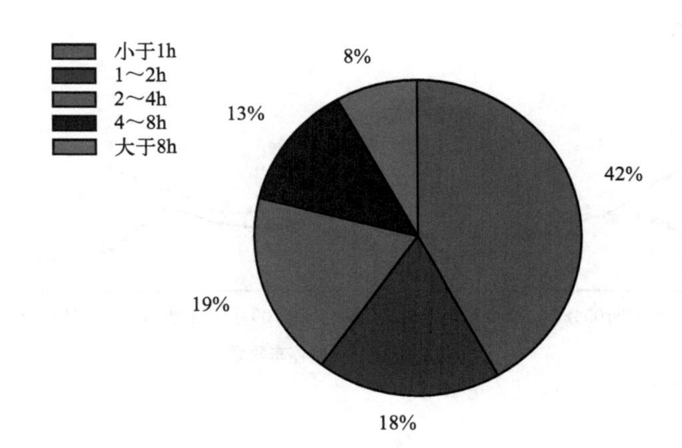

图 2.25 青龙路区域公共停车场停车需求数据统计

经过实地调研，我们了解到，该停车场周边土地利用性质以居住用地为主，同时包含部分商业用地。以该停车场为调查对象，可以深入分析居住与物流仓储混合用地的停车需求特征。

图 2.26 展示了该停车场的停车需求动态。从图中可以看出，工作日（周内）的停车需求略低于周末。与其他土地利用性质的停车场相比，该区域在工作日出现两次明显的停车高峰期，分别在上午 9:00 和下午 15:00。工作日没有明显的取车高峰，而周末的取车高峰则出现在晚上 8:00 左右。在其他时间段，车辆的进出数量基本保持平衡，

显示出停车需求的稳定性。

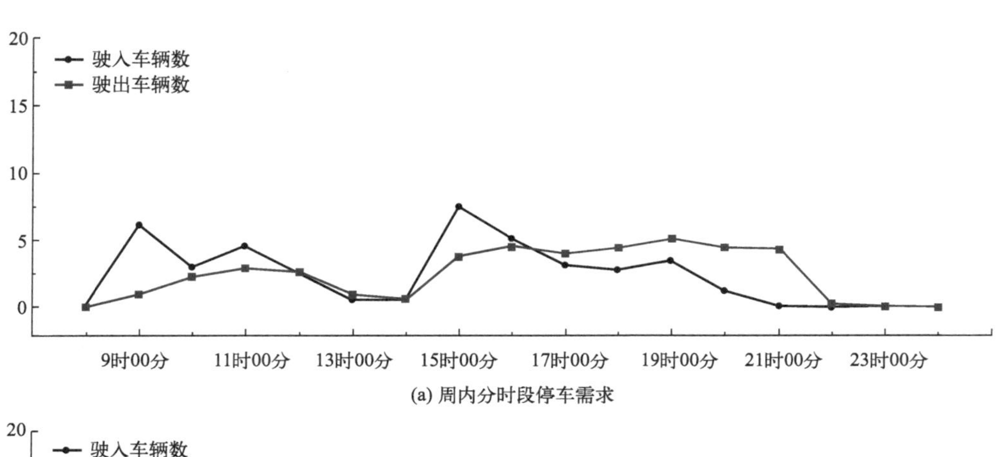

(a) 周内分时段停车需求

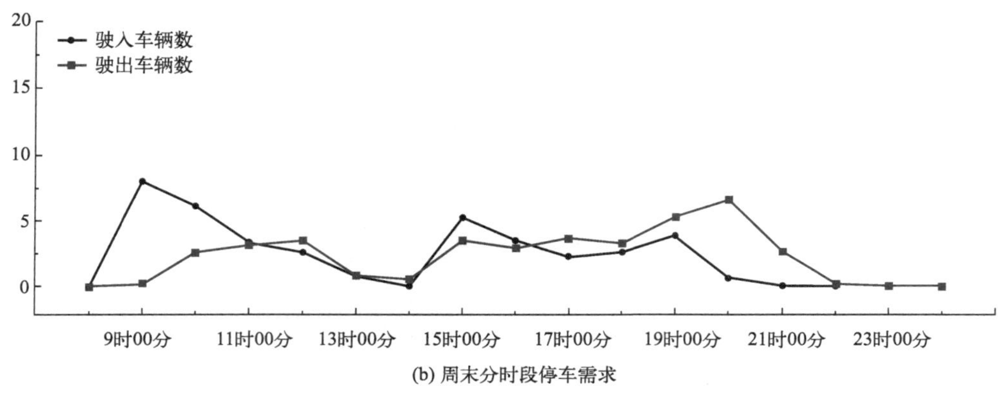

(b) 周末分时段停车需求

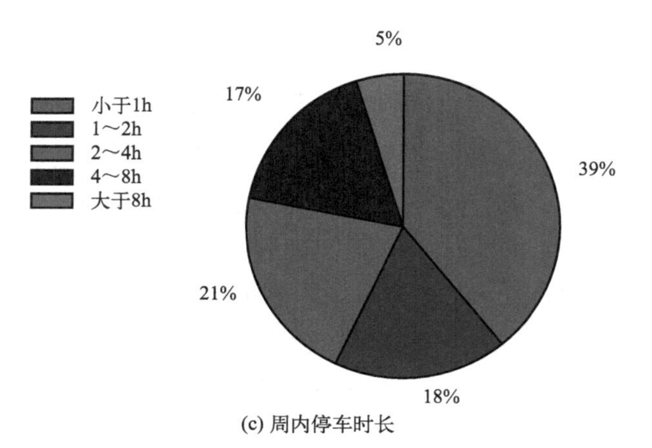

(c) 周内停车时长

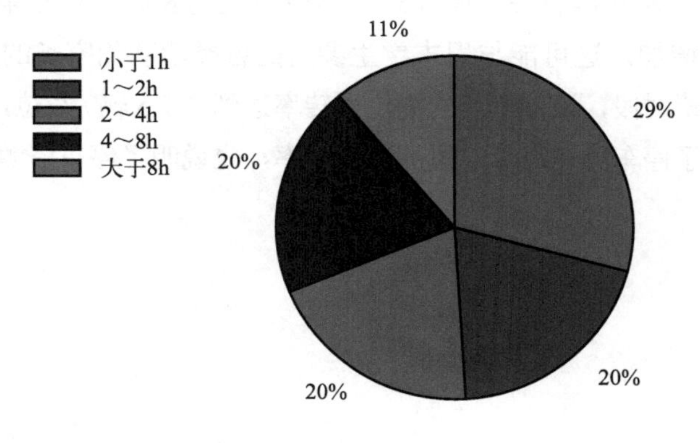

(d) 周末停车时长

图 2.26　青龙路北祭台村停车场周内、周末停车需求数据统计

进一步分析停车时长，工作日中短时间停车的需求较周末更为频繁，这可能与居民的日常通勤和商业活动的高峰时段有关。周末 8 小时以上的长时间停车需求较工作日有明显增加，这可能与周末家具城的营业时间和顾客的购物习惯有关。在高峰时段，该停车场的泊位周转率达到了 2.3 辆 / 车位，这一指标不仅反映了停车场在高峰时段的运营效率，也说明了停车资源的利用情况。

青龙路铁一中停车场紧邻西安铁一中分校，其周边土地利用性质以教育用地为主，同时涵盖部分居住和商业用地。选择该停车场作为调查对象，可以深入分析教育用地的停车需求特征。

图 2.27 展示了该停车场的停车需求动态。从图中可以观察到，无论是工作日还是周末，停车需求的总体趋势基本相似。早高峰时段的停车需求集中在上午 9:00，而周末则稍有延后，至上午 10:00。此外，与其他土地利用性质的停车场相比，该区域在工作日和周末的晚上 9:00 ～ 10:00 出现了明显的取车高峰，这可能与学生放学后的活动安排有关。

在其他时间段，车辆的进出数量基本保持平衡，显示出停车需求的稳定性。值得注意的是，晚上的取车高峰时间与铁路局家属院至友谊路停车场（同样服务于高中类教育用地）大致相同，这进一步证实了晚上学校停车需求是影响停车行为的主要因素。从停车时长的角度来看，工作日中短时间停车的需求较周末更为频繁，这可能与学生的日常上课安排有关。而周末 8 小时以上的长时间停车需求较工作日有显著增加，这可能与周末学生参与的各类活动和家长的接送安排有关。在高峰时段，该停车场的泊位周转率达到了 2.5 辆 / 车位，这一指标不仅反映了停车场在高峰时段的运营效率，也说明了停车资源的利用情况。

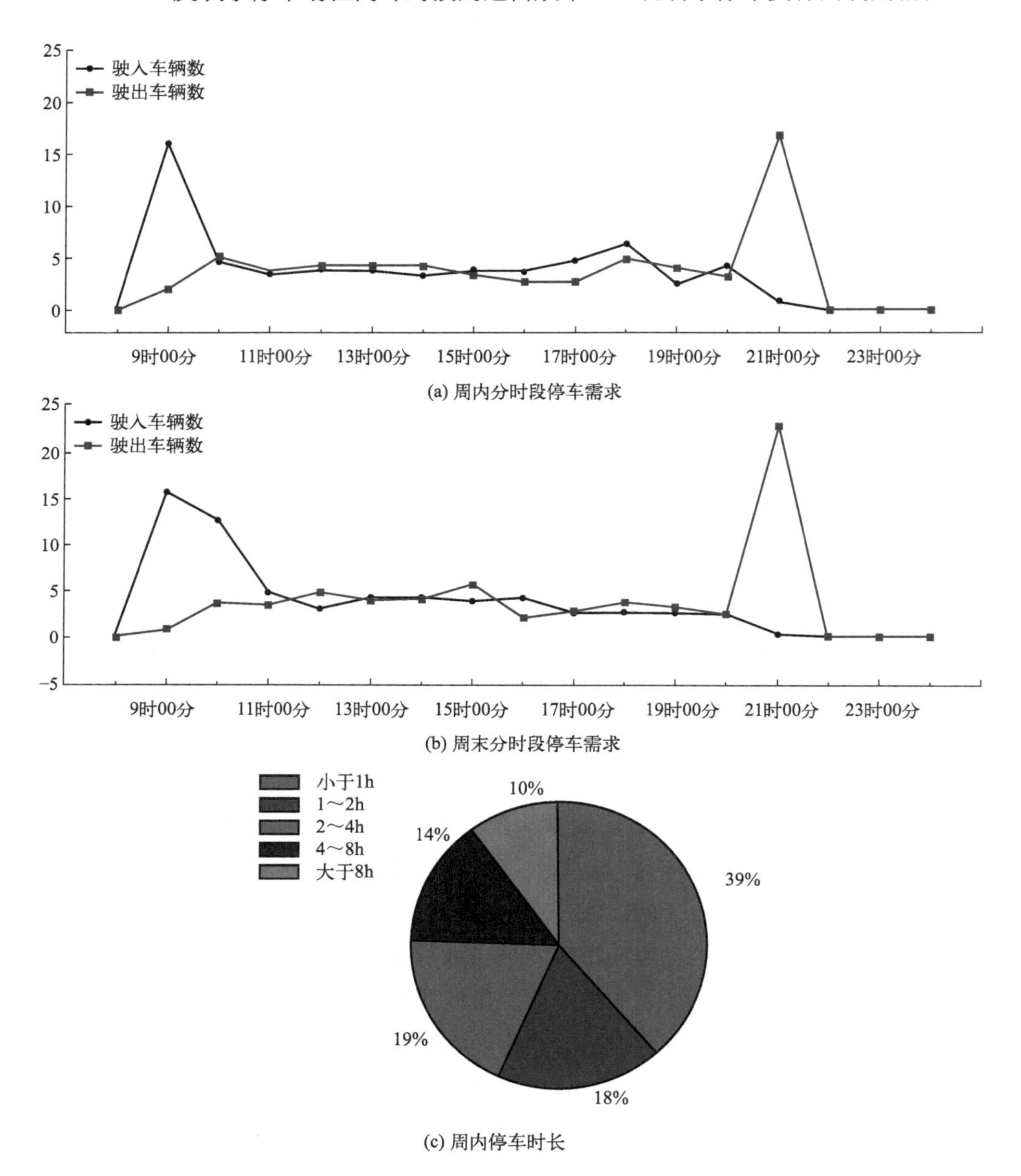

(a) 周内分时段停车需求

(b) 周末分时段停车需求

(c) 周内停车时长

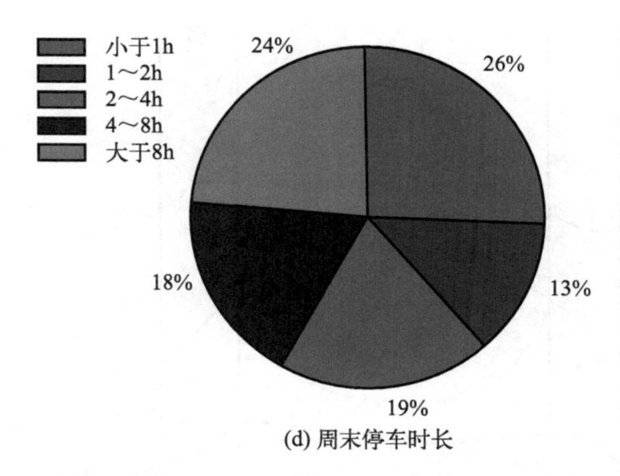

(d) 周末停车时长

图 2.27 青龙路铁一中停车场周内、周末停车需求数据统计

2.1.3.4 主要特征

根据前面的分析结论，结合停车对交通流影响的基本原理，本书从以下三个方面对停车需求特征进行了深入分析。

① 停车场分时车流量：分析不同时间段内停车场的车流量变化，以说明停车需求的时间分布特性。这一分析有助于识别停车高峰时段，为交通管理和停车场运营提供依据。

② 车位使用率：考察停车场内车位的使用情况，包括车位的平均占用率和高峰时段的使用率。车位使用率是衡量停车场服务能力的重要指标，对于评估停车场规模和规划停车资源具有重要意义。

③ 排队车辆占比：研究在高峰时段停车场入口处排队等待进入的车辆所占的比例。排队车辆占比反映了停车场的供需平衡状况，对于优化停车管理和缓解交通拥堵具有指导作用。

（1）基于土地利用类型的停车场分时车流量特征

将各停车场按照所属建筑类型进行分时段需求汇总，结果如图 2.28 所示。

早高峰停车分时车流高峰出现在 8：00 左右，晚高峰出现在 18:00 左右。其中，商业建筑、医疗建筑、交通枢纽类用地周边平均分时车流显著增大。由此可见，为了避免分时车流过大造成拥堵，应尽量避免商业、医疗、交通枢纽类用地停车场的共享；考虑商业建筑停车高峰期的疏散及低谷期与除医疗、交通运输类建筑停车设施的共享。

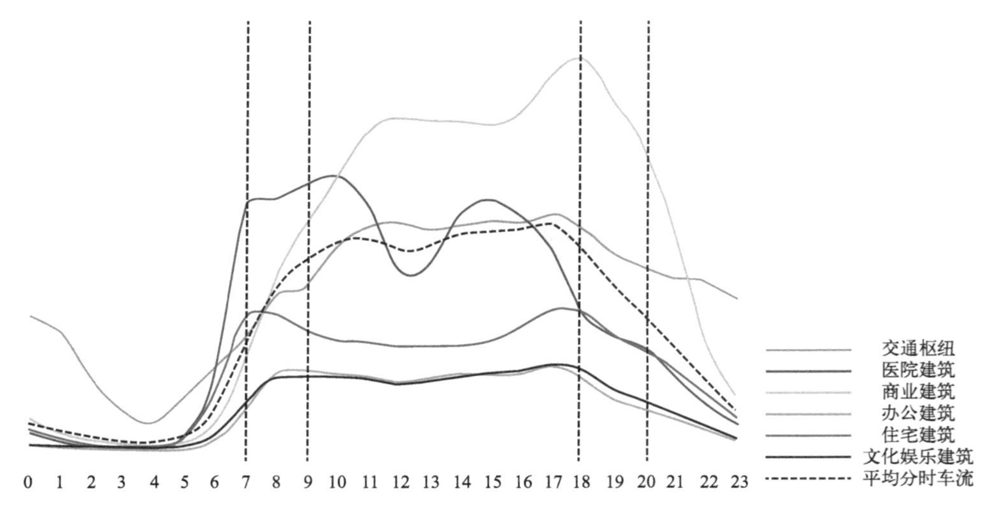

图 2.28 停车场分时车流量

（2）车位使用率分析

数据分析结果表明，停车场平均使用率约为 42%，停车位使用率过低会造成停车资源的浪费。各类建筑停车位使用率差异表明：住宅建筑停车场日均使用率大于 60%（以 24 小时计），商业建筑日均使用率最低（37%）。然而，商业建筑却拥有最高的平均车位数（图 2.29）。以商业建筑停车场为例，通过车位共用可提高停车位的使用率。

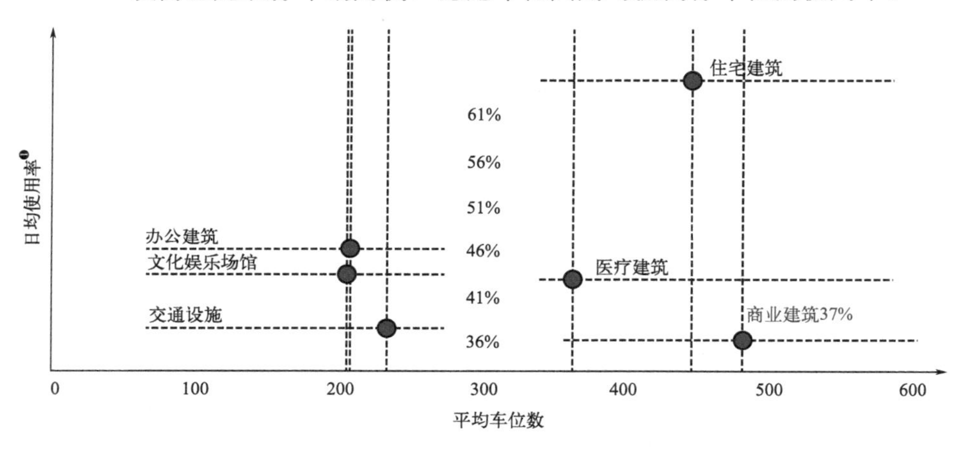

图 2.29 各建筑类型停车场使用率差异

❶ 日均使用率 = 车位占用时间 /24 小时 ×100%

根据停车需求的时空差异特征，对停车位进行共享可行性分析。商业建筑停车场分时使用率：0:00 ～ 11:00 低于停车场平均分时使用率；使用高峰出现在 12:00 及 19:00；在 12:00 前至 21:00 后，车位会大量闲置，见图 2.30。

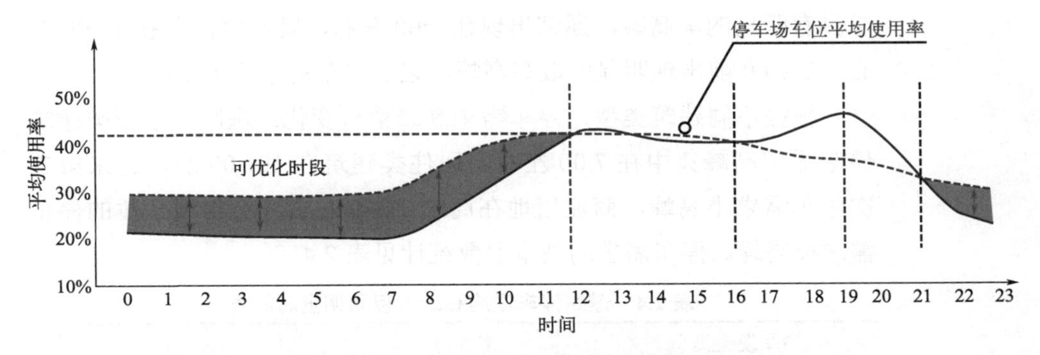

图 2.30　商业综合体停车场分时使用率

（3）排队车辆占比

如图 2.31 所示，就各类停车场排队车辆的平均值而言，入场排队车辆比例高于出场排队车辆。其中，医院类建筑停车入场排队现象最为严重，79% 的车辆存在排队等候现象。可见，早高峰时段（7:00 左右）大量就医车辆由于无法进入停车场造成周边道路拥堵。排队入场持续至 11:00 ～ 12:00 有所缓解，在 14:00 左右会出现第二次高峰。

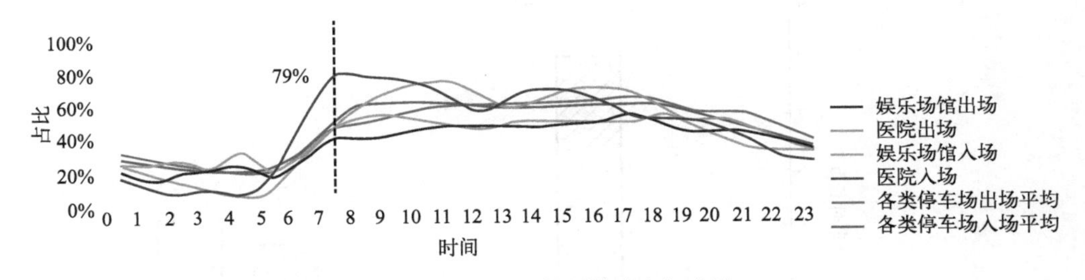

图 2.31　停车场进出排队车辆占比

2.1.4　分时特征

停车需求调查结果显示，周内、周末停车需求量的时间分布具有明显的规律性，与土地利用性质相关，停车需求的特征（时长、数量、周转率）反映土地利用的特征。

周末、周内停车需求早高峰差别不大，停车时长差别较大。其中，周末长时间停车需求大于周内，周内短时间（2 小时以内）停车需求超过 50%。停车周转率、停车时长，周末略大于周内。停车位需求具有明显的早高峰，通常出现在 9:00 左右，晚高峰出现在 17:00 左右，21：00 前出现明显的取车高峰，之后停车需求趋于平缓。

根据不同建筑类型，停车需求高峰稍有变化：医院、学校类建筑停车需求高峰集中在 7:00 左右，居住类建筑在 19：00 前后迎来第二次停车需求小高峰，商业用地在周末 21:00 左右还会出现短暂的停车需求夜高峰。停车需求的基本参数统计见表 2.4。

表 2.4　道路停车设施高峰、夜间调查时间表

停车设施类型	高峰时刻	夜间时刻
道路停车设施	9:00 ～ 11:00 17:00 ～ 19:00	21:00 以后

（1）停车时长

平均停车时长为 3.8 小时。其中，居住用地停车场的停放时间最长，娱乐和餐饮用地车辆停放时间次之，商业用地平均停车时长最短，办公用地停车时间较随机，但出现明显的停车需求高峰（图 2.32）。

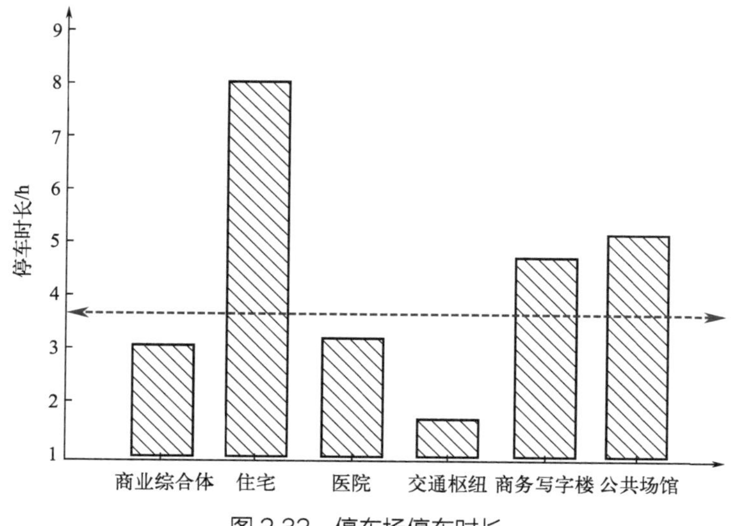

图 2.32　停车场停车时长

1 小时以内停车需求的比例：医疗、办公、公共设施性质的街道 > 商业建筑为主的街道 > 居住性质的街道 > 文化旅游类建筑性质的街道 > 居住、教育为主性质的街道。

8 小时以上停车需求的比例：居住用地 > 教育类用地 > 旅游文化用地 > 办公用地 > 医疗用地 > 商业用地。

（2）停车周转率

停车位日均周转率为 2.2 辆 / 车位，其中，商业、交通枢纽、医院类建筑的周转率高于平均值，居住、办公、公共场馆停车周转率较低。交通设施用地 > 医疗用地 > 商业用地 > 旅游文化用地 > 居住用地，如图 2.33 所示。

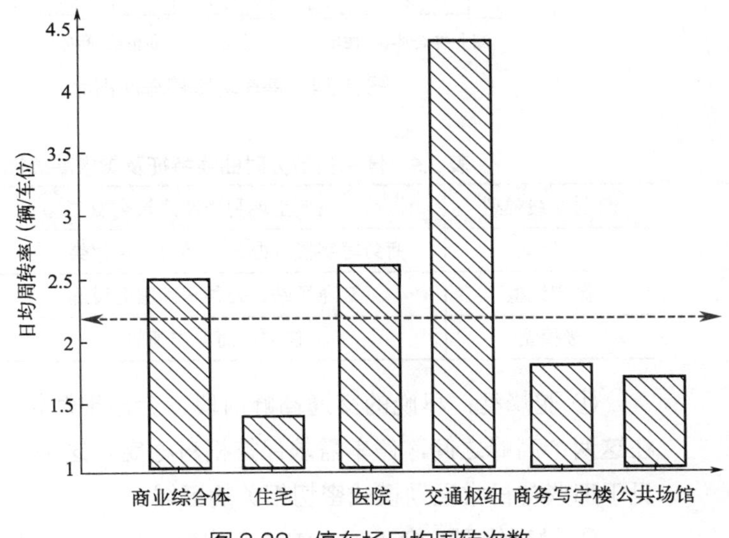

图 2.33　停车场日均周转次数

（3）临停车次占比

交通设施用地 > 商业用地 > 医疗用地 > 公共场馆用地 > 居住用地，如图 2.34 所示。

（4）停车需求的分时曲线类型

根据停车需求随时间变化的规律，可以将停车需求的时变特征归纳为以下三种类型，见表 2.5。

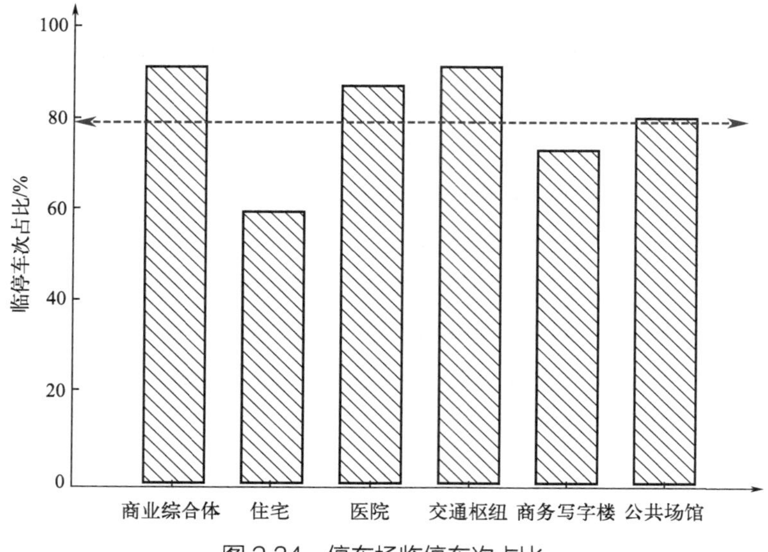

图 2.34　停车场临停车次占比

表 2.5　停车类型分时曲线特征及需求高峰期

分时曲线类型	主要土地利用及建筑类型	高峰期
驼峰型	商务写字楼、办公、学校、医疗类用地	9:00 左右
抛物线型	交通场站、公共基础服务设施	无明显峰值
极值型	住宅、商业类建筑	19:00 左右

① 驼峰型：早晚的交通高峰时段，会出现短暂的停车需求高峰。在这两个高峰之间，停车需求保持相对稳定。这种类型的停车需求多见于那些与日常通勤模式密切相关的区域。

② 抛物线型：全天停车需求变化较为平缓，不会出现需求的急剧增加或减少。这种类型的停车需求通常见于商业区域，其停车需求在一天中逐渐增加至某个点，然后逐渐减少。

③ 极值型：在一天中的某个特定时段，停车需求会出现突然的增加。与抛物线型相比，极值型的峰值通常出现在晚高峰时段，并且与早高峰相比，晚高峰的停车需求量有较大的差距。这种类型的停车需求多见于那些晚上有大量活动或事件的区域，如娱乐场所或体育场馆。

2.1.5 分区特征

根据最新的统计数据，停车场的平均使用率大约为 42%。其中，不同建筑类型停车场的使用情况存在显著差异。住宅建筑停车场：由于居民的日常出入需求，住宅建筑停车场的使用率相对较高，日均使用率超过 60%，表明住宅区的停车设施在全天 24 小时内有相当一部分时间处于使用状态。以居住为主的停车场区域，在周末与工作日的停车时长差别最为显著，周末的停车时长远高于工作日。这一特点可能是由于周末探亲访友等活动增多，导致居民的停车时长延长。

商业建筑停车场：与住宅建筑相比，商业建筑的停车场日均使用率较低，为 37%。这一数据可能与商业活动的时间段集中、以及顾客的停车需求在一天中分布不均有关。这些差异表明，在进行停车场规划和管理时，需要考虑不同建筑类型的特点和停车需求模式。例如，住宅区可能需要更多的停车位来满足居民的高使用率，而商业区则可能需要更灵活的停车解决方案来应对高峰时段的需求。

在主城区街道内，商业用地比例与停车的短时间需求呈正相关，即商业用地比例越高，短时间内的停车需求越旺盛。相对地，居住土地利用性质比例越高，长时间停车需求也越高，这可能与居民的日常活动和生活习惯有关。

医疗建筑周边停车问题尤为突出，排队车辆占比高达 79%，表明车位供应严重不足。这种紧张的停车状况对周边交通造成了显著压力，导致了严重的拥堵问题，亟需通过优化停车管理和提高车位利用率来缓解。

办公类和公共设施类停车设施，工作日的需求明显超过周末，这与人们的工作和公共活动模式有关，而其他类型的停车需求则呈现周末高于工作日的特点。值得注意的是，由于停车共享机制的实施，部分办公用地周边的停车场在 18:00 后出现了第二次需求高峰，这可能与下班后的社交活动或其他用途有关。

具有相似用地比例特征的城市街道，其停车需求的时间变化曲线轮廓相似，这反映了土地利用性质对停车需求模式的影响。然而，由于不同空间区域的土地开发强度存在差异，即使用地比例相似，停车需求量也会有所不同。

2.2 停车供给

停车供给管理是应对和控制日益增长的停车需求的有效手段。但是，如何根据不同区域的特征和土地利用强度来制定合理的停车供给标准，已成为在既有城区建设低碳调控型停车设施的一大挑战。由于停车需求具有明显的时变特性，如果仅根据高峰期的最大停车需求来设定供给标准，可能会导致大量车位在非高峰时段闲置，从而造成土地资源的浪费。反之，停车位供应不足又可能影响交通执法效率，引发非法停车、停车巡航和停车等候等现象，这些行为不仅占用了宝贵的道路资源，还加剧了交通拥堵和污染物的排放。因此，深入了解当前城市的停车供给策略，并从供给侧角度出发，科学规划停车位在城市空间中的分布，对于实现低碳城市设计方案的可持续性具有至关重要的作用。

在不同的土地利用模式下，如何确定车位供给的合理数量，一直是停车规划中的难题。Q Liu 等的研究表明，在高密度的城市开发区，过度的停车供给可能会鼓励更多的小汽车出行。研究结果表明，制定合理的停车供应标准，既要考虑缓解交通压力、减少环境污染的低碳目标，也要兼顾城市建成环境的实际情况，这无疑是实现低碳导向停车缓堵策略的一个客观难题。

综合考虑城市现状和未来发展趋势，制定合理的停车供给策略，需要在满足停车需求和优化城市空间之间找到平衡，这对于推动城市交通系统的绿色转型和实现可持续发展具有重要意义。

2.2.1 影响因素分析

停车供给是影响居民出行方式选择和交通拥堵状况的重要因素。

国内外研究主要通过选择影响因子及构建变量建模，对停车供给的交通影响效果进行定量分析。P Christiansen 等通过构建三个独立的回归分析模型，控制城市形态变量（居民数、建筑密度、距城市中心的距离）、公共交通变量（公交设施、出行距离），来检验居住地和工作地停车位可用性对居民通勤出行方式的影响。他们发现，无论在居住地或工作地，限制停车位的供给将减少居民小汽车出行决策。J J Wang 和 Q Liu 通过回归分析研究停车位供需失衡对交通拥堵的影响，研究认为，在交通小区层面，停车位数量与平均容积率、私家车拥有率、道路密度、道路容量及与市中心的距离相关。可见停车供给与城市形态、政策法规、私家车拥有率等因素密切相关。因此，本节将由宏观到中观层面，对停车供给的影响因素进行分析。

首先，机动车保有量是决定停车供应标准的重要因素。根据国际惯例，为了满足城市基本停车需求，汽车保有量与停车位比例应在 1:（1.2 ～ 1.5）。然而，目前国内大城市停车供给比值仅为（1:0.8）～（1:0.5）。根据西安市统计局 2019 年数据，西安机动车保有量与备案停车场比例仅为 1:0.3。由此可见，停车供给不足已经成为我国城市既有城区的普遍现象。

其次，土地利用性质和停车时长特征也成为影响车位供应标准的另一要素。根据不同的建筑类型，各国通常由土地使用类型决定不同的停车供给标准，并且依据标准与单位土地面积或建筑面积，计算停车位供给数量。大量文献研究表明，国内外对于停车标准的普遍设置做法是规定最少的停车位配置比例，车位供应量随总建筑面积增长成比例增加。基于这样的假设，随着土地利用开发强度的增加，预计会有更多的车辆被吸引；此外，邻近土地利用类别的停车常常可以共享而造成实际需求小于其分别计算需求量的总和。以需求为导向的最低停车供给标准一直面临潜在的负面影响，造成停车位供过于求、定价过低、土地资源浪费等。主张取消最低停车标准，而引入市场机制。停车价格的调控是影响停车使用时长的主要原因，通过缩短停车使用时长，可以提高停车位的使用周转率，而减少停车位的配比标准。

同时，受到市场竞争机制的影响，停车供应成为开发商吸引消费的一种手段。J Engel-Yan 等认为降低最低停车标准的有效性取决于土地利用的开发类型。根据对加拿大多伦多 497 个站点的调查，他们观察到不同土地利用类型对降低停车供给标准的不同反应：普通办公室、医疗办公室和一般零售开发区提供的停车位比最低标准所要求的要少，而银行和大型杂货店提供的停车位则比最低标准所要求的要多。与 Nelso 等的结论相反，M Manville 和 D C Shoup 调查了洛杉矶市中心的 55 处重建项目，发现取消最低标准导致停车位减少 40% ～ 55％。P Barter 还提出了在 13 个亚洲城市的实际停车位供应量与 84 个场所的最低标准之间的比较结果，他发现某些建筑提供的标准低于最低标准，但大部分建筑提供的均高于最低标准很多。Z Guo 和 S Ren 分析了伦敦以最高标准取代最低路外停车标准之前和之后，伦敦的住宅停车供应量的变化，发现实施该标准后，停车供应量减少了约 40％。他们还发现，伦敦的停车场供应在密度更高、交通便利性更高的地区高于平均水平，这在实施最高标准的开发项目中也是如此。J J Wang 和 Q Liu 发现我国深圳的停车位供应与公共交通可达性之间存在相关关系，并观察到即使街道网密集，停车位的水平也显著下降。

最低标准的设计并未随道路密度和建筑物地段大小而变化。尽管有这些不同的结果，但以上研究证实了土地利用类型对停车位供应有潜在的影响。开发商调整停车位的意愿主要基于成本和利益的权衡。这种权衡会根据开发类型、市场细分、运营和维护成本以及潜在收入而有所不同，并且受建筑环境的一系列特征的影响，例如位置、密度、运输规定、地段大小和土地使用类型。

最后，停车供给标准的设置与停车场所属城市特定区域有关。土地利用是产生交通需求的根源，其决定了交通源、交通方式及交通量，从宏观上确定了城区交通方式构成与基础，不同的城市土地利用状况有不同的城市交通模式与之相适应。通过对停车时间和标准的上下限进行限定，可控制停车需求及区域的交通量。比如，西方城市的停车限制通常涉及限制当地的停车位。我国也采取了相应的停车限制及调控政策，以武汉为例，根据其人口规模和城市特殊的历史结构特征划分环状的城市停车配建指标特异性区域：一环以内、一环至二环之间、二环与三环之间、三环以外。根据历史城区的保护程度，北京按照旧城区、一类地区、二类地区、三类地区设置了停车位配置的上下限。

随着城市交通系统网络的发展，停车场指标计算的边界越来越模糊。由于公共交通系统的发展，停车场往往不是出行的终点，而是换乘点。因此，传统根据停车场所属土地利用开发强度计算停车供给标准的计算方法需要适当修正。G Marsden 提出，设定最低或最高标准的变化更多地取决于环境因素，而不是土地用途，他的研究表明，停车供应标准的设置，最重要的两个问题是位置和交通可达性。随着公共交通系统便利性的提升，在交通繁忙地区的停车标准正在逐步降低。这些变化将影响停车与土地使用之间的关系，有助于实现更低碳可持续的交通模式。

2.2.2 停车设施分类

根据停车场规范，已有的停车配建指标按照城市建设分区、停车设施类型有不同的配建标准。综合考虑人口密度、道路运行状况、土地开发强度、公共交通服务水平、就业岗位密度、停车设施使用特征等因素将城市停车分区划分为：严格限制区、一般限制区和适度发展区。停车规划种类可分为：路内、路外停车场，公共、配建及专用停车场。因此，为了全面、准确掌握既有城区停车位供应现状，对建筑物配建停车设施、公共停车设施及道路停车设施的供给总量、分布、收费、停车数量等静态与动态信息进行详尽调查，形成具有统一数学基础、测绘精度、数据框架、调查尺度的既有城区停车设施信息普查数据，可为下一步停车设施规划、信息化管理提供数据服务与技术支撑。

根据停车需求分类标准及地图数据调查绘制标准通过对既有城区停车位或有明显标识的停车场所资源进行调查，建立停车资源数据库、统计报表，达到对既有城区停车资源供给状况的全面掌握。主要调查内容包括停车场名称、数量、停车方式、出入口位置、停车场类型、收费及其他辅助功能等。为了便于停车供给资源分析，所有数据格式统一处理为ArcGIS平台文件型gdb格式，并对分类别进行编码处理，建立停车供给信息统计（表2.6）。

表2.6　停车供给现状分类统计表

分类代码	一级分类	二级分类	说明
1000	公共停车场	定义	是指根据规划独立建设、建筑物配套建设以及在道路以外临时占地设置的供社会公众停放车辆的场所
1001		独立公共停车场	独立建设供社会公众停放车辆的场所
1002		医院停车场	医院内公共停车场
1003		商业场所停车场	餐饮娱乐、市场、超市、剧院、书店
1004		场馆停车场	展览馆、图书馆、体育场、科技馆、博物馆
1005		酒店停车场	酒店、宾馆等
1006		旅游区停车场	公园、宗教、历史遗迹等旅游景点
1007		火车站停车场	
2000	道路临时停车区	定义	指依法在城市道路范围内施划设置的临时停车区域
2001		车行道停车区	供公众停放车辆场所
2002		人行道停车区	
2003		立交桥下停车场	
2004		隔离带停车区	
3000	专用停车场	定义	为特定对象或者特定范围的对象提供停车服务的场所，包括建筑物配建专用停车场、建筑区划内共有部位施划停车位
3001		居住小区停车场	仅供住户停放车辆的场所
3002		单位院落停车场	学校、企事业单位、行政单位
3003		货运停车场	
3004		物流停车场	
3005		城市公交停车场	
3006		长途客运停车场	

2.2.3 停车设施现状调查

为了全面掌握城区停车设施的现状并进行有效管理，本研究结合城区的空间结构特点，采取了一种系统化的调查单元划分方法。具体而言，调查范围以现有的城区区界、街道界和社区界为基本参照，进一步细分为若干个调查单元，每个单元的面积大约为 2 平方千米。这样的划分既考虑了区域的自然界限，也兼顾了停车设施分布的实际情况，为后续的调查统计工作奠定了基础。

在每个划分好的调查单元内，我们将按照统一的标准和流程进行逐区的调查统计。调查的内容涵盖了停车场所的各项信息属性，包括但不限于名称、位置、车位数量、使用状况等。每项属性的名称、定义、排序和赋值要求等详细信息均在表 2.7 中进行了详细说明，确保了调查的标准化和数据的可比性。

表 2.7 停车场属性项名称及定义、排序、赋值要求

属性项名含义	属性项描述	字段数据类型
编码		TEXT
名称		TEXT
停车场分类	如“1001”	TEXT
车位数		INT
性质	公用 0/ 专用 1/ 混用 2	INT
建筑类别	地面 0/ 地下 1/ 地上 2	INT
停车方式	自行 0/ 机械 1	INT
充电车位数量		INT
无障碍车位数		INT
辅助功能	无 0/ 应急避难场所 1/ 人防工事 2	INT
收费标准	元 / 次、元 / 时等	TEXT
收费时段	相应收费时段，如“08:00 ～ 21:00”	TEXT
车位类别	小车 0/ 大车 1	INT
车位方向	平行 0/ 倾斜 1/ 垂直 2	INT
面积	单位：平方米	FLOAT
测量方式	实调 0/ 询问 1/ 禁测 2/ 拒测 3	INT

对于车位方向的调查，根据划线表示的道路临时停车区停车方向按图 2.35 进行分类。

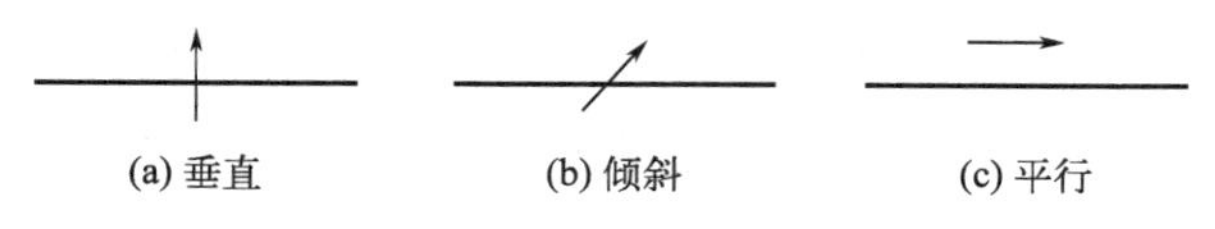

图 2.35 停车方位标注示意图

停车设施普查是一项全面了解城市停车资源的基础性工作，它包括两个主要部分：道路停车设施普查和配建停车设施普查。在普查过程中，无论是点状的停车场还是线状、面状的停车区域，都需要统一记录其三层属性项内容。

具体操作要求如下：

① 对于点状停车场，需要详细调查并记录所有出入口的位置。即便是那些标明为出入口但实际上未使用的，也应详细记录其具体位置。

② 若院落内部存在零散停车位，外业调查时应将出入口标注在院落的出入口位置。

③ 对于地下或地上停车场，其出入口应标注在出入位置的中心处，以便于识别和管理。

④ 道路临时停车区若有固定或明确的出入位置，应采集并记录其出入口信息。

⑤ 当立体车库和地面停车场共用同一出入口时，应分别采集各自的出入口信息。

⑥ 对于地下停车场，应在其范围内采集定位点；对于道路临时停车区，则应采集顺行停车线，若存在多排停车位，应分别进行采集。

⑦ 对于所有划线或有标识牌的道路临时停车区，必须进行实地核查以确认车位数量，确保数据的准确性，并以实际调查结果为准。

⑧ 在普查过程中，拍摄相应的照片，要求照片能够清晰地识别停车设施的标识信息，以作为调查数据的辅助证明。

这些详细的普查要求和方法能够确保我们获得准确、全面的第一手资料，为停车设施的规划、管理和优化提供坚实的数据支撑。

2.2.4 停车供给的空间分布特征

2.2.4.1 定义分析单元

根据《西安市城市道路和停车场机动车停车服务收费标准》（2019年版），我们将建成城区的停车设施划分为三个类别，分别是：明城墙以内区域、明城墙以外至二环路以内区域、二环路以外至三环路以内区域。明城墙片区，普查面积达到11.32平方千米，涵盖了路内停车设施及配建停车设施的详细信息，这些数据构成了一类区停车设施的主要数据源。明城墙至二环路之间的区域，普查面积约为100平方千米，为二类区停车设施提供了丰富的基础数据。而在二环路至三环路的范围内，特别是西安市绕城高速以内的部分，调查面积更是达到了360平方千米，为三类区停车设施的主要数据源。

调查过程中，采用了高清遥感图像与现场调查测绘相结合的方法，全面掌握了13798个停车场和1080780个停车位的具体情况，调查覆盖了三环路以内的西安城市建成区，总面积为359.9平方千米。一类区的大型停车场数量较少，停车位规模也相对较小；而在三类区，大型规模的停车场数量较多，特别是在未央区和雁塔区，这些区域的停车设施相对集中。

这些普查结果不仅为我们提供了西安市停车设施的全面视图，也为进一步的停车政策制定、交通规划和管理提供了重要的数据支持和决策依据。

2.2.4.2 停车供给现状

利用GIS数据可视化对所采集西安城市建成区停车场供给数据进行汇总、整合、分析，按照区域特征进行统计，并突出显示在相似的空间和数量级别上的总停车位数量的分布状况。

2.2.5 基于土地利用类型的停车供给特征

本节通过应用分类统计法，基于土地使用类型对停车位信息进行系统的可视化展示。对西安市中心城区的长乐西路街道进行停车供给状况的调查统计后，我们发现：长乐西路街道作为新城区的一部分，属于二类区域，该街道辖区内共有 47 个大型购物中心和市场，商业停车位的数量在各类土地类型中占据显著优势。

土地利用分析结果进一步显示，零售业是长乐中路住宅区的主要土地使用功能之一。这一发现与停车供给特征的分析结果相吻合，表明商业活动集中的区域对停车位的需求也相应较高。这不仅反映了区域土地利用的特征，也说明了停车设施供给与土地利用类型之间的密切关联。

通过对长乐西路街道停车供给特征的深入分析可见：停车设施的供给状况能够反映出一个区域的土地利用特征和居民的日常活动需求。这对于城市规划者在制定停车政策和管理措施时，提供了重要的参考依据。这种基于土地使用类型的停车位信息可视化方法，为进一步优化停车资源配置、提升城市交通管理水平、促进城市可持续发展提供了科学的决策支持。表 2.8 为长乐西路街道停车供给状况。

表 2.8　长乐西路街道停车供给状况

类别	停车场	停车位	路内停车		立体车库		路上停车		地下停车	
			场	位	场	位	场	位	场	位
医疗用地	16	1641	0	0	6	515	5	667	5	459
商业用地	16	3068	0	0	0	0	9	1525	7	1543
文娱用地	0	0	0	0	0	0	0	0	0	0
餐饮用地	10	411	0	0	0	0	9	355	1	56
旅游用地	26	274	26	274	0	0	0	0	0	0
教育用地	35	464	35	464	0	0	0	0	0	0
居住用地	20	1283	0	0	0	0	17	1044	3	279
办公用地	14	735	0	0	0	0	12	610	2	125
交通用地	3	159	0	0	0	0	3	159	0	0
总计	140	8035	61	738	6	515	55	4320	18	2462

通过分析停车设施所属的土地利用性质，反映了与土地利用吸引相关的停车行为和居民的动态活动特征。分析结果表明：

居住类停车设施在全城各区域的分布最为广泛，这与居民的日常停车需求密切相关。从中心区向外，停车场的规模逐渐增加，这反映了城市居住区向外扩展的趋势。同时，大规模的停车设施主要集中在城市的边缘地带，这可能与城市中心区土地资源的紧张和城市扩张有关。

商业停车区则主要集中在城市交通主干路沿线，这一分布特征与商业活动的集中性和可达性需求有关。商业区的停车需求通常在高峰时段出现剧增，因此，商业停车区的集中布局有助于提高交通效率和满足顾客的停车需求。

这些发现不仅为我们提供了西安市停车设施分布的直观图景，而且对于理解停车需求与土地利用之间的关系提供了重要视角。城市规划者和交通管理者可以根据这些特征，优化停车设施的布局，提高停车资源的利用效率，缓解城市交通压力。

在西安建成区的13798个停车场中，机械式停车场所占的比例相对较小，仅为总数的1.5%，这一现象在城市中心城区尤为明显，由于土地资源极度紧张，只有8%的停车设施拥有300个以上的停车位（图2.36）。由不同土地利用类型的机械车库分布现状可以发现，机械式停车场主要由住宅建筑所服务，而商业和医院用地的机械式停车设施比例相对较低。但是，西安市停车位的需求量远远超过供给量，这一巨大的需求缺口表明，在市中心地区对机械式停车设施的需求是迫切的。机械式停车场以其空间利用率高和容纳车辆数量多的优势，在土地紧张的中心城区具有重要的应用价值。

因此，为了缓解市中心地区的停车压力，提高停车设施的供给能力，应当考虑在适当的地点推广和建设更多的机械式停车场。这不仅能够更好地满足市民的停车需求，也有助于优化城市空间布局，提升城市交通管理水平。

通过对西安建成区停车设施的深入分析，我们可以更清晰地认识到不同类型的停车设施在城市中的分布特征及其对缓解停车难问题的重要性。这为城市规划者和决策者提供了重要的参考依据，有助于制定更加合理的停车设施建设和管理策略。

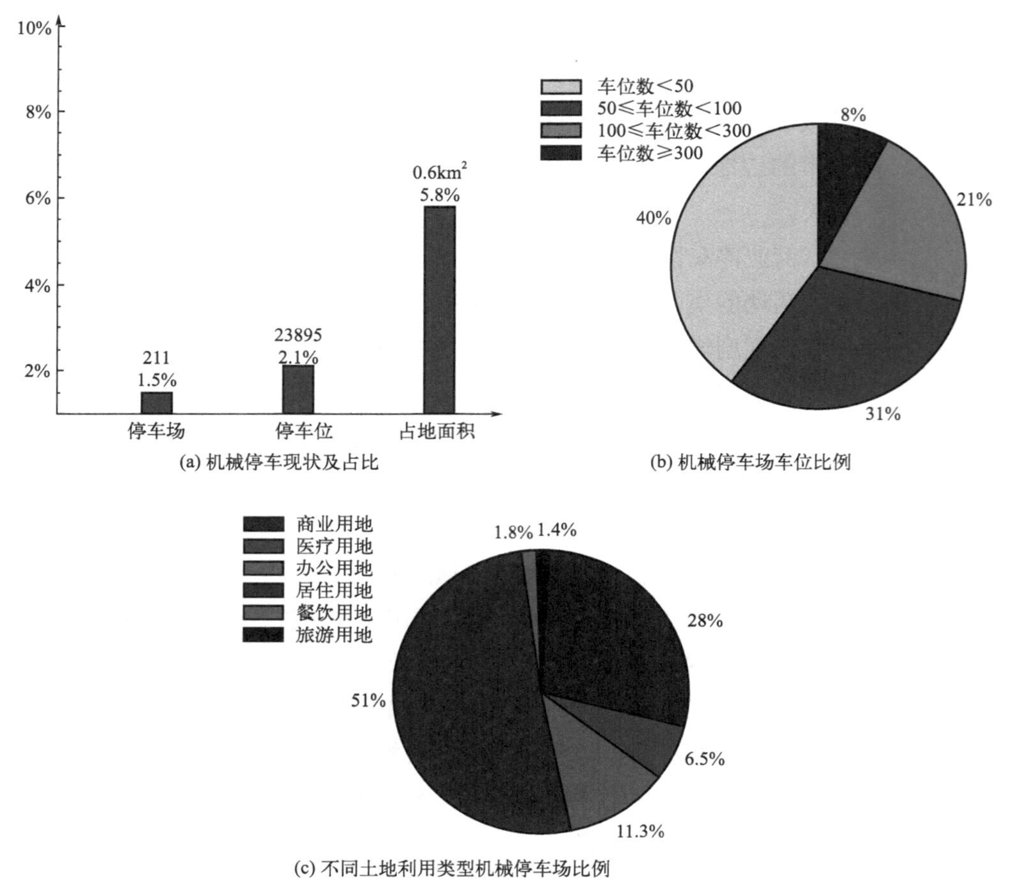

图 2.36　机械式停车设施供给现状

2.3 应用结论

通过对西安城市建成区停车设施进行全尺度实地调研发现：停车早高峰出现在 8：00 左右，晚高峰出现在 18:00 左右。停车场平均使用率约为 42%，居住建筑停车场日均使用率最高大于 60%（以 24 小时计），商业建筑日均使用率最低（为 37%），平均停车时长为 3.8 小时。1小时以内停车需求的比例：医疗、办公、公共设施性质的街道 > 商业建筑为主的街道 > 居住性质的街道 > 文化旅游类建筑性质的街道 > 居住、教育为主性质的街道。8小时以上停车需求的比例：居住用地 > 教育类用地 > 旅游文化用地 > 办公用地 > 医疗用地 > 商业用地。停车位日均周转率为2.2辆/车位，商业、交通枢纽、医院类建筑的周转率高于平均值，居住、办公、公共场馆停车周转率较低。其中，交通设施用地 > 医疗用地 > 商业用地 > 旅游文化用地 > 居住用地，周末长时间停车需求大于周内，周内短时间（2小时以内）停车需求超过50%。停车周转率、停车时长周末略大于周内。

以街道为研究单元，土地利用比例相似的街道，停车需求随时间变化的曲线特征相似，归纳为三种类型：驼峰型：峰值出现在9:00左右，以商务写字楼、办公、学校、医疗类用地为主的街道；极值型：极值出现在19:00左右，以住宅、商业用地混合为主的街道；抛物线型：无明显停车需求峰值，主要以交通场站、公共基础服务设施用地为主的街道。

周内、周末停车需求量的时间分布具有明显规律，并与土地利用性质相关，停车需求的特征（时长、数量、周转率）反映土地利用结构特征。商业用地比例越高，短时停车需求比例越高；居住用地比例越高，长时停车需求比例越高。以居住为主的停车场，周末、周内停车时长差别最大，且周末远高于周内。商业建筑、医疗建筑、交通枢纽类用地周边平均分时车流显著增大。其中，商业建筑0～11时停车需求低于停车场平均分时使用率；使用高峰出现在12时及19时；12时前至21时后，车位会大量闲置。医院类建筑停车入场排队现象最为严重，79%的车辆存在排队等候现象。早高峰时段（7:00左右）就医车辆无法进入停车场是造成周边道路拥堵的主要原因。排队入场持续至11～12时有所缓解，14:00左右会出现第二次高峰。

根据调研分析结果，总结以下针对西安市停车设施管理与优化的应用结论：

① 停车需求预测参数设定：在进行西安停车设施需求预测时，我们建议将高峰泊位的利用率设定在0.3～0.8，这一区间考虑了不同区

域和时间段的停车需求波动。同时，高峰小时泊位周转率建议取值在 1 ～ 3，这有助于更准确地反映停车设施在高峰时段的运营效率。

② 停车共享策略：调研结果显示，居住类建筑周边的停车场存在较高的长租车比例，部分车辆的单次停放时间可长达 18 小时，而白天车位空置率高达 50%。鉴于长租车对车位的使用需求相对固定，推广居住类建筑停车场的共享机制，将有利于提高车位的使用效率，优化车位占用率，从而增强停车资源的稳定性和灵活性。商业建筑、医疗建筑、交通枢纽类用地周边平均分时车流显著增大，避免商业、医疗、交通枢纽类用地停车共享；然而，商业建筑却拥有最高的平均车位，因此，商业建筑停车高峰期的疏散及低谷期与除医疗、交通运输类建筑停车共享具有研究潜力。

③ 配建标准细化：在同一土地利用类型下，不同建筑的停车需求特征和高峰期存在显著差异。以教育用地为例，小学与高中的停车需求时变特征及高峰时段的差别较大。因此，建议根据不同教育类建筑的具体停车需求特征值，结合城市规划制定的停车配建标准，进一步细化配建要求，以更精准地满足各类建筑的停车需求。

④ 交通组织优化：医疗建筑因停车需求溢出量大，导致 79% 的车辆需排队等候，这严重影响了道路通行能力，造成拥堵。为缓解此问题，建议优化医疗类建筑停车场的交通组织管理，鼓励车辆快速进入停车场，并在场内进行有效交通组织，以减轻城市道路交通压力。

⑤ 提升分时使用率：对不同土地利用类型的建筑物停车场分时使用率进行统计分析，识别出占用率低于平均值的建筑类型和时段。利用停车需求的时空差异，将分时停车使用率低于平均值的土地利用类型与时间特征进行整合，提出基于时空共享理念的停车缓堵策略，提高停车场的分时使用效率。

本章深入探讨了停车设施与土地利用类型的关联性，通过对停车设施按所属土地利用功能进行分类，分析了其分布供给规律以及停车供需特征在时间和空间上的差异性。研究提出了基于“四阶段法”的动态交通需求预测模型，这一模型有效地弥补了现有停车需求预测模型在交通需求生成过程中的不足。通过对既有城区全尺度停车设施的供需特征进行调查，本研究确定了模型的关键参数，为建立后续的停车设施规划调控模型提供了坚实的依据。此外，研究还聚焦于不同土地利用模式下，城区停车供需的时间和空间差异化特征，旨在提供切实可行的停车共享策略。通过深入分析不同土地利用组合模式下停车需求的时间和空间分布特征，在协调这些特征的基础上，提升已有停车设施的利用率。这不仅有助于优化停车资源配置，还能促进城市交通系统的高效运行，进而为城市规划和交通管理提供科学的决策支持。

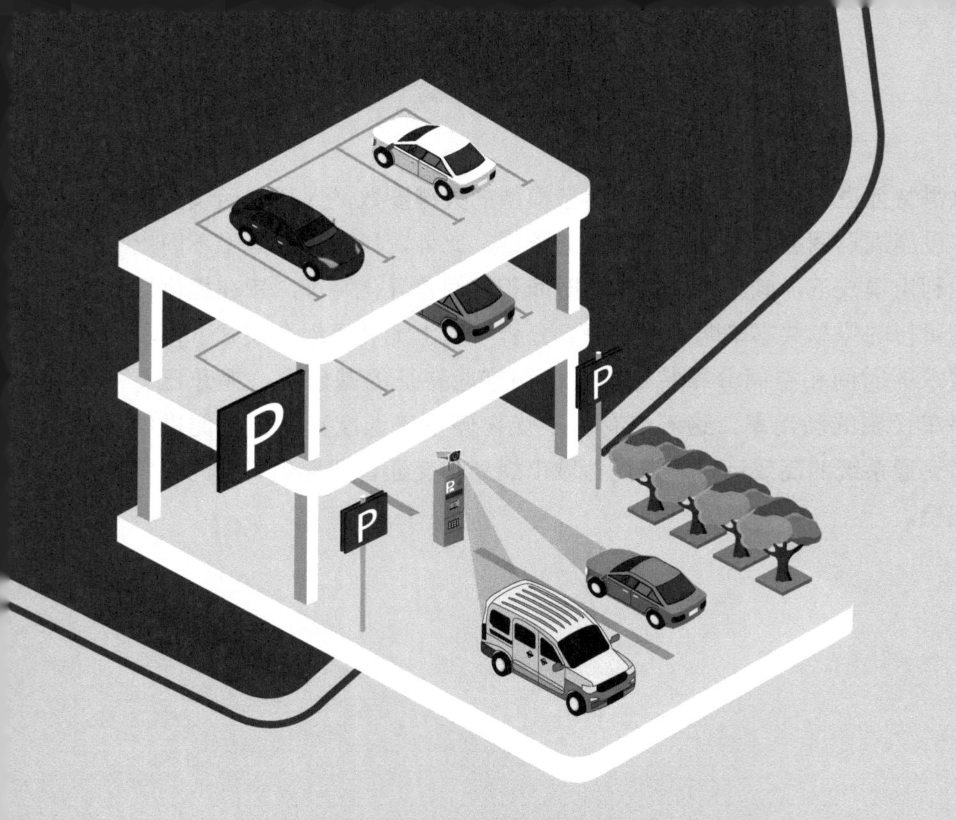

Chapter 3

第3章

停车致堵机理及拥堵碳排放特征

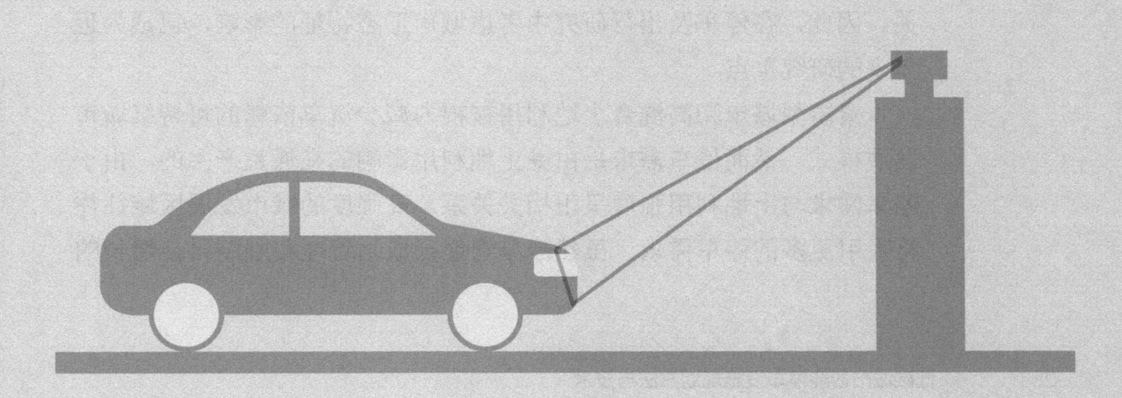

第 2 章分析了停车供需时空分布特点，得出静态交通容量不足是造成城市建成区车路矛盾突出的主要原因。本章将对停车缓堵的理论与实证研究方法进行梳理和总结。

3.1
土地利用与停车设施相互作用对交通拥堵的影响

土地利用与交通系统的协同影响关系在城市可持续发展研究领域备受关注。自 1964 年 Lowry 开发重力模型以来，研究开始关注交通系统整体受土地利用吸引力影响而引发的拥堵问题。然而近年来，停车设施作为“静态”交通，开始从交通系统中分离作为独立的研究对象。大量研究反映了停车配置如何影响居民出行方式的决策、出行计划和出行频率，从而实现减少交通碳排放及拥堵的目的。这种“静态”系统通过对“动态”交通的协同调优实现拥堵管理，反之亦然。然而如绪论所述，目前研究对于停车行为的分析通常选择在街区或路段等小尺度范围进行，忽略了城市建成环境的异质性对停车致堵的影响。大量研究为了简化计算，选择在理想的土地利用状况下进行停车和交通拥堵的仿真模拟。比如，假设建成环境均质，街道单向，或忽略停车巡航和车辆行驶的速度差等。但如 L D Frank 的研究所述，在停车设施的规划研究中忽略土地利用特征的影响，将使车辆行驶里程和小时数增加。M Jelokhani-Niaraki 和 J Malczewski、A Y Davis 等的研究也表明，较高的人口和就业密度，以及土地利用混合度的提升，通常与汽车出行水平降低有关，特别是与单人驾车出行行为的减少有关。因此，在停车及出行研究中考虑城市形态特征的影响，已成为近年来的研究重点。

紧凑型城市和高混合土地利用被视为减少汽车依赖的可持续城市发展模式。然而停车需求是由受土地利用影响的交通量产生的，由于停车需求与土地利用强度呈正相关关系，高强度的城市发展区域往往将吸引更多的停车需求。虽然停车管理已成为管理和限制日益增长的停车需求的有效实践，但如何制定与土地利用规划协调的停车标准，给城市建设，尤其是城市更新造成两难的局面：如果以需求高峰期的最大停车需求量为参照，制定停车配建标准则可能造成大量车位在其他时间闲置，导致土地资源的浪费。相反，停车位配比不足将加剧非法停车、停车巡航、排队和等待等造成的拥堵污染物排放。大量研究表明，尤其在高密度城市建成区，停车供应不足将导致非法停车量大幅增加，占道停车、停车巡航而加剧区域拥堵状况。如 R E Barone 等的研究发现，停车位供应不足导致非法停车，因此影响了交通速度、执法水平和空气污染物。因此，了解停车场对土地利用和交通拥堵的影响，对于低碳城市设计方案的可持续发展具有重要意义。

可见，与土地利用规划协同的停车设施调控优化是减少交通拥堵及污染物排放的关键。S Franco、P Christiansen 等通过实证研究的方法，探讨土地使用、停车和拥堵之间的相互影响，主要关注特定研究对象（如通勤者）出行所影响的，特定土地利用类型［如中央商务区（CBD）、办公区和住宅区］区域的拥堵问题。P Christiansen 等通过建立三个独立的回归模型，检验停车可用性和城市结构对出行方式选择的影响。研究发现，居住区停车位可达性的降低会减少居民驾驶汽车出行的比例。J J Wang 和 Q Liu 应用回归分析模型研究停车供应不足对拥堵的影响。Q Liu 等的研究开发了结构方程模型（Simultaneous Equations Models, SEM）以整合土地利用模式和停车可达性，并研究了它们对车辆通勤距离的联合影响。S Franco 将研究领域扩展到了整个 CBD 区域，通过建立空间均衡模型来研究停车供给对出行方式和城市空间结构的影响。然而，此类关于土地利用结构与出行行为之间关系的实证研究，因变量测量的相对复杂性而受到限制。研究在建模分析过程中选择特定群体的交通和居住偏好对交通运行状况进行估算，无法追踪交通拥堵的形成过程，缺乏与土地利用相关的出行及停车行为影响下的拥堵形成过程的追踪解释能力。

因此，建立城市空间与道路交通系统拥堵碳排放量的动态联系，探索城市空间规划不合理而引发交通拥堵的机理是停车缓堵的研究基础。CO_2 排放量经常被用作衡量交通拥堵对环境的影响的指标。目前研究对停车和交通拥堵的模拟通常集中在单个车辆的排放量上。交通建模仿真对于污染物测算的技术瓶颈之一是确定全尺度道路网络中拥堵碳排放量的动态变化。虽然仿真模型参数复杂，计算功能复杂，但仍然无法完全模拟复杂的城市建成环境中土地利用及交通条件，导致仿真结果与实际情况相差甚远。在城市研究领域的常用方法是基于车辆拥有量、里程数和年燃料消耗量估算。但是，A Downs 的研究结论表明，交通拥堵是由多种原因引起的。这种通过换算得到的静态污染物总量数据，或利用微观的污染物排放模型的模拟研究，忽略了多数据源获取的时间差异影响下估值的差异。为了获得同步数据，如前文提及的一些研究，将调查限制在城市单一功能区，如商业区或住宅区。在有限空间内对某类型车辆（例如购物或通勤行为）进行建模。但由于范围的局限性，这类方法并不适合评估城市的跨区域交通行为，导致难以理解受土地利用结构影响（如职住失衡等）的跨区域交通造成的拥堵，及交通拥堵时污染物排放强度随时间和空间的变化过程。因此，通过借鉴以上建模方法，采用多元回归模型分析土地利用、停车及其相互作用对拥堵碳排放的影响。

通过全尺度的停车、土地利用和动态交通排放数据，分析停车行为、小汽车出行行为和土地利用三者的互动影响关系，揭示交通流的产生和分布过程对拥堵的影响机理。变量的选择需要基于与停车供需关系相关的土地利用要素与停车设施要素。从供需关系入手，选择相关的土地利用及停车设施评价指标，通过动态获取的覆盖城市网络起点 - 终点（OD）矩阵的交通数据，衡量城市道路交通碳排放的时空特性，对停车与土地利用的协同影响造成拥堵碳排放等进行定量分析。旨在回答以下三个问题：①如何定时、定量测算城市形态及交通基础设施对碳排放的影响。②土地利用与停车设施规划是如何协同影响道路交通拥堵碳排放的。③该识别方法应用于低碳交通研究领域的有效性。停车规划与城市土地利用的协同研究（Integration Research）有助于从根源上减少土地利用产生的停车需求，对在城市建成区用地紧张、小汽车激增背景下停车难引发的交通拥堵及高碳排放问题，可提供有效可行的解决方案。通过本章节内容，将前期停车调查结果准确转化为可实施的规划策略，是城市规划减碳效果的有力论证。

3.1.1 变量的选取与计算

街道是城市规划管理的基本行政单元。从规划分区角度，街道建制的划分意图是鼓励居民在其居住的街道进行工作生产活动，以节省/减少日常通勤的时间和能源消耗。作为早期交通拥堵研究的一部分，虽然街区通常被定义为停车拥堵模型的研究基础，但街区尺度的研究关注于个体车辆的行驶状况，而不适用于对跨区交通流的模拟分析。因此，为了掌握城市尺度的活动规律，根据国内学者的研究经验，选择街道为基本分析单元，对居民出行行为进行调查、模拟。沿用 T Louail 等的分析方法，按照街道对停车设施进行调查分析和统计。这样统计分析的目的是将土地利用匹配停车设施供给状况，分析研究城市交通规划对同一单元内（街道）出行行为的相关影响。

停车位“可用性”和“供需平衡”理论逐渐取代单一停车供给或需求研究理论，成为城市拥堵管理及停车政策研究的热点。国内外已有研究认为，停车可用性在影响车辆使用和交通拥挤方面起着关键作用，它与城市网络中停车配置高度决定的移动交通分布有关。D Shoup 认为“价格”和“停车位可用性”是居民选择公交或私家车通勤的两个关键因素。停车位的可用性（Availability）直接影响居民对出行方式的选择。J Cao 和 M Menendez 利用城市交通系统动力学，探讨了停车位可用性对“动态”交通系统的运行能力和交通运行状况的影响程度和原因。R Wang 和 Q Yuan 认为，停车供需差异是中国城市面临的主要问题。S Franco、P Christiansen 等的研究表明，可利用性具体体现在可达性与可用性。一般而言，停车位的可利用性是指车辆如何轻松找到空闲的停车位，重点是“找到”和“可用”这两方面对居民的出行方式产生影响。对于“寻找”停车位方面，C Mccahill 等进行了停车密度如何影响出行行为的研究，他们将停车场密度定义为“寻找停车场的平均本地距离”。研究表明，密度越高，用于停车位的巡航行驶距离越短，驾驶者将更容易找到停车位。T Litman 和 R Steele 使用每个建筑单位或英亩的停车位数量来定义停车位的供应。J Cao 和 M Menendez 应用宏观模拟方法对停车位与交通状况之间的关系进行建模，以阐明交通绩效。结果表明，停车巡航时间 / 距离取决于可用停车位的密度和停车位的位置。R Wang 和 Q Yuan 认为，停车供需差距的扩大是导致停车竞争加剧拥堵的主要原因之一。供需比作为反映区域停车供需关系的重要指标，常用于停车规划方案决策、价格调控等，以缓解交通拥堵及高碳排放问题。因此，根据已有研究的变量选择经验，以供需比、密度、价格作为停车规划变量进行分析。

参考 J Daggett 和 R Gutkowski 的研究，停车供需比计算如下：当供需比小于 1 时，说明该区域停车设施不满足需求，当比值大于 1，说明该区域停车设施供给量大于需求。因此，通过式（3.1）来核实停车缺口，作为停车可用性的衡量标准。除了停车生成模式，可以估算西安市中心 51 个住宅区的供需比（SDR）。

$$\mathrm{SDR} = P_l / \sum (a_{q,l} R_{q,l}) \tag{3.1}$$

式中，P_l 为第 l 区域的停车设施供给量，$P_l = PP_l + OP_l$，PP_l 为第 l 区域公共停车设施车位数，OP_l 为第 l 区域配建停车设施车位数；$a_{q,l}$ 为单位面积的第 q 类用地在第 l 区域的停车位需求量；$R_{q,i}$ 为第 q 类用地的面积。

停车需求是根据不同土地使用类型的停车量估算的。

表 3.1 列出了不同土地利用类型的停车生成率，包括居住、教育、商业、医疗、餐饮、娱乐、办公、旅游、交通等。

表 3.1　西安不同土地利用类型停车生成率

土地利用类型	停车生成率	停车设施需求
居住	0.29214 (PCU[①]/1000m^2)	仅为住户提供停车设施
教育	0.51656 (PCU/1000m^2)	学校或机构
商业	2.25406 (PCU/1000m^2)	餐饮娱乐，市场、剧院、书店
医疗	0.62996 (PCU/1000m^2)	医院、小诊所
餐饮	0.81494 (PCU/1000m^2)	酒店、休闲场所
娱乐	0.69217 (PCU/1000m^2)	展览馆、图书馆、体育场

续表

土地利用类型	停车生成率	停车设施需求
办公	1.17975 (PCU/1000m^2)	企事业单位
旅游	0.84202 (PCU/1000m^2)	旅游景点，如公园、宗教场所
交通	0.69217 (PCU/1000m^2)	物流仓库、交通枢纽站

① PCU 为标准车当量数，用于衡量交通流量，将实际的机动车和非机动车交通量按折算系数换算。

密度是衡量停车设施可用性的一个重要指标，在不同研究中计算方法有所不同。从供应方面，停车场密度描述驾驶员在住宅区行驶的平均距离。停车位密度描述住宅区内停车的强度。计算停车位密度（SD）如下：

$$\mathrm{SD}_l = P_l / A_l \tag{3.2}$$

式中，P_l 为第 l 个区域内的停车位数量；A_l 为第 l 个区域的面积。公式反映了单位面积内的停车位数量。

停车场密度（PD）

$$\mathrm{PD}_l = W_l / A_l \tag{3.3}$$

式中，W_l 为第 l 个区域内的停车场数量；A_l 为第 l 个区域的面积。公式反映了单位面积内的停车场数量。

停车费是控制非法停车对环境影响的建模中的关键变量。由于一些停车场按年、月或天收费，则以每天平均停车 8 小时计算费率。在模型回归中计算并分析 51 个街道内的平均停车费率（元 / 小时）。

密度和土地利用组合被选为与停车需求相关的两个基本城市形态指标。P Christiansen 等使用三个独立的回归模型来检验停车位和城市结构对出行方式选择的影响。利用挪威 2013 ～ 2014 年交通出行统计数据，分析了工作地及家庭停车位可用性对汽车出行选择的影响。其中，模型的城市形态控制变量有：与城市中心的距离、建筑密度及人口密度；与停车有关的自变量有：停车位数目及车位可用性。他们发现，住宅及目的地的停车位限制将减少驾驶决策。J J Wang 和 Q Liu 应用回归分析来研究停车位供应不均对交通拥堵的影响。在街区尺度下，模型分析了土地利用变量：建筑容积率、建筑密度、人密度、土地利用混合度，与交通变量：交通量、道路密度、交通可达性对拥堵的影响。最近，S Franco 将研究领域扩展到了城市中心商务区，他开发了一种空间平衡模型，以研究停车供给对居民出行方式和城市空间结构的影响。在建模过程中，Franco 假定的交通污染水平基于居民数量，因此估算了特定地点每个居民的交通和居住地点的选择。Q Liu 等开发了一种结构方程模型（Structural Equation Model, SEM），探讨土地利用对停车位可用性的影响，并研究了它们对通勤距离的共同影响。因此，考虑到城市形态因素，根据已有研究的变量选择经验，以土地利用混合度、密度作为与停车供需相关的土地利用控制变量。

一般来说，密度是指单位地面面积内人口或居住面积的比率。从城市形态特征角度，选择居住密度计算用地强度，在这种情况下，选择居住密度而不是人口密度表示城市特征，以评估对交通能耗的影响。计算公式为：

$$\mathrm{SI}_l = S_l / A_l \tag{3.4}$$

式中，S_l 为第 l 个区域内的居住面积，计算居住用地的总基底面积；A_l 为第 l 个区域的规划总用地面积。该公式计算的是单位面积内的居住面积，用于评估区域的居住密度。

土地利用混合度（Land Use Mix, LUM）通常用来衡量一个区域内不同土地利用类型的多样性。

$$\mathrm{LUM} = -\sum_{q=1}^{Q} p_q \ln p_q / \ln Q \tag{3.5}$$

式中，p_q 为某区域内第 q 种土地利用类型所占的比例，即该类型土地面积除以总面积；Q 为该区域内不同土地利用类型的总数。

公式计算的是区域内不同土地利用类型的相对多样性。公式的右侧部分先计算每种土地利用类型的比例，然后取自然对数，再乘以比例，最后对所有类型求和。负号是为了将计算出的值转换为正数，使结果更直观地表示土地利用的多样性。最后，用 $\ln Q$ 进行归一化，使得 LUM 的值在 0 ～ 1 之间：

当 LUM 接近 1 时，表示土地利用类型分布均匀，多样性高；

当 LUM 接近 0 时，表示土地利用类型高度集中，缺乏多样性。

3.1.2 结果与讨论

图 3.1 展示了停车位的供需差异。值小于 1 表示停车位供应不足，可见建成区内，绝大多数街道停车供需比小于 1，这一结论说明停车位短缺是西安建成区普遍存在的问题。西安市三环内建成区停车供需比仅为 0.54，其中城市中心区仅为 0.3 左右。可见，城市中心区停车位可利用性远低于城市边缘区域。根据西安市土地利用现状，城市中心区主要为商业和娱乐用地，而城市边缘区主要为居住用地。因此，SDR（停车位供需比）的变化趋势也表明，城市 CBD 区域的停车竞争相比住宅为主的城市街道更加激烈。

图 3.1　西安城市建成区 51 街道停车位供需比

主干道附近居住用地的停车设施密度（停车场密度、停车位密度）高于其他区域（图 3.2 和图 3.3）。停车设施密度与土地利用密度的趋势基本一致。这意味着在市中心区，停车将巡航更短的距离而找到停车场。但对比土地利用密度，从图 3 3 可以看出，停车位密度越高，土地利用密度就越高。因此，大量停车需求在同一时刻进出停车场，造成直行车流的中断，也是造成道路点状拥堵的重要原因。

图 3.2　西安城市建成区 51 街道停车场密度

如前所述，停车收费的高低会影响停车设施的可达性和使用频率，也是目前拥堵管理研究中调控停车供需关系的一种有效方法。将图 3.4 所示停车价格特征与图 3.1 所示的 SDR 进行对比发现，停车价格较高的地方，停车供需矛盾更加突出。这一结果说明，停车位越少，停车费越高。因此，人们在该区域停车，常常为了避免高额的停车费和长时间的停车巡航而选择非法停车。因此，非法的占道停车成为城市高密度区域停车致堵的另一个重要原因。

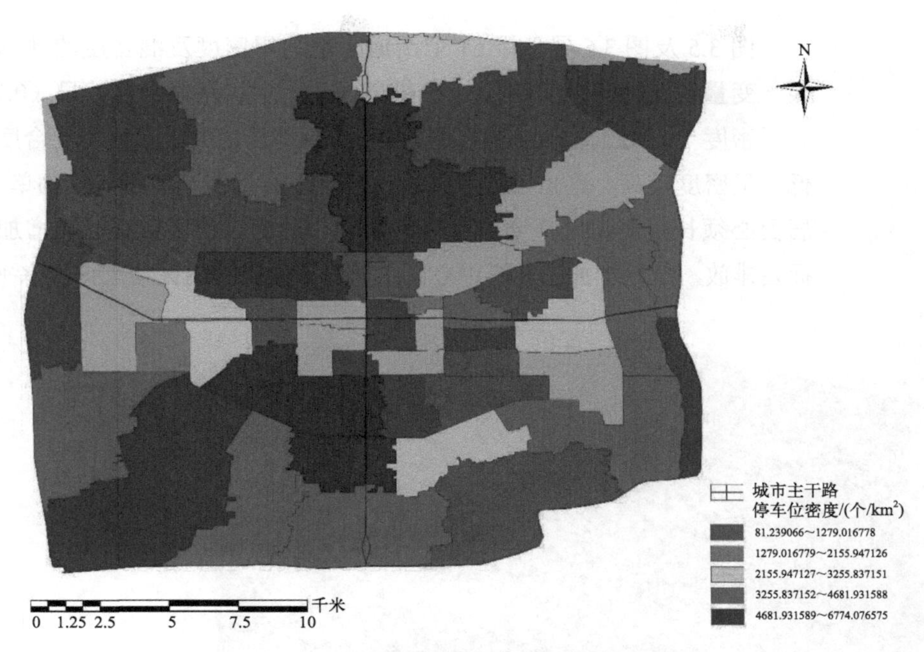

图 3.3　西安城市建成区 51 街道停车位密度

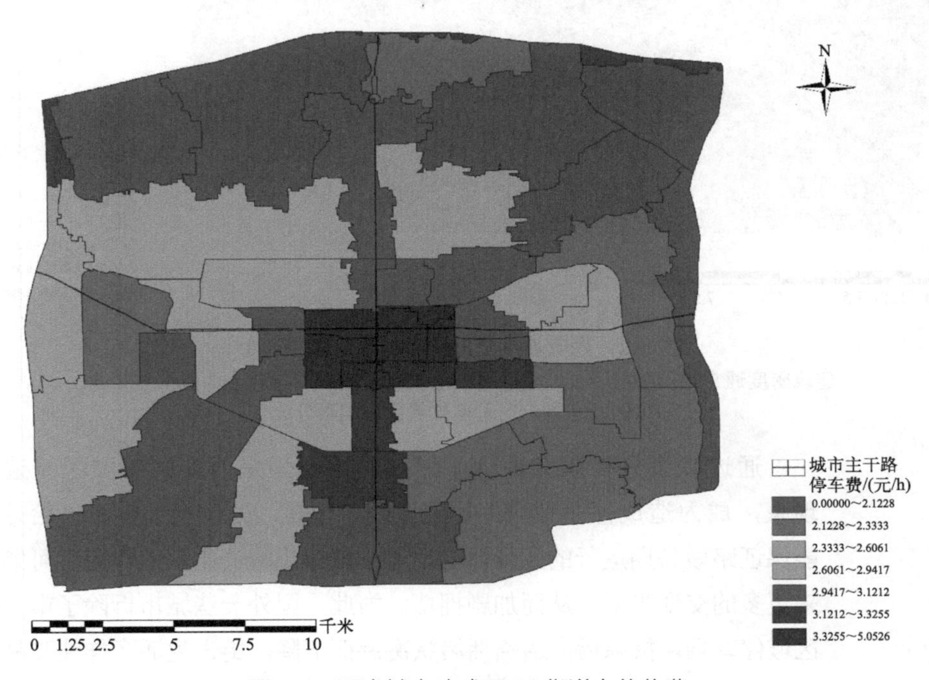

图 3.4　西安城市建成区 51 街道车位收费

图 3.5 及图 3.6 展示了 51 个街道土地利用密度及混合度的计算结果。变量统计性特征表明，51 个街道间，土地利用混合度差异（0.16）大于密度（0.092）。综合分析可以发现，这些街道的土地利用混合度较低，但密度较高。这也证实了某些街道土地利用混合度低，结构单一，居民必须长距离跨区交通进行日常活动、通勤。跨区域交通流增加了拥堵排放，从而增加了城市中心区主干道沿线街道的拥堵碳排放水平。

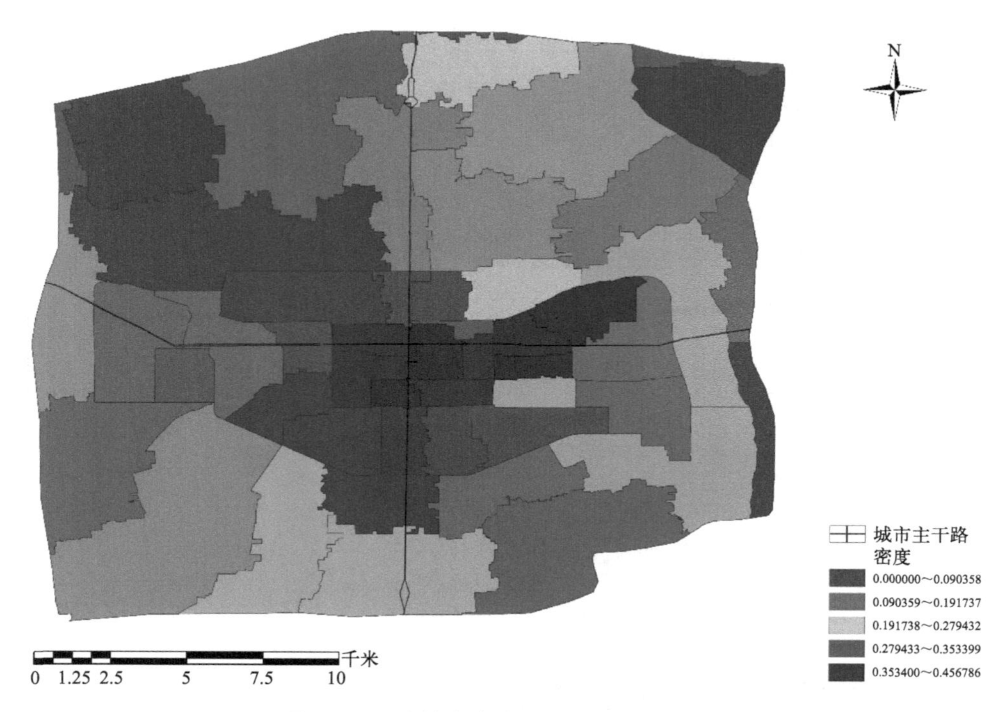

图 3.5　西安城市建成区 51 街道建筑密度
建筑密度通常用作衡量一个特定区域内建筑物占地面积与总土地面积之间的比例，它是一个无单位的比例或百分比

通过以上分析研究发现，停车供给不足是西安既有城区普遍的现象，成为造成停车致堵的重要原因。但是，通过增加停车供给并不能保证路段长期运行的顺畅，相反对小汽车出行产生诱发作用，可能带来更多的交通吸引，从而加剧拥堵。为此，国外一些城市拆除了市中心区域停车场。拆除后，道路拥堵状况反而下降，街道生活多样性及品质提升。因此，在建成区用地紧张的现状下，如何通过调控型的优化方法

“提高”停车供给，进行低影响的城市更新，缓解停车供需差异，减少由于停车引发的拥堵高碳排放，成为城市规划者面临的棘手问题。

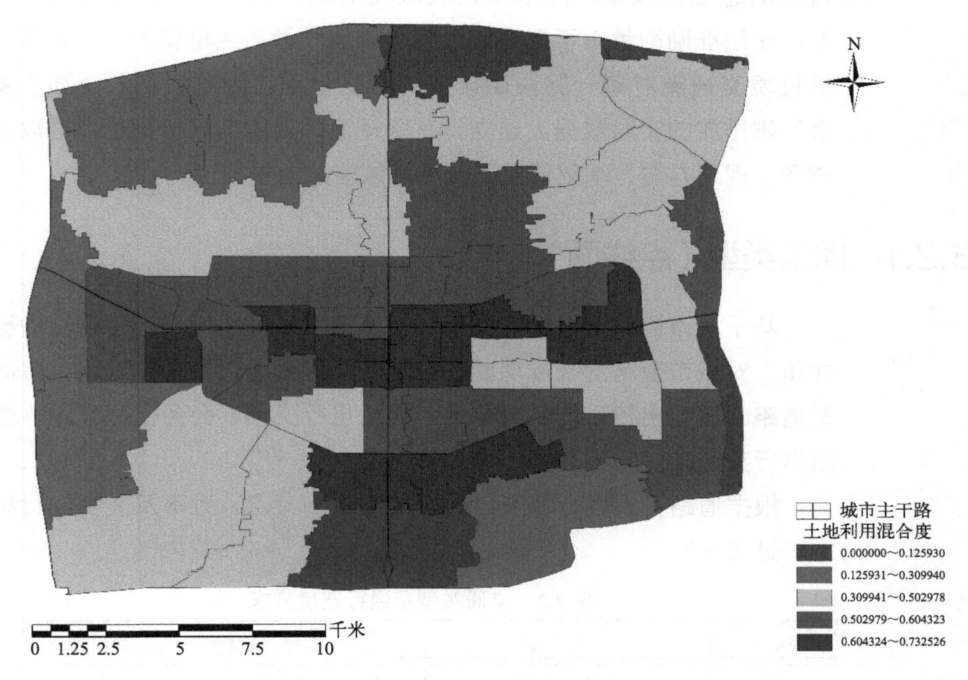

图 3.6 西安城市建成区 51 街道土地利用混合度

土地利用混合度是一种度量指标，用来反映一个区域内不同土地利用类型的多样性和分布情况，以一个无单位的数值表示。数值通常在 0 ～ 1 之间：0 表示完全单一的土地利用类型（完全没有混合）；1 表示完全均匀的土地利用类型分布（最大程度的混合）

3.2 道路交通拥堵类型及评测

拥堵管理（CMP）是一个系统过程，包括拥堵及其原因识别、缓堵策略制定及其应用和交通系统性能改善评估。在以低碳为导向的规划研究领域，传统交通碳排放数据获取及评价指标的制定主要依赖实地测绘及现场调查，研究具有特异性，且数据误差较大。不同城市、空间尺度的低碳研究因此受到局限。尤其关于传统的道路拥堵评价指标，主要存在以下缺陷：首先，根据居民通勤时间及方式估算出行全过程的总碳排放量的方法数据获取周期长、精度差、时效性弱；其次，无法准确衡量由于拥堵造成的碳排放增量；更重要的是，无法分析过境交通流对单一路段碳排放的影响机理。因此，获取交通“多余”碳排放的实时数据，建立具有路径追踪功能的评价指标，对以动态调控规划方法为基础的交通碳减排策略尤为重要。

3.2.1 拥堵类型（点线面）

基于城市道路与用地的关系，按照道路两旁用地所产生的交通流性质，对城市道路的基本功能进行划分，可分为：交通型道路、生活型道路。按照出行目的，可分为：通勤出行交通、公务出行交通、生活出行交通。

根据道路交通出行特点，对拥堵发生的特点、频率及类型进行总结，见表 3.2。

表 3.2 交通类型及通行速度需求

项目	通勤交通	公务出行	生活出行
出行目的	工作、上学	公务、交通运输	生活、娱乐、休闲等
交通特点	潮汐性交通，集中于早晚高峰，具有较为规律的出行路线及时间	数量较少、一般为连续性运输	在大型生活服务设施及旅游文化设施周边形成密集人流
交通区域	主要集中于连接居住用地与办公用地、教育用地周边的城市交通型主干道、次干道	主要集中于城市交通型快速路	居住区、商业、文化、旅游用地等周边的生活型干路、次干路及支路
速度要求	快速、通畅	快速	快速
拥堵状况	线状拥堵、面状拥堵		点状拥堵
与人居活动关系	密切	关系较小	密切
停车场规划要求	设置内部停车场，考虑通勤高峰期交通量骤增骤减时交通及人流疏散的组织	设置城市公共停车场	设置足够的人流集散场地及停车场地

3.2.2 评测方法综述

如何定量测算道路交通碳排放数据并获得其时空分布规律是低碳城市研究领域的技术瓶颈。目前各国主要借助交通调查及碳排放模型实现交通碳排放量的估算，亟需对道路拥堵碳排放特征进行实时评测的方法。其中，如何定量测算道路交通拥堵碳排放时空差异，分析拥堵的规划机理是低碳城市研究领域的技术瓶颈。

国内外已有研究对交通拥堵碳排放的评估主要由居民出行调查、碳排放模型仿真等获得。D Banister 通过 NHTS 的调查数据，估算出住宅密度对车辆燃油消耗及碳排放的影响。F Grazi 等基于工具变量法（Instrument Variable, IV），利用 Transport Emission Model（TREMOD）模型计算得到城市形态对人均交通碳排放量的影响。K Zhang 等通过现场试验的方法利用 CMEM 模型模拟得到车辆在城市不同区域拥堵较自由流速度下碳排放量的增加值。但此类借助瞬时速度及碳排放模型的计算方法需要输入复杂的基础参数，模拟耗时长、效率低。

然而，如何定量测算道路交通拥堵碳排放时空差异并分析致堵机理是低碳城市研究领域的技术瓶颈。常规方法主要通过居民出行调查数据的碳排放模型仿真实现交通碳排放测算。2008 年，Barth 等研究提出以路段或行程平均速度评估车辆行驶 CO_2 排放率简化碳排放的计算过程，并以浮动车数据的工况模拟验证了这一方法的准确度。2015 年，Travel Time Index（TTI，旅行时间指数，用来衡量交通拥堵程度的重要指标，该指标反映实际旅行时间与自由流动条件下旅行时间的比率）利用这一方法，基于 MOVES 模拟得到不同车型的平均速度与碳排放率关系曲线，并计算出城市一年因拥堵增加的交通碳排放量。虽然利用平均速度的拥堵碳排放测算方法，提升了数据采集的效率及计算精度，但拥堵的形成受到多方面因素的复杂影响，拥堵时车辆的碳排放量是动态变化的。为了研究交通基础设施、土地利用等次生因素[1]对拥堵的影响机理，需要提出一种基于动态速度数据的拥堵碳排

[1] 次生因素：不直接造成拥堵并产生碳排放，但通过影响交通需求或交通组织方式影响道路运行状况，对拥堵时碳排放产生影响。拥堵碳排放量基于本书依托基金研究项目提出。

放测算方法和评价指标。

目前，国内外对于城市交通能耗模型的研究主要包括以下方法：Toshihiko 等用 CGE 模型（Computational General Equilibrium Model）通过模拟能源、经济、环境的三者关系，主要应用于国家和地区等宏观层面分析，预测促进节能减排的政策效果，为决策者制定长期能源战略和政策提供支持。周伟和米红采用 MARKAL-MACRO 模型，用人口统计学理论进行中国城市化能源消耗定量分析。研究设定了中国未来能源消费的 3 种情景，预测基准情景、一次能源结构优化情景以及气候变化约束情景下各行业能源消耗量及 CO_2 排放量。他们的研究指出：由于机动车保有量的增加，交通运输行业的能耗及碳排放量将持续上升。E Larson 等以 MARKAL 模型为基础建立了中国能源系统模型，研究在保证社会经济发展、能源供应安全、环境可持续发展的基础上，对中国能源发展技术战略进行了情景分析。王晓华应用 LEAP 模型建立了北京市物流系统能耗计算模型，并利用 MOBILE 模型核算了能耗及排放强度。

为了进一步提高碳排放模型和实际路网动态特征的耦合，严晗基于 EMBEV 模型建立了多个城市基于路网的高分辨率排放清单。利用南京本地的智能交通系统，将排放因子模型和射频识别（RFID）与浮动车等交通大数据技术结合，开发了精确到路段层面的高分辨率动态路网排放模型，实现对机动车排放情况的实时监控。此外，EMBEV 模型提供本地化的排放控制决策支持评估，能够对排放标准加严、油品质量改善、加速淘汰、电动化、交通管控和低排放区等措施进行碳减排效益的定量评估。表 3.3 对已有的碳排放测算模型进行了归类，并探讨了应用于低碳城市研究的优缺点。

表 3.3　交通污染物排放预测及分析模型

模型种类	模型举例	建模原理	适用范围	优势	劣势及限制	
Average Speed EMs 宏观模型	COPERT、TRL EFs MOBILE EMFAC	以平均速度为函数计算不同种类车辆的排放因子	广泛应用于城市整体路网交通碳排放评估	平均速度易获得，误差可自修正	不同车辆及操作情况差异造成的排放差异无法准确计算	不能考虑设计速度较大但拥堵低速行驶的路段碳排放

续表

模型种类	模型举例	建模原理	适用范围	优势	劣势及限制
Traffic situation EMs 宏观模型	HBEFA	计算不同道路类型车辆行驶状况下（自由流速或启停状况）的排放因子	应用于欧洲国家	用户定义交通行驶状况，排放量计算准确	针对特定国家和区域的道路情况进行设计，不具有普适性
Traffic variable EMs 微观模型	TEE- KCF，DCM，Traffic Variable Concentration model	综合除了速度以外的其他交通变量（如车流量、延迟时间），对拥堵造成的碳排放量进行预测	预测路边空气污染物浓度	结合运动校正因子（KCF）对COPERT算法进行修正，提高准确性	需要输入多参数，如平均速度、车辆密度、有效绿灯时间比、路段长度
Cycle variable EMs 微观模型	VERSIT+ LD Modal EM CMEM，EPA，MOVES，NEMO	根据不同车辆状况及碳排放量进行精细化计算			

注：Emission model，EM;Traffic Energy and Emissions-Kinematic Correction Factor，TEE- KCF；Delay Correction Model，DCM；Network Emissions Model，NEMO。

大数据平台整合了数据采集、分析，信息发布的过程，使动态管理及精细化城市模型研究成为可能。其中挖掘土地利用、交通和环境系统的互动关系，基于交通大数据分析调控交通流时空分布等已成为国内外CMP研究的热点问题。赵鹏军和李铠详细阐述了大数据方法缓解城市交通拥堵的原理及基本流程。随着车联网技术的发展，以浮动车为代表的GPS数据逐渐应用于碳排放核算。如孙健等结合浮动车数据及GIS平台，分析城市交通拥堵成因及空间演化规律。但是以出租车为代表的浮动车数据获取成本高，数据来源单一且样本量有限。在交通规划领域，林涛根据畅通、较畅通、缓行、较拥堵、拥堵的五个路况等级，将大数据应用于交通污染物评估。在城乡规划领域，郑思齐等基于百度地图提供拥堵延时指数为评价指标，分析城市交通拥堵的主要原因。然而此类表征拥堵延误时间、排队长度的拥堵延时指数或等级，作为分级指标应用于多因子的拥堵机理分析时敏感度不高，且计算过程并不明确，因此，无法直接应用于碳排放量的核算。ICET（能源与交通创新中心）利用实时交通大数据计算出通勤高峰期，平均一次出行的碳排放量较传统估算方法高出 78%。以成都为例，每日交通出行碳排放大约为 17500 吨，较传统估算结果（11000 吨）高出 59%。该研究从侧面证实了 F Grazi 等基于出行调查法计算交通碳排放数值的巨大误差，证实了大数据技术应用于评价标准及交通碳排放量监测的迫切需求。

3.2.3 评测指标综述

延迟率（Delay Rate, DR）、拥塞指数（Congestion Index,CI）和减速拥堵指数（Speed Reduction Congestion Index, SRCI）作为常用的拥堵评价指标，以路段速度较自由流速度变化程度评价拥堵。此类指数在城市研究中被普遍采用，用于调查出行活动行为，分析城市时空动态功能，并区分交通流量特征。然而，传统速度时间数据（Speed-time Data）的计算无法准确获取平均自由流速度，使其应用于拥堵的碳排放计算受到限制。随着智能移动定位技术及车联网技术的发展，基于交通大数据计算的拥堵评价指标，如拥堵延时指数等逐渐应用于碳排放核算及致堵的机理研究。然而此类分级指标对于定量回归分析而言精度不够；并且各指标算法不同，无法直接换算得到准确的碳排放数据；更重要的是，拥堵时车辆缓行、等候等产生的 CO_2 是其行驶时间在空间累积的结果，单以排队长度或车辆行驶速度计算碳排放量无法完全反映次生因素对交通碳排放的影响过程。因此，由于缺少全尺度的、实时动态的测算及分析方法，城市道路交通拥堵碳排放特征受到居民出行行为影响的机理仍不明确。

3.3 基于开源地图数据的拥堵碳排放特征测算

3.3.1 基于 LBS 的路网拥堵特征识别

基于移动位置服务（Location Based Service，LBS）数据的应用现已成为领先的地理空间分析技术。通过提供实时交通信息，以了解真实世界的交通出行信息及道路运行情况。LBS 数据有助于获取城市网络平均交通速度的空间时态特征，用以分析道路交通拥堵的产生机理。但是，大部分 LBS 数据属于商业数据，通常由浮动车辆（如出租车）或移动电话采集，使用费用高，使此类 LBS 数据在学术和（或）市政规划领域的应用研究受到限制。

在开源数据时代，开源地图平台提供了更为经济可靠的 LBS 数据更公开的访问方式，为动态交通信息采集提供了窗口。例如，百度地图平台提供的实时拥塞延迟指数（CDI）表示实时道路通行速度与自由流速度相比的延迟率。基于 CDI 和城市形态指标，郑思齐等通过优化土地利用结构及基础设施的空间配置，制定城市建成区拥堵缓解的规划方法。但是，各开源平台根据路段实时通行速度以不同算法计算获得的拥堵级别（如：严重拥堵、拥堵、缓行、畅通），数据精度低且无法直接转换为碳排放指标，进行碳减排的定量分析。更重要的是，R Smit 等的研究表明，拥堵时产生的碳排放量不能以平均交通速度或行驶长度计算，应以等待、减速移动或怠速行驶车辆运行过程中碳排放的累积结果。因此开源地图数据在碳排放评测及低碳城市研究中仍被视为探索性数据。

3.3.2 构建多余碳排放指数（ECEI）

目前，国内外对交通拥堵的评价指标主要基于路段速度、道路交通密度、交通量和出行时间等方面。从 2010 年开始，欧洲大多数国家就开始使用 INRIX index 指标，基于路段速度计算交通拥堵状况，其计算公式为：

$$A_{ij}=\left(\frac{\mathrm{RS}_{ij}}{\mathrm{CS}_{ij}}-1\right)\times 100 \tag{3.6}$$

式中，A_{ij} 的结果通常以百分比表示，用于表征某条道路或区域的交通拥堵程度，指数越高，表明交通拥堵越严重（例如：A_{ij} 为 0 表示没有拥堵，车辆行驶速度等于自由流动速度，A_{ij} 为 50% 表示车辆行驶速度比自由流动速度慢 50%，通过 A_{ij}，可以清晰地反映某一段时间内或某一条道路上交通拥堵的严重程度）；RS_{ij} 为路段 i 第 j 个间隔的参考速度，即 Free Flow Speed（自由流动速度），指在没有交通拥堵时，车辆可以达到的速度，通常是道路的最高限速或在理想条件下的平均速度；CS_{ij} 为路段 i 第 j 个间隔的计算速度，即实际的运行速度，指在特定时间段内，车辆在某一段道路上实际行驶的平均速度。

基于大数据分析技术，行程时间指数（Travel Time Index，TTI）是目前业内较为常用的拥堵评价等级指标。该指标反映实际道路通行时间与自由流状况下通行时间的比值以计算交通拥堵等级，值越大，说明道路越拥堵。

如前所述，车辆碳排放量和速度直接相关，并非直接以速度为变量，而是以经过计算后的时间数值计算拥堵的等级指数，精准度较低，不适合评价拥堵的碳排放计算。根据文献综述，速度和碳排放率的转换关系是非线性的，所以利用速度数据转化为碳排放率，通过数据挖掘，借助开源地图平台，获取道路通行的平均流量速度以测量拥塞对碳排放的影响。

参考以上两种常用的拥堵评价指标的构建方式，从减碳角度提出城市拥堵评价指数，计算由于空间规划组织不合理对道路交通系统造成影响而产生的多余碳排放量与自由流速下碳排放的比值，更有助于城市土地利用及交通系统的结构优化。因此，基于开源地图的数据挖掘技术，创造性提出一种道路交通多余碳排放指数的测算方法，可以减少不必要的碳排放量，研究首次将开源大数据应用于与城市土地利用相关的致堵机理的识别。

3.3.2.1 基本概念

为了获取同时刻城市交通网络拥堵碳排放的空间分布特征及变化规律，明确规划因素诱发拥堵的机理，提出构建多余碳排放指数，具体数据获取流程见图 3.7。

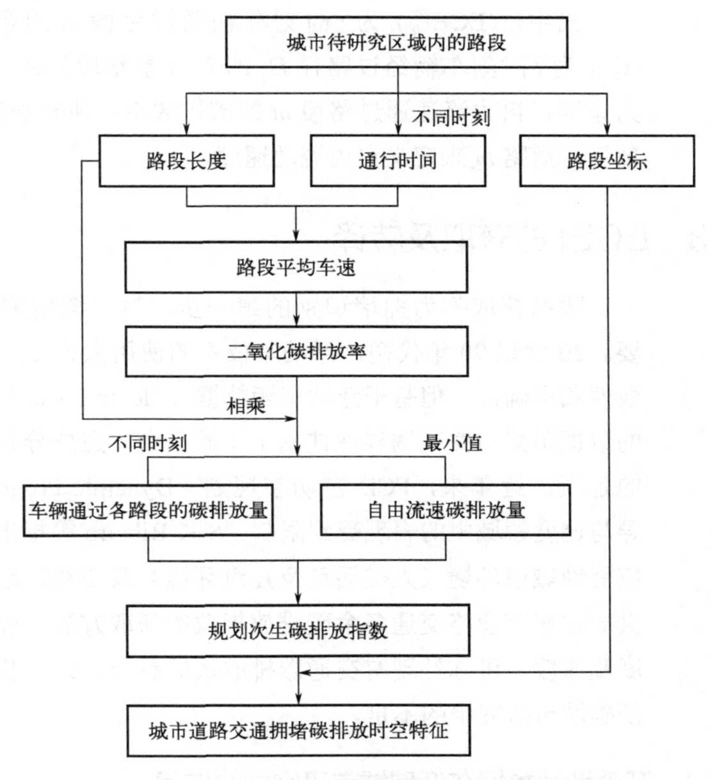

图 3.7　基于开源地图数据的 ECEI 计算流程

该指数衡量一辆车在某时刻通过某路段，相较以自由流速通过该路段时二氧化碳排放量的增量程度。以该指数反映城市道路交通碳排放时空特征，衡量车辆在某时刻通过某路段，相较于以自由流速通过该路段时所排放二氧化碳增量程度的指标，有利于反映出拥堵造成道路通行效率降低时交通碳排放量增加的空间分布特征。

3.3.2.2 计算公式

为了去除道路等级及职能不同对通行速度及碳排放的影响，将车辆以自由流速通过路段的碳排放率作为标准对数据作归一化处理，得到多余碳排放指数ECEI（Extra Carbon Emission Index）的计算公式：

$$\left(\mathrm{ECEI}_{ij}^{m}\right)_t=\frac{(Q_{ij}^{m})_t-\mathrm{Min}(Q_{ij}^{m})}{\mathrm{Min}(Q_{ij}^{m})} \tag{3.7}$$

式中，$(\mathrm{ECEI}_{ij}^{m})_t$为$t$时刻车辆通过路段$m$的多余碳排放指数；$(Q_{ij}^{m})_t$为$t$时刻车辆经过路径$D_{ij}$的第$m$条路段的碳排放率，Min (Q_{ij}^{m})为车辆以自由流速通过路段m的碳排放率，所有速度数据的85分位数用于道路m来定义自由流动速度。

3.3.3 ECEI的获取及转译

数据获取作为拥堵识别的第一步，对于缓堵策略的制定尤为重要。20世纪90年代初，浮动车技术的使用大大提升了拥堵管理的有效性和准确性。但基于浮动车辆数据（Floating Car Data，FCD）技术的数据采集与交通诱导往往基于不同平台，造成分析反馈及车辆诱导的延误。近年来，FCD在动态规划（Dynamic Programing）、实时引导与调度领域中的表现受到限制。S K Ribeiro等指出，道路交通碳排放受到城市环境（人类活动及建筑环境）及交通基础设施的影响，提供一种城市道路交通多余碳排放指数的获取方法，提高数据分析精准度及速度，可弥补现有交通碳排放数据获取、计算及评价指标应用于低碳城市研究中的不足。

3.3.3.1 开源地图数据在低碳城市研究中的应用

基于开源地图的数据获取方法作为城市大数据研究的重要手段近年来被广泛应用于支持规划决策，尤其依托地图平台提供的数据“生态圈”（高德地图平台、百度地图平台等），地图已不仅是导航工具，更为城市空间数据的采集、分析，甚至活动引导提供支持，提高了不同类型数据应用于城市协同规划的能力。以百度地图为例，借助网页（Web）服务应用程序接口（Application Programming Interface，API），开发者可根据不同需求免费申请地图服务数据，即时访问平台提供的空间兴趣点（Point of Interest，POI）、空间活力、建筑单体、交通等数据信息。基于这种即时数据的获取模式，使传统城市“空间”分析转换为“时间 - 空间”的相关性研究，为低碳城市研究带来了新的思路。然而在低碳城市研究领域，由于缺少连续碳排放数据采集的有效方法，目前研究主要停留在宏观碳排放总量的分析层面。如何利用开源地图平台实现对碳排放数据的挖掘，实时掌握其排放状态及分布规律是研究的新动向。

3.3.3.2 百度地图 Web 服务路径规划 API

百度开源地图平台是我国使用最广泛的开源导航地图平台之一，基于网页服务（Web Service），提供了一个包含详细的城市建筑环境信息的完整数据集，包括：建筑面积、土地使用类型、兴趣点（POI）和交通信息等。近年来被广泛应用于城市交通信息采集、城市土地利用分析及交通诱导，为低碳交通规划提供便捷有效的决策支持。

百度地图作为开源地图中数据开放度及准确度较高的一种，通过多种可靠渠道掌握准确的道路通行状况。其数据主要来源有：

① 地图供应商。依托全国最大的浮动车数据平台，地图供应商向百度地图提供可靠的动态交通数据。

② 数据挖掘。百度地图平台通过对用户驾驶轨迹、事故上报等数据的分析，实现对城市道路交通信息的挖掘与更新。

③ 网站数据合作。用户在百度地图其他合作平台（如手机应用程序和相关网站）发布的内容也成为其位置、POI 等数据更新的来源。

④ 用户生成的 UGC（User-generated Content）数据。用户在百度地图的任何一次搜索、一次导航也可实现对平台道路数据的检验与校正。因此，通过专业的地图公司、内外部平台合作及用户实时反馈等方式，开发者可通过 Direction API 获取可靠且有效的城市道路交通信息。

基于百度的道路交通数据挖掘技术分析建成区道路拥堵特征的主要原因如下：

百度地图可以通过百度 LBS 平台的数据集同时匹配土地使用和交通信息。其次，它基于每 5 分钟刷新的动态流量信息提供更可靠、更准确的流量数据。借助“数据生态系统”，百度地图通过将浮动汽车私有数据与用户生成的内容（UGC）数据实时相结合，提高了流量数据的准确性。从现实世界中分析流量信息，而不是实现理论（或建模）数据，有助于提升研究的准确性。

百度地图路径规划服务（Direction API）是一套具象状态传输（Representational State Transfer，REST）风格的网页应用程序接口，以网络协议（HTTP/HTTPS）的形式向开发者提供公交、驾车等路线规划方案，是开源地图中数据开放度及准确度较高的一种。

3.3.3.3 基于百度地图的全尺度 ECEI 动态测算方法

百度地图平台包含动态交通信息，这些动态交通信息标有沿行驶路径的地理位置（图 3.8）。为了批量访问数据，使用 Python 编码的多个路径规划请求用于获取同时覆盖整个道路交通网络的全尺度路况信息。通过分析每个路段的交通数据，每个跟踪节点的 CO_2 排放量都标有时间戳和地理位置。

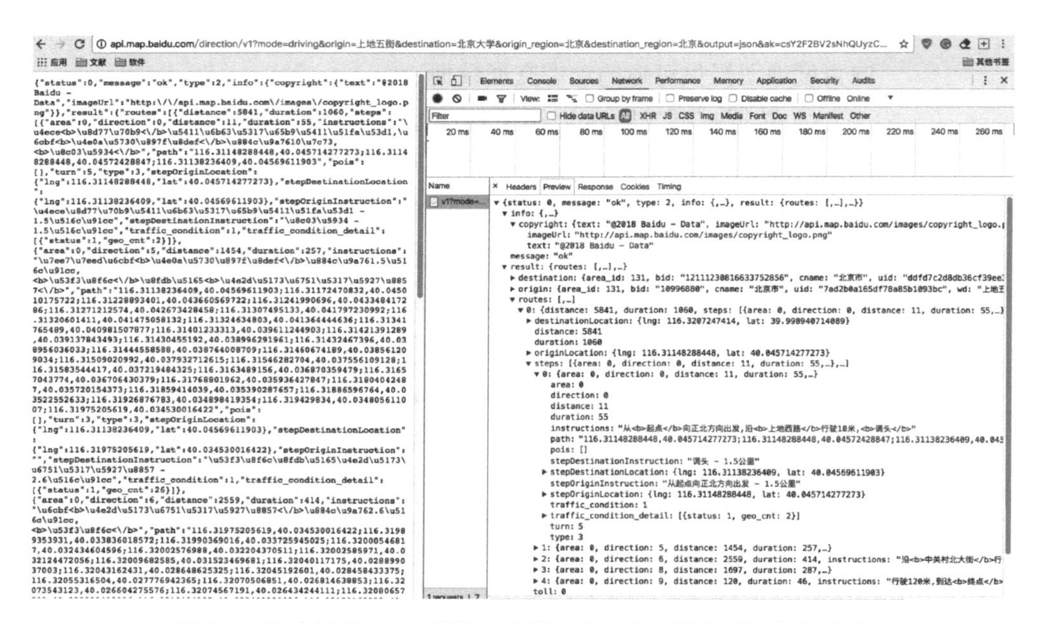

图 3.8 百度地图 Web 服务 API 接口官方实例路径规划文件截图

借助 Python 平台，通过 Direction API 重复向百度地图请求全城实时路况，获取路段通行速度并即时转译为碳排放数据，提出并实现对道路交通碳排放时空数据的连续获取，有助于建立不同尺度的影响因素模型，分析交通碳排放时空差异特征的规划影响机理。对道路交通拥堵碳排放特征的获取具体步骤如下：

步骤 1：获取城市待研究区域内的所有路径。

① 调用百度地图 Web 服务中的路径规划 API 接口，构建 url，设置网页参数为：mode=driving，origin= 起点坐标 &destination= 终点坐标 &origin_region= 城市 &destination_region= 城市 &output=json&ak= 申请的 ak；获取城市待研究区域内第 i 个起点到第 j 个终点的路径 D_{ij}，解析网页返回文件得到该路径的路段数据（表 3.4）。

表 3.4　输入及返回文件中各参数含义

<table>
<tr><th>输入参数</th><th>定义</th><th>说明</th><th>返回参数</th><th>定义</th><th>说明</th></tr>
<tr><td>mode</td><td>路径规划模式</td><td>mode=driving</td><td>steps_duration</td><td>路段耗时</td><td>单位：秒</td></tr>
<tr><td>origin</td><td>起点</td><td>origin= 起点坐标</td><td>steps_distance</td><td>路段距离</td><td>单位：米</td></tr>
<tr><td>destination</td><td>终点</td><td>destination= 终点坐标</td><td>steps_path</td><td>路段位置坐标</td><td>“经度，纬度”</td></tr>
<tr><td>origin_region</td><td>起点所在城市</td><td>origin_region= 城市</td><td rowspan="4">steps_
trafficcondition</td><td rowspan="4">路况</td><td>0 无路况</td></tr>
<tr><td>destination_
region</td><td>终点所在城市</td><td>destination= 终点坐标</td><td>1 畅通</td></tr>
<tr><td>output</td><td>返回参数格式</td><td>output =json</td><td>2 缓行</td></tr>
<tr><td>ak</td><td>用户的访问权限</td><td>ak= 申请的 ak</td><td>3 拥堵</td></tr>
</table>

注：本表仅对与研究相关的输入及返回参数进行举例说明。

发送网页请求，获取城市待研究区域内起点集合 I 中的第 i 个起点到终点集合 J 中第 j 个终点的路径 D_{ij}，如图 3.9 所示；其中，$I=\{1, 2, \cdots, i, \cdots, n\}$，$J=\{1, 2, \cdots, j, \cdots, u\}$。解析网页返回文件，即可得到这条路径的路段。

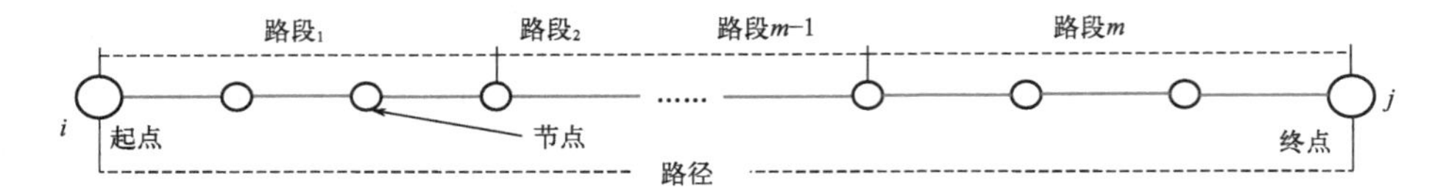

图 3.9　百度 API 路径规划的交通数据采集

② 遍历集合I和集合J中所有的点，获得起点至终点的所有路径；每条路径由若干路段组成；为了保证路径获取的全面性，使得结果更加准确，基于 GIS 平台，判断获得路径是否遍历研究范围内城市的所有主干道、次干道及支路，如未遍历，增加起点，重复以上步骤，以填补未遍历路段，见图 3.10。

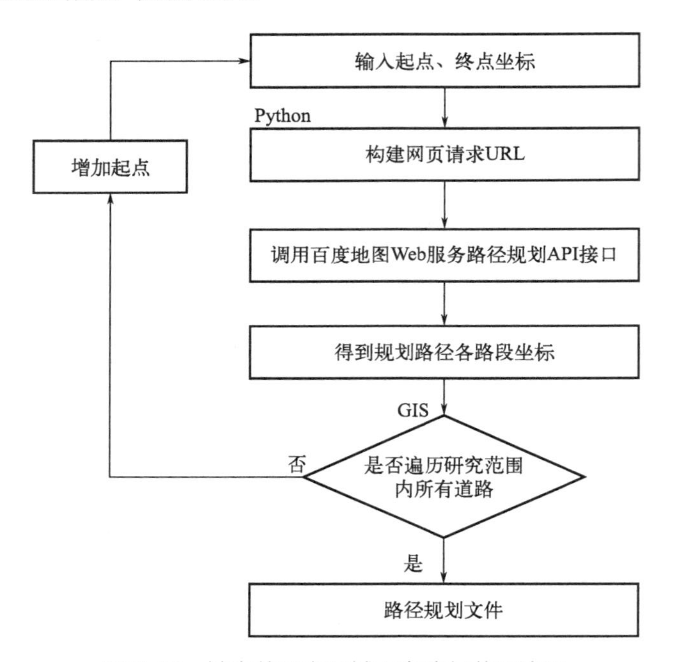

图 3.10　城市待研究区域所有路径获取流程

具体判断过程为：根据节点坐标，将获取的路径导入 GIS 平台，求网页返回的每条路段上的节点文件与城市主干路、次干路、支路文件的交集，得到相交点文件，如城市主干路、次干路、支路文件中存在未与节点文件相交的路段，则表明需要增加起点。

步骤 2：获取道路实时通行速度。

为了获取全城道路在高峰时间段内的实时速度，需要按照一定时间间隔重复多次向 API 接口发送调用请求，具体过程为：借助 Python3 平台，读取起点与终点坐标文件，在 t 时刻发送网络请求，获取并保存返回文件中参数：距离 steps_distance [即 $(S_{ij}^{m})_t$]、路段总耗时 steps_duration [即 $(T_{ij}^{m})_t$]；基于式（3.8），计算在某一时间段内的 t 时刻，车辆经过路径 D_{ij} 的第 m 条路段的速度 $(v_{ij}^{m})_t$：

$$(v_{ij}^{\ m})_t = \frac{(S_{ij}^{m})_t}{(T_{ij}^{m})_t} \tag{3.8}$$

由于每条路段上有多个节点，获取速度数据过程中会得到每个节点的速度数据。但在网页信息返回参数中，一个路段上所有节点路况相同，根据节点坐标判断相邻两节点间距离相同，节点速度可根据路段长度与经过路段的时间求得，因此，每个节点的速度都是一样的，用任意节点的速度来表示该条路段的速度。然后使用 schedule 创建定时器，按照一定时间间隔每天自动向网页发送请求获取数据。

其中，$t=e+rt'$，r 为大于等于 1 的整数，e 为起始时间点，t' 为时间间隔，其表达方式为 HH MM SS，例如，以早上 8:00 为起始时间点，时间间隔为 10min，即表达方式为 00:10:00，t 为 08:00:00、08:10:00、08:20:00 等；$m \geqslant 1$。

$(S_{ij}^{m})_t$ 为 t 时刻，车辆经过路径 D_{ij} 的第 m 条路段的长度；$(T_{ij}^{m})_t$ 为 t 时刻，车辆经过路径 D_{ij} 上第 m 条路段的运行总时间。

其中，$(T_{ij}^{m})_t$ 和 $(S_{ij}^{m})_t$ 的获取过程为：解析网页返回的路径文件，得到路径 D_{ij} 的第 m 条路段运行经历的总时间 $(T_{ij}^{m})_t$、长度 $(S_{ij}^{m})_t$ 等，具体流程见图 3.11。

步骤 3：将道路实时通行速度转译为碳排放量。

在获得道路行驶速度后，通过轻型小汽车平均速度与二氧化碳排放率关系曲线（图 3.12）实现碳排放数据的转译。该曲线由世界网联汽车服务和交通分析公司 INRIX 及 TTI 联合发布，通过对路段 672 个时间单元（24 小时 ×7 天 × 每小时 4 次）的年平均速度进行碳排

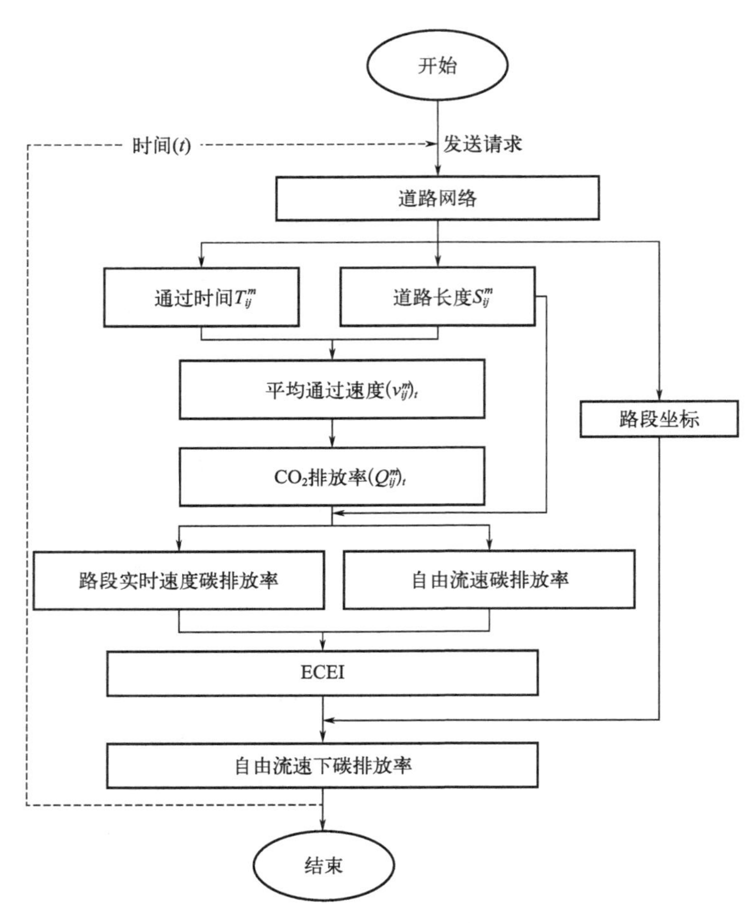

图 3.11 城市待研究区域同时刻路网路况获取流程

放率的 MOVES 软件模拟计算，研究人员建立了轻型小汽车速度与碳排放率曲线。为了提高数据处理的效率，结合 Python 平台通过曲线拟合模块实现一定时间间隔下，全城道路速度数据的自动获取及批量转译。

根据步骤 2 得到的道路实时通行速度 $(v_{ij}^m)_t$，利用式（3.9），将该速度 $(v_{ij}^m)_t$ 转译为碳排放率 $(Q_{ij}^m)_t$：

$$(Q_{ij}^m)_t=\begin{cases}3.991\times10^{-5}[(v_{ij}^m)_t]^6-0.05097[(v_{ij}^m)_t]^5+0.2615[(v_{ij}^m)_t]^4-6.908[(v_{ij}^m)_t]^3\\+100.2[(v_{ij}^m)_t]^2-789.9(v_{ij}^m)_t+3360, 0\leqslant(v_{ij}^m)_t<15\\8.415\times10^{-7}[(v_{ij}^m)_t]^6-0.000281[(v_{ij}^m)_t]^6-0.03848[(v_{ij}^m)_t]^4-2.764[(v_{ij}^m)_t]^3\\-109.8[(v_{ij}^m)_t]^2-2285(v_{ij}^m)_t+1.989\times10^4, 15\leqslant(v_{ij}^m)_t\leqslant30\end{cases} \quad (3.9)$$

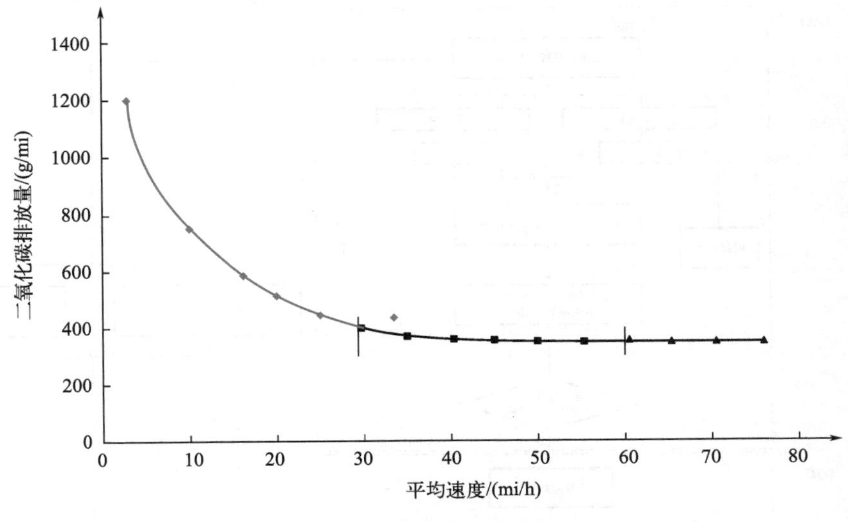

图 3.12　轻型车 CO_2 排放率曲线（1mi ≈ 1609m）

式中，$(Q_{ij}^{m})_t$ 为 t 时刻车辆经过路径 D_{ij} 的第 m 条路段的碳排放率，g/m，表示以速度 $(V_{ij}^{m})_t$ 行驶 1m 时的碳排放的克数；$(v_{ij}^{m})_t$ 的单位为 m/s。

步骤 4：重复上述步骤 2～步骤 3，直至遍历该时间段内所有时间点，获得该时间段内所有时间点车辆经过路径 D_{ij} 的第 m 条路段的碳排放率，取碳排放率中的最小值 $\mathrm{Min}(Q_{ij}^{m})$。

步骤 5：利用式（3.10），计算 t 时刻，车辆经过路径 D_{ij} 的第 m 条路段的多余单位碳排放指数 $(\mathrm{ECI}_{ij}^{m})_t$：

$$(\mathrm{ECI}_{ij}^{m})_t = \frac{(Q_{ij}^{m})_t - \mathrm{Min}(Q_{ij}^{m})}{\mathrm{Min}(Q_{ij}^{m})} \tag{3.10}$$

式中，$(Q_{ij}^{m})_t$ 为 t 时刻车辆经过路径 D_{ij} 的第 m 条路段的碳排放率；$\mathrm{Min}(Q_{ij}^{m})$ 为所有时间点下路径 D_{ij} 的第 m 条路段的碳排放率的最小值。

重复步骤 2～步骤 5，直至遍历待研究区域内所有路径的所有路段的多余碳排放指数，即得城市待研究区域内所有路径上路段的多余碳排放指数。

图 3.13 所示的数据采集过程使用 Python 脚本语言进行自动化解析，数据分析及可视化在 GIS 平台完成。

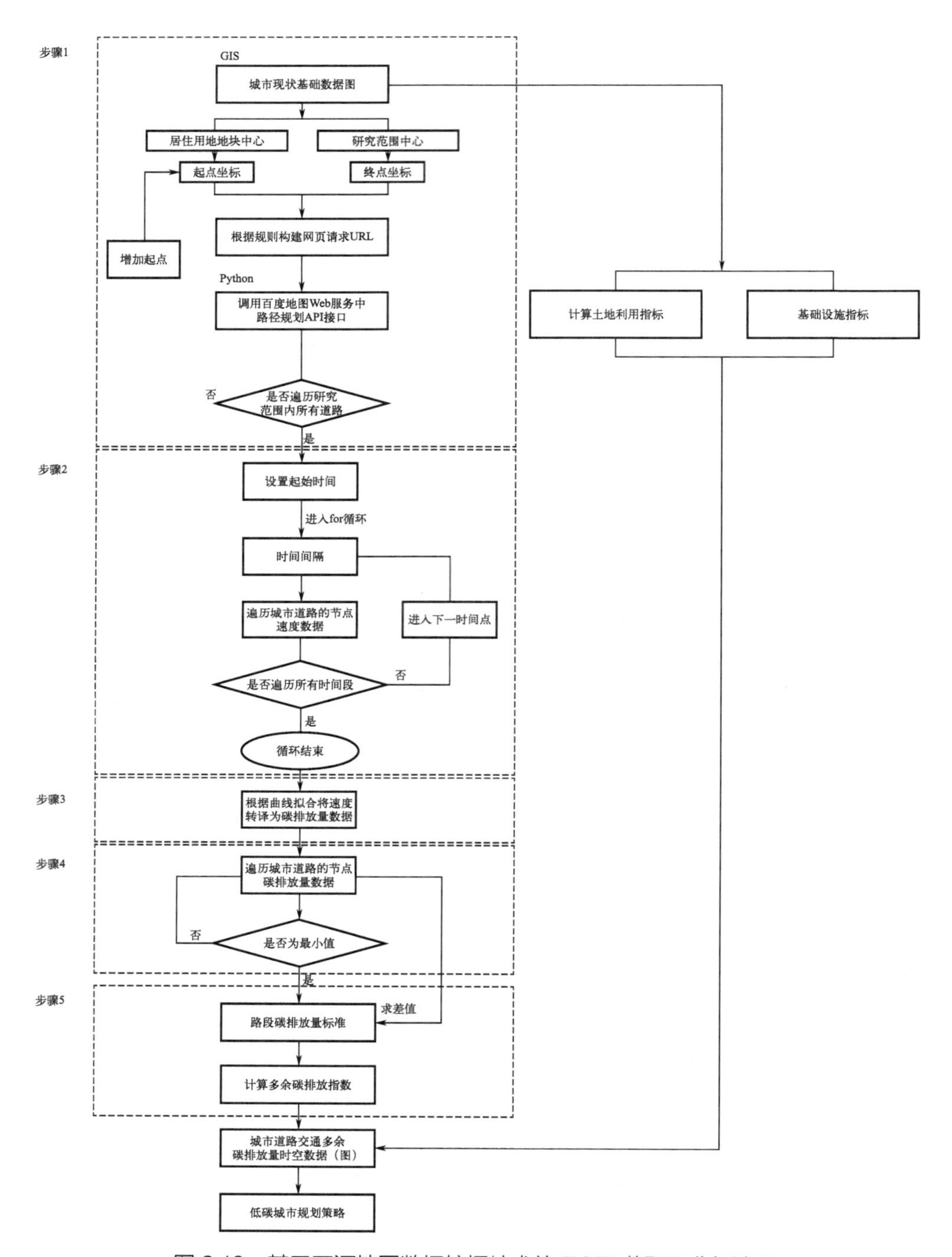

图 3.13　基于开源地图数据挖掘技术的 ECEI 获取及分析流程

3.3.4 实例分析及数据可视化

表 3.5 展示了以路径 1 为例，通过百度路径规划 API 接口获取的道路节点信息，主要包括：路径编号、节点坐标、道段距离、通过时间、交通状况、ECEI 与时间戳。

表 3.5　解析开源地图得到的道路速度数据样例

路段号	路段位置坐标经度/（°）	路段位置坐标纬度/（°）	路段耗时/s	路段距离/m	路况（0—无；1—畅通；2—缓行；3—拥堵）	ECEI（多余碳排放指数）	通过路段的时间戳
1	108.9584181	34.26426931	47	169	1	0.8176	7:00:10 PM
1	108.9584865	34.26578928	70	221	1	0.9241	7:00:45 PM
1	108.9604927	34.26590153	70	221	1	0.9241	7:01:20 PM
1	108.960363	34.26590094	137	728	1	0.3703	7:01:39 PM
1	108.9565415	34.26585462	137	728	1	0.3703	7:01:59 PM
1	108.954189	34.26579294	137	728	1	0.3703	7:02:18 PM
1	108.9538405	34.26599931	137	728	1	0.3703	7:02:38 PM

根据坐标，基于地理信息系统（GIS）创建解析的 GPS 行驶路径节点。图 3.14 提供了在路径上收集的节点数据的 GIS 可视化。红点表示从一个起点 j（住宅区）到一个终点 i（办公区域）的样本路径，灰点来自同时通过百度路径规划 API 创建的其他路径。

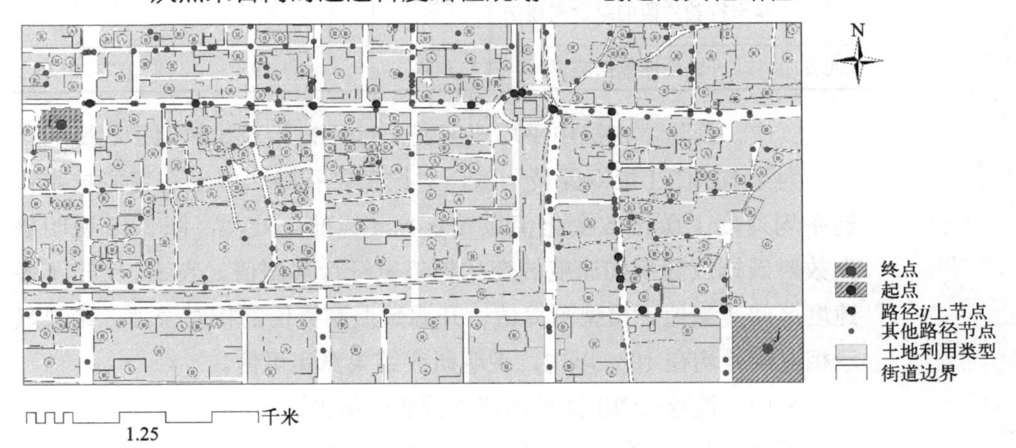

图 3.14　路径节点 GIS 可视化

基于地图 Web 数据服务构建的网页请求返回数据不仅包括路段、速度和时间，还包括路段上每个节点空间位置，使得碳排放指数 ECEI 具有时间、空间的双重属性。因此，多余碳排放指数与空间位置对应，可以准确定位路段毗邻的土地利用失衡及基础服务设施失配的城市空间。

3.3.5 ECEI 对拥堵碳排放的解释能力

分三步检验该指数对城市道路拥堵碳排放差异的评价能力。考虑到文献研究中对拥堵碳排放的计算过程复杂且含有大量假设的情境，因此，通过对比不同城市、不同测算方法的均值及中位数验证该指数的评价能力。由于轻型汽油车平均速度和 CO_2 相对排放因子的相关性极强，因此，首先需要衡量本方法测算道路平均行驶速度的准确度。由表 3.6 可以看出，本方法计算误差在 1% 以内，相比于行驶工况的模拟结果更接近实测平均值。

表 3.6 城市道路平均速度

城市	测试方法	车辆类型	平均速度 /（km/h）	相对误差 /%
西安	实测数据	LDV	16.83	—
西安	工况模拟 基于行驶片段的组合构建法	LDV	16.42	−2.436126
西安	开源地图数据测算	LDV	16.95	0.7130125

其次，衡量本方法中平均速度变化对 CO_2 相对排放因子的影响。

为了与 ECEI 量纲保持一致，对比郝艳召等由浮动车监测技术得到平均速度下碳排放变化值做 max-min 标准化处理，图 3.15 说明该指数对碳排放随平均速度的变化趋势更符合实测值。表 3.7 比较了各速度区间实测值、模型测算值、开源数据测算值的相对误差，结果显示相对误差均在 10% 以内，说明研究结果真实可信。

最后，检验 ECEI 衡量拥堵碳排放的能力。

根据 Zhang 等通过综合碳排放模型 Comprehensive Modal Emission Model（CMEM）模拟得到碳排放率数据，计算得到轻型车

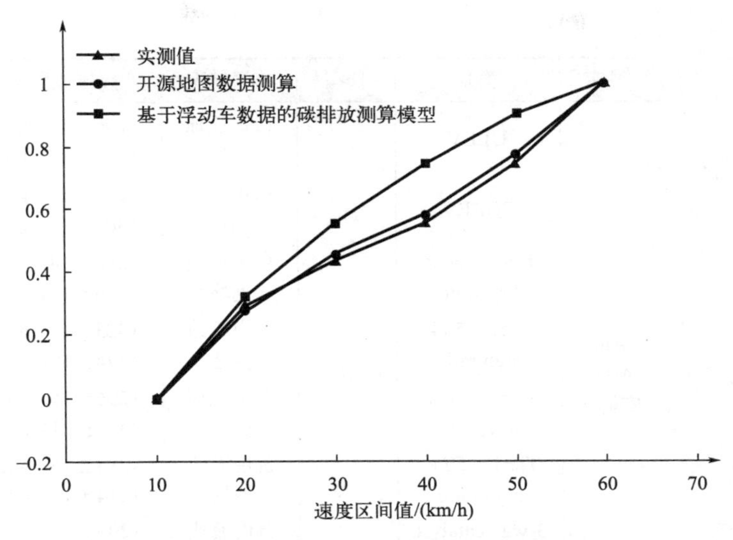

图 3.15 不同测算方法对 ECEI 随平均速度的变化趋势

表 3.7 轻型车不同速度区间二氧化碳排放差异

速度区间 /(km/h)	实测值		模型测算		开源数据测算		相对误差 /%	
	max-min	标准化	max-min	标准化	max-min	标准化	模型测算	开源数据测算
0~10	0.721g/s	0	0.706g/s	0	1.35g/s	0	0	0
10~20	1.046g/s	0.299	0.99g/s	0.322	1.95g/s	0.278	2.337	7.094
20~30	1.194g/s	0.435	1.197g/s	0.557	2.33g/s	0.454	12.218	4.266
30~40	1.329g/s	0.559	1.361g/s	0.743	2.61g/s	0.583	18.414	4.290
40~50	1.531g/s	0.745	1.508g/s	0.910	3.03g/s	0.778	16.516	4.376
>50	1.808g/s	1	1.587g/s	0	3.51g/s	1	0	0

在拥堵与自由流速时的 ECEI 变化值域；Liu 等应用国际机动车排放模型（International Vehicle Emission，IVE）和实地观测数据得到北京市主要道路轻型车交通碳排放的特征，见表 3.8。

表 3.8 轻型车拥堵与自由流速时 ECEI 值域

城市	类别	模型	交通状况	碳排放因子	ECEI
Ann Arbor 安娜堡	LDV 不同速度及加速度	CMEM	自由流速 拥堵	（293±17）g/mi （339±19）g/mi	0.155 ～ 0.297
	LDV 不同排放因子车型				

续表

城市	类别	模型	交通状况	碳排放因子	ECEI
Ann Arbor 安娜堡	ULEV	CMEM	自由流速 拥堵	(296±18) g/mi (307±18) g/mi	0.035 ～ 0.169
	SULEV		自由流速 拥堵	(295±18) g/mi (303±17) g/mi	0.022 ～ 0.155
	Tier1 < 50 k, low ratio		自由流速 拥堵	(290±14) g/mi (336±19) g/mi	0.149 ～ 0.286
	Tier1 < 50 k, high ratio		自由流速 拥堵	(323±17) g/mi (374±12) g/mi	0.135 ～ 0.261
	Tier1 > 50 k, low ratio		自由流速 拥堵	(296±15) g/mi (342±21) g/mi	0.142 ～ 0.292
	Tier1 > 50 k, high ratio		自由流速 拥堵	(284±16) g/mi (324±18) g/mi	0.14 ～ 0.276
	3-way catalyst with low ratio		自由流速 拥堵	(299±15) g/mi (348±20) g/mi	0.155 ～ 0.296
	3-way catalyst with high ratio		自由流速 拥堵	(320±15) g/mi (376±22) g/mi	0.161 ～ 0.305
北京	LDV	IVE	36.15km/h 16.16km/h	239.90g/km 481.60g/km	1.007
西安	LDV	开源地图数据	自由流速 拥堵	253.633 ～ 683.525g/km 303.762 ～ 845.048g/km	0.004 ～ 1.792

注：LDV：Light-Duty Vehicles, 轻型汽油车辆。

CMEM：Comprehensive Modal Emissions Model，综合碳排放模型。

IVE：International Vehicle Emissions，国际车辆排放模型。

ULEV：Ultra Low Emitting Vehicle，超低排放车辆。

SULEV：Super Ultra Low Emitting Vehicle，超超低排放车辆。

Tier 1 <50k, low ratio: Tier 1 标准，行驶里程少于 50000 英里（mi），低功率 / 重量比。

Tier 1 <50k, high ratio: Tier 1 标准，行驶里程少于 50000 英里（mi），高功率 / 重量比。

Tier 1 >50k, low ratio: Tier 1 标准，行驶里程超过 50000 英里（mi），低功率 / 重量比。

Tier 1 >50k, high ratio: Tier 1 标准，行驶里程超过 50000 英里（mi），高功率 / 重量比。

3-way catalyst with low ratio: 配备三元催化器，燃油喷射，行驶里程超过 50000 英里（mi），低功率 / 重量比。

3-way catalyst with high ratio: 配备三元催化器，燃油喷射，行驶里程超过 50000 英里（mi），高功率 / 重量比。

计算的拥堵状况下 ECEI 中位数、平均值与 K Zhang 等，L Huan 等的研究结果具有较高一致性，如图 3.16 所示。其中最值及分位数差异主要源于对全城路况的动态测评导致路段间自由流速差异、同一路段在不同时刻的路况差异等，但数值均在合理范围。

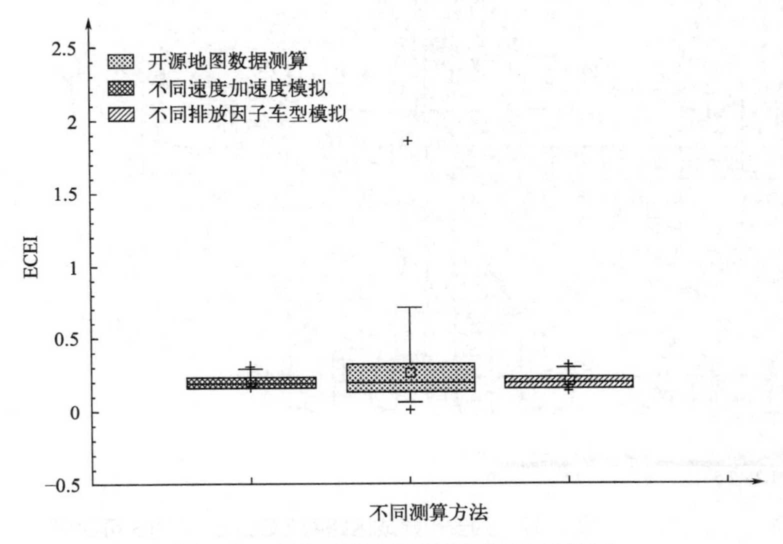

图 3.16　不同测算方法下拥堵 ECEI 值域

综上，说明 ECEI 指数能够准确反映平均速度变化对碳排放的细微影响，有效评价轻型车在城市不同路段、不同拥堵状况下的碳排放差异。

3.3.6 区域拥堵碳排放特征分析

由于天气、空气质量、道路交通事故等都会影响单个交通信息的准确性，因此在输入地图和分析之前，已经进行了大量的数据挖掘、转换、清理工作。这种数据处理方法能够提高交通统计数据在跨时间、跨区域交通拥堵累积二氧化碳排放效应估算的可靠性。此外，模型的稳健性经过数十亿 ECEI 进行检测。图 3.17 为数据采样两周内得到的 1288 个 ECEI 文件之一的 GIS 可视化结果。

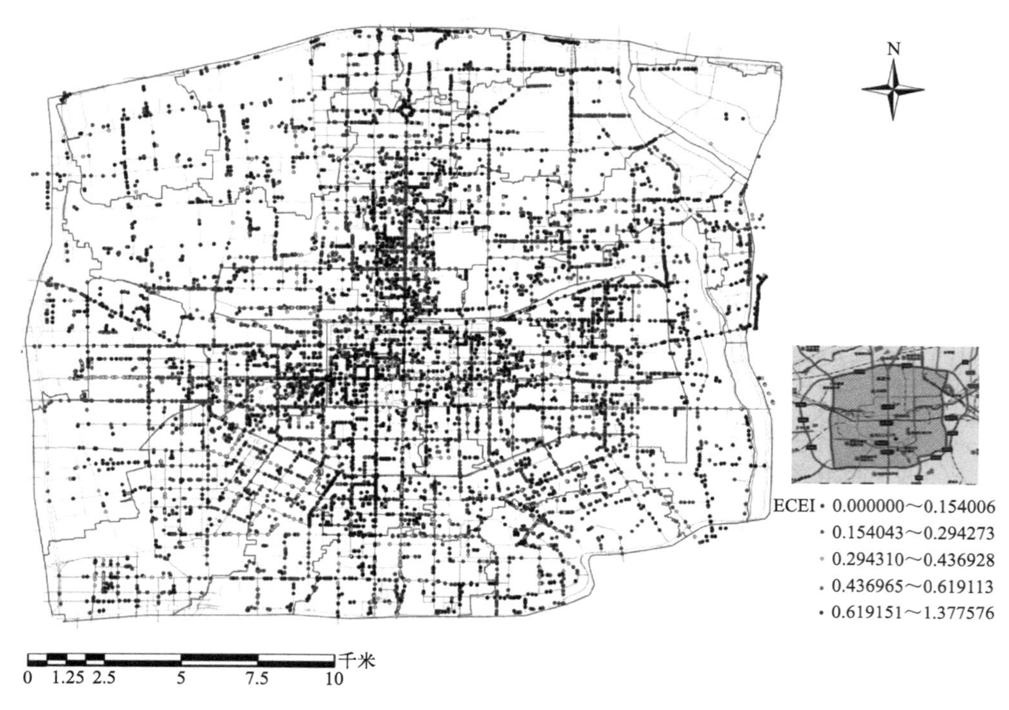

图 3.17　西安市建成区路网 ECEI 数据 GIS 可视化

变量的特征分析将以街道为分析单元进行数据结果可视化。图 3.18 展示了 51 个街道中某晚高峰的 ECEI 样本。总体而言，ECEI 由城区中心到边缘呈放射状递减。其中，商业和住宅功能区的 ECEI 相对较高。

选择交通高峰时段的路况数据分析拥堵碳排放效应。通过回归分析解释因变量（停车设施）对 ECEI 的影响。根据 T Shen 等对拥堵特征的研究方法，以路段为单位获取实时动态的 ECEI 数据，并求街道单元内平均值作为回归模型自变量。数据挖掘过程中基于平均处理，以减少噪声数据。以路段为单位获取 ECEI 求取街道平均值，有助于提高数据的分辨率和准确性。同时，研究对象的特征信息不会发生变化。挖掘过程并不是为了限制处理和分类方法，而是为了确定研究尺度，以满足特定的研究目标。

图 3.18 西安城市建成区 51 个街道 ECEI 指数

3.4 拥堵碳排放时空分布规律及衍生机理

3.4.1 回归模型构建

如前所述，影响拥堵主要是交通和土地利用两方面原因，因此，通过回归分析控制城市形态（土地利用）及其他社会因素对拥堵造成的影响，分析停车设施规划要素对拥堵的影响程度和形成原因。回归模型可以构建如式（3.11）：

$$\mathrm{ECEI}_{l(\max)} = a_0\mathrm{LUM}_l + a_1\mathrm{SI}_l + a_2\mathrm{SDR}_l + a_3\mathrm{SD}_l + a_4\mathrm{PD}_l + a_5\mathrm{FEE}_l + a_6 i\mathrm{MORNING} + a_7 i\mathrm{WEEKENDS} + \varepsilon_l \tag{3.11}$$

式中，a_0、a_1、a_2、a_3、a_4、a_5、a_6、a_7为回归模型中的系数，用于表示每个自变量对被解释变量的影响程度，系数的大小和符号（正负）表明每个自变量对ECEI（max）的贡献和方向；LUM_l为土地利用混合度，表示某区域内不同土地用途的混合程度；SI_l为居住密度，表示某区域的居住面积密度；SDR_l为停车设施供需比，表示区域内停车位供应量与需求量的比值，评估停车设施是否充足；SD_l为停车位密度；PD_l为区域停车场密度；FEE_l为区域的小时停车收费；*i*MORNING表示是否早高峰，其中1为早高峰，0为晚高峰；*i*WEEKENDS表示是否为周末，其中1为周末，0为周内；ε_l为误差项，反映模型中未解释的随机波动。

3.4.2 数据来源

如前所述，由于传统城市研究方法对数据获取及分析方法的局限，长期以来，停车与土地利用的互动影响交通拥堵原因尚不明确。虽然高密度和高土地利用混合度被认为是可持续的城市形态模式，有助于减少小汽车依赖及停车需求，但停车需求与土地使用强度成正比，城市高密集区将吸引更多的停车需求，停车供需不匹配将引发更加严重的交通拥堵。利用ECEI构建计量回归模型，衡量拥堵道路交通碳排放的时空差异特征，探讨静态交通规划（停车规划）对拥堵碳排放的影响机理。表3.9为各变量的描述性统计特征，表3.10检验了变量的共线性和多重共线性，验证了回归分析的有效性。

表3.9　各变量描述性统计

变量	定义	平均值	最大值	最小值	标准差
ECI	次生碳排放指数（以街区为单位统计）	0.019	0.118	0.003	0.03
SDR	停车设施供需比	0.474	1.048	0.194	0.196
SD	每千米停车设施位的对数值	3.328	3.831	1.910	0.347
PD	每千米停车场数的对数值	1.673	2.183	0.418	0.376
SI	建筑密度	0.283	0.457	0.065	0.092

续表

变量	定义	平均值	最大值	最小值	标准差
LMI	土地利用混合度	0.498	0.733	0.097	0.160
FEE	停车收费	2.684	5.053	2	1.125
*i*MORNING	是否早高峰 0= 晚高峰，1= 早高峰	0.499	1	0	0.500
*i*WEEKENDS	是否周末 0= 周内，1= 周末	0.453	1	0	0.498

表 3.10　变量共线性分析表

变量	VIF	1/VIF
SDR	3.73	0.268050
SD	4.03	0.248196
PD	3.96	0.252372
SI	3.84	0.260428
LMI	1.64	0.610174
*i*MORNING	1.00	0.999407
*i*WEEKENDS	1.00	0.999985
平均 VIF	2.74	

VIF（Variance Inflation Factor）为方差膨胀因子，用于衡量一个自变量与其他自变量之间的多重共线性程度。一般来说，当 VIF 值大于 10 时，认为存在较强的多重共线性；而 VIF 值越接近 1，表明多重共线性越小。1/VIF（Tolerance）为容忍度，是 VIF 的倒数，表示某个自变量与其他自变量之间的独立性。1/VIF 值越接近 1，表示该自变量与其他自变量的共线性越低。从表 3.10 中的数据可以看出，SDR、SD、PD、SI 变量的 VIF 值相对较高，接近 4，表明这些变量之间存在一定程度的多重共线性，但尚不算严重。LMI 变量的 VIF 为 1.64，表明多重共线性较低。*i*MORNING 和 *i*WEEKENDS 变量的 VIF 值为 1，表明它们几乎没有多重共线性问题。总体而言，分析结果平均 VIF 为 2.74，表明总体上各自变量之间的多重共线性不严重，分析结果可信。

表 3.11 为对模型的 OLS 回归结果。通过逐次增加解释变量考察

得模型稳健性较好，城市形态指标在停车设施测度上增加了模型的稳健程度。可以看到，从城市空间角度，模型（a）、（c）表征建筑密度、土地利用混合度对街区次生碳排放指数有显著负向影响；模型（b）、（c）表征停车供需指数、停车场密度对次生碳排放指数存在显著负相关关系，与停车设施密度呈现显著正相关关系；从时间角度，模型（a）～（c）均表明，相较于早高峰，晚高峰时街区 ECEI 指数高出 0.033 个（0.002×0.5/0.03）标准差，相较于周末，周内街区 ECEI 指数高出 0.011 个标准差。具体而言，首先，建筑密度、土地利用混合度在模型（a）、（c）中均在 5% 置信度下显著，并且相较于土地利用混合度，建筑密度的改变对于 ECEI 指数的影响更为明显，在模型（c）中，建筑密度每增加一个单位，其碳排放指数降低 0.024 个标准差；其次，停车供需比在模型（b）、（c）中均在 1% 置信度下显著，供需比每降低 1 个单位，ECEI 指数升高 0.030 个标准差。在模型（b）、（c）中停车设施密度、停车场密度均在 1% 置信度下显著，停车设施密度每增加 1 个标准差，ECIE 指数上升 0.031 个标准差；停车场密度每增加一个单位，ECEI 降低 0.02 个标准差。

表 3.11　ECEI 多余碳排放指数的影响因素分析

模型	(a)	(b)	(c)
SDR		−0.0052②	−0.0052②
		(0.0005)	(0.0007)
SD		0.0038②	0.0049②
		(0.0002)	(0.0003)
PD		−0.0021②	−0.0037②
		(0.0002)	(0.0002)
SI	−0.0018①		−0.005②
	(0.0009)		(0.0017)
LUM	−0.0005①		−0.0008①
	(0.0006)		(0.0006)
FEE	−0.0009②	−0.0007②	−0.0006②
	(0.0001)	(0.0001)	(0.0001)
*i*MORNING	−0.002②	−0.002②	−0.002②
	(0.0001)	(0.0001)	(0.0001)

续表

模型	(a)	(b)	(c)
*i*WEEKENDS	−0.0007②	−0.0007②	−0.0007②
	(0.0001)	(0.0001)	(0.0001)
Constant	0.0085②	0.0041②	0.0031②
	(0.0003)	(0.0007)	(0.0007)
Adjusted R^2	0.289	0.324	0.329
Number of observations	1428	1428	1428

①②分别表示 5% 和 1% 的显著性水平。

注：Constant：常数项，也称为截距，表示自变量的值为零时，因变量的预测值。

Adjusted R^2：调整后的决定系数，调整后的 R^2 值介于 0 ~ 1 之间，用于衡量自变量对因变量的解释程度。

Number of observations：观测值数量，指用于回归分析中的数据点的数量，它代表了模型中样本的总数。

括号内数值表示标准误差。

3.4.3 时间特征（潮汐性）

从时间角度，分析结果表明，相较周末、早高峰，周内、晚高峰时街区道路交通碳排放量更高。模型（a）、（c）表明，周末街区 ECEI 指数更低，这可能归因于通勤交通需求在周末时明显减少。并且相比于土地利用混合度及停车密度系数的变化，供需比系数的明显提升意味着停车供需失衡对晚高峰碳排放量的增加影响更大。当停车供给一定，说明晚高峰时停车需求增加。此外，模型（b）*i*WEEKENDS 系数为负，表明周末停车交通设施对道路碳排放量的影响更低，这可能与周末居民在家休息或出城郊游减少了对市内交通设施的需求有关，这与 Z Wang 等研究结论中城市客运二氧化碳排放量 75.5% 来自汽车的结论一致。因此与 G Yao 等的研究中私家车出行的通勤比例占到了 65% 的结论一致，以小汽车为主的通勤交通需求可能是造成工作日道路交通高碳排放的主要原因。因此，从降低道路交通碳排放的角度出发，应重点关注与工作日晚高峰居民活动产生、目的地相关的城市规划措施。首先，考虑提升街区内办公用地与商业用地混合度，提升商业用地公共交通可达性与办公用地的公共交通连通度，鼓励居民在周内晚高峰时采用低碳交通方式出行；其次，从基础设施规划角度，建议以晚高峰商业用地对车辆的吸引力配置街区内停车设施指标。

在工作日（比周末）和晚上的高峰时段（比早上的高峰时段）的ECEI更高。交通在早上高峰和周末产生较少的拥堵排放。一个可能的解释与减少周末通勤交通和减少早上高峰时段的通勤车辆有关。因此，根据ECEI的时间特征，通勤者将是减少高峰时段交通拥堵的主体。该分析证实了H Yang等的研究结论，早上高峰时间的出行意向主要是从家到办公室，但是下班后，居民可能会开车进行多种放松活动。

西安市交通拥堵碳排放的潮汐性特征主要体现在周内、周末，及一天内早晚高峰的周期性变化（图3.19、图3.20）。由数据分析可知，周末及节假日道路交通并没有出现明显的早高峰，晚高峰出现在18:00—19:00，并且21:00之后停车需求迅速下降。就拥堵状况而言，周一至周四拥堵状况较为平稳，周五及周末ECEI指数明显增加。尤其对商业及娱乐用地停车设施的使用需求，周末比工作日约高出20%。

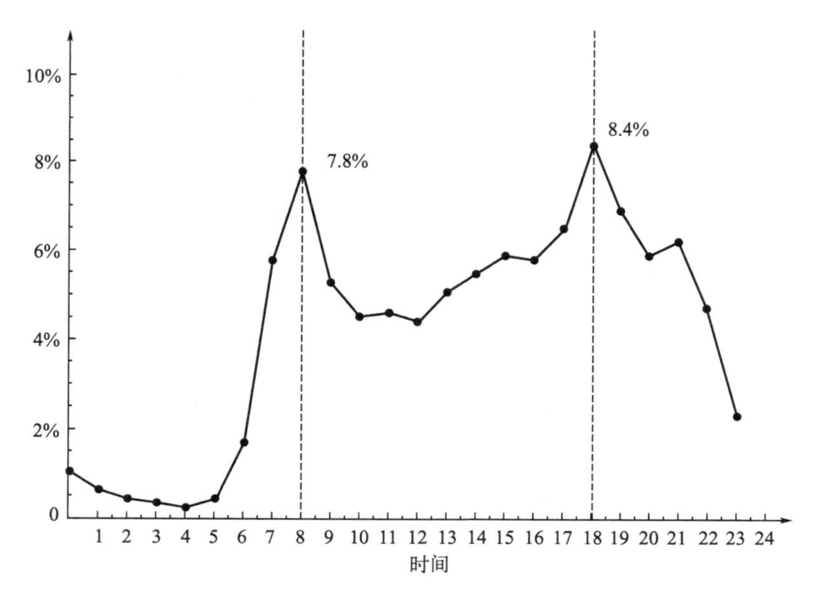

图3.19 工作日出行时间分布

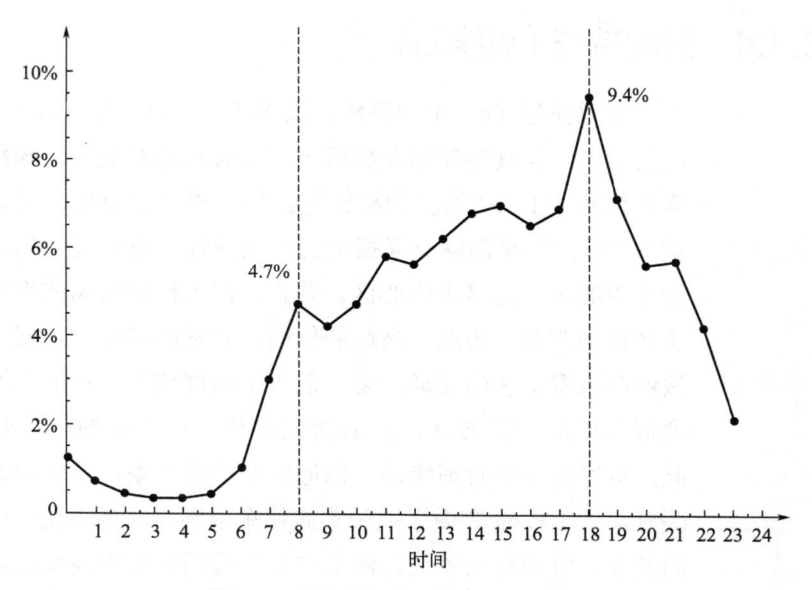

图 3.20　周末及节假日出行时间分布

根据工作日早高峰（08:00—09:00）西安市内城市建成区停车供需差异较大的区域为：未央区及雁塔区，其中，主要道路如：南三环、大寨路、丈八四路、矿山路翠屏湾等，周边容易出现潮汐性拥堵。这种潮汐性拥堵行车的主要原因为通勤车辆。研究结果表明，在早晚高峰，西安市通勤造成的潮汐性线状拥堵主要集中在城市的南北、东西主轴，以及钟楼向西的西三环、西二环附近。就拥堵碳排放区域特征而言，西南较东北区域拥堵状况更为严重。城市早高峰时，拥堵由城市中心开始，由南向北逐渐扩散；晚高峰时，拥堵从南部开始向北逐渐疏散，见图 3.21。

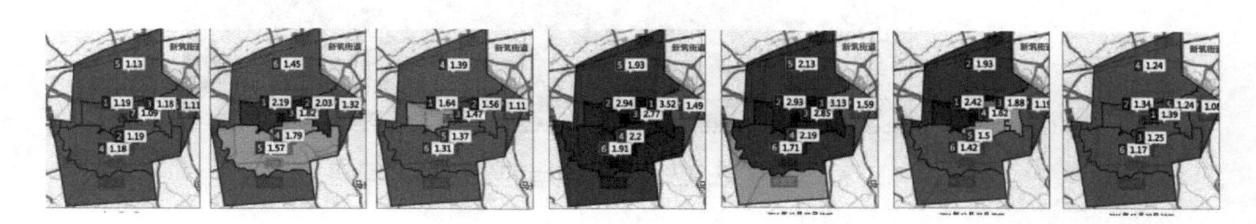

图 3.21　城市拥堵特征潮汐性变化趋势（天）

3.4.4 空间特征（点线面）

参考模型（c）中的系数，供求比（SDR）与 ECEI 之间存在显著的负相关。与其他停车参数相比，SDR 的系数最大。该结果表明，供需矛盾对于 ECEI 的影响相比于其他因素更加重要。因此，填补停车供求“缺口”是消除交通拥堵的有效途径。由前文可知，供需差异更加集中的区域为城市中心区。并且，停车价格较高的地方，停车供求矛盾更加明显。因此，高昂的价格、有限的停车位使城市中心区的非法停车引发更多的交通拥堵。但对于高度建设完备的主城区，尤其是类似西安的历史城区，其旧街道寻找新停车场的用地非常有限。因此，更好的需求管理策略，例如停车价格调整，是当代城市的潜在解决方案。H Yang 等做了关于实施停车限制对交通系统性能的研究，他们发现，争夺有限的公共停车位是交通拥堵的重要来源。因此，对于城市中心区及其紧缺的停车设施现状，应高度重视减少停车需求方面的策略。因此，针对城市建成区不同的土地利用及停车供需现状，有如图 3.22 所示的停车缓堵的分区规划策略。

图 3.22 停车缓堵的分区规划策略

以上分析结果印证了当停车供给无法满足需求时交通碳排放增多的现象，与 H Yang 等关于停车设施对通勤早高峰期拥堵影响的研究中，认为停车供需关系的失衡是其造成通勤高峰期交通拥堵主要原因的结论一致。并且随着数据获取精度的提高，研究发现，街区碳排放的减少受到停车位与停车场密度的制衡影响。其次，龙瀛等通过城市形态、交通能耗和环境影响集成的多智能体模型（Multi-agent）研究结论认为，密度及土地利用混合度对交通碳排放量有显著影响，认为城市空间形态的分异性影响道路交通碳排放，高密度及高土地利用混合度有助于街区碳排放量的降低。最后，研究发现停车基础设施在一定程度上弱化了城市形态对道路交通碳排放量的影响，证实了以停车设施调控土地利用对机动交通的吸引是低碳交通规划的有效方法。因此，研究表明，基于次生碳排放指数的测算分析方法与传统通过化石能源消耗量估算及新型多智能体系统（Multi-agent Systems，MAS）在城市与交通规划对交通能耗及碳排放影响的研究中得出了较为一致的结论，说明该方法具有准确反映道路交通碳排放特征的能力，具有可操作性强、简便易行的优点。

3.4.5 衍生机理分析

3.4.5.1 停车供需的时空差异对交通拥堵的影响

对比模型（b）、（c），SDR 的系数明显高于其余影响因素。这说明与其他土地利用和停车位可用性参数相比，停车位供需差异对拥堵碳排放的影响最为显著。H Yang 等的研究也指出，停车位供应量与土地使用强度直接相关，这意味着会产生与夜间车辆活动有关的土地使用类型的停车需求。因此，通过将其与夜间停车需求相关联来研究西安市区的拥堵管理，将更容易研究土地使用类型。

根据西安城市规划对城市功能的划分，三环以内建成区居住用地聚集在北部未央区、南部曲江新区；雁塔区是作为产业、商业、旅游核心区，区内集合西安高新技术企业、高新技术产业开发、工业园区等，员工通勤带来早晚高峰大量的通勤停车需求。晚高峰城市交通拥堵区域主要集中在商圈、办公、餐饮娱乐用地周边。交通需求高峰期反映出一些商圈、密集场所的交通吸引力停车供需差异。在通勤高峰期，交通流主要集中在城市功能聚集区及连接办公居住用地的城市主干道周边。

3.4.5.2 停车 – 土地利用雷达分析图结论

雷达图的边数代表土地利用类型数，边数越多，说明该街道内土地利用类型越丰富，居民选择长距离跨区交通，以满足生活需求的可能性小。以新城区为例，从 LMI 土地利用混合度及模型回归分析结果发现，由于街道土地利用功能过于单一（混合度低），居民为了日常生活需求而不得不选择跨区的长距离交通，造成该区域 ECEI 提高。图 3.23 所示，与其他街道相比，太华路街道和自强路街道的土地利用结构明显不均衡。土地使用和停车设施的配置失衡导致长途相关的跨区域交通。通过对城市各街道的停车 - 土地利用结构分析，在街道尺度内获得更准确的与停车相关的土地利用功能缺失，可为停车数据在可持续的土地利用结构调整中提供可行的应用及分析方法。因此，结合前文的共享停车策略，考虑使用特定的土地利用优化方案。研究结果将有助于优化土地利用功能，利用停车需求的时差减少停车巡航距离。

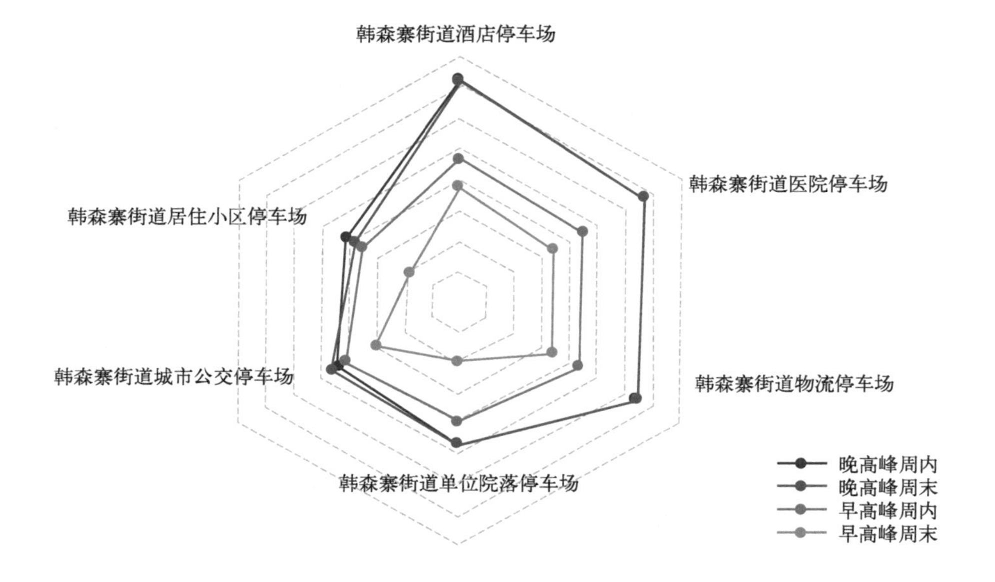

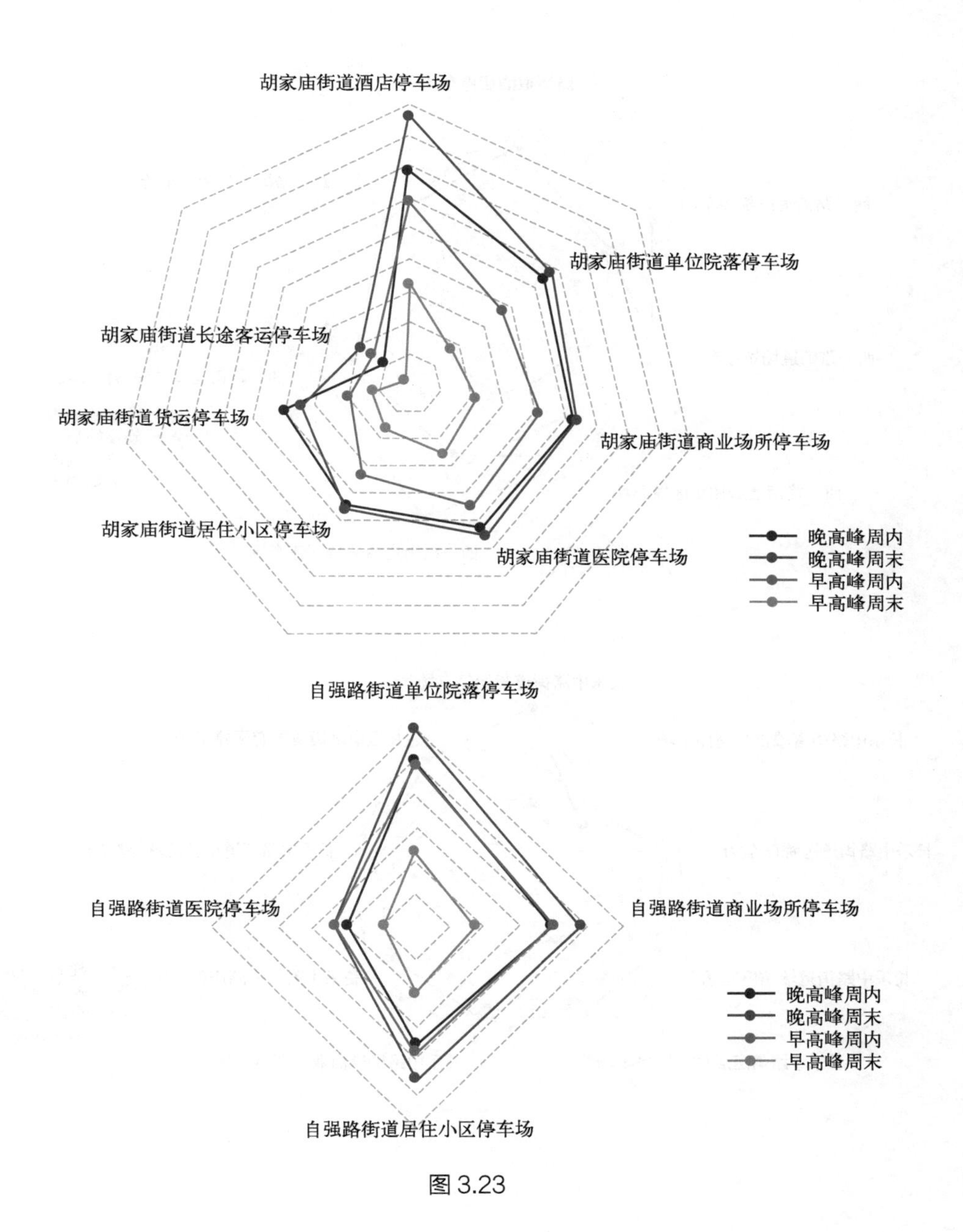
胡家庙街道酒店停车场
胡家庙街道单位院落停车场
胡家庙街道长途客运停车场
胡家庙街道货运停车场
胡家庙街道商业场所停车场
胡家庙街道居住小区停车场
胡家庙街道医院停车场
晚高峰周内
晚高峰周末
早高峰周内
早高峰周末
自强路街道单位院落停车场
自强路街道医院停车场
自强路街道商业场所停车场
晚高峰周内
晚高峰周末
早高峰周内
早高峰周末
自强路街道居住小区停车场

图 3.23

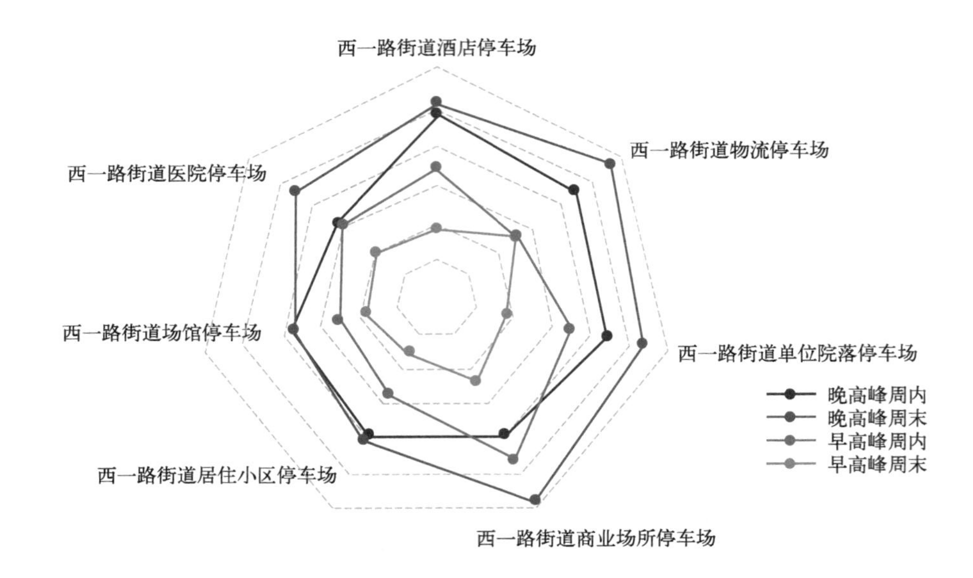
西一路街道酒店停车场
西一路街道物流停车场
西一路街道医院停车场
西一路街道场馆停车场
西一路街道单位院落停车场
晚高峰周内
晚高峰周末
早高峰周内
早高峰周末
西一路街道居住小区停车场
西一路街道商业场所停车场

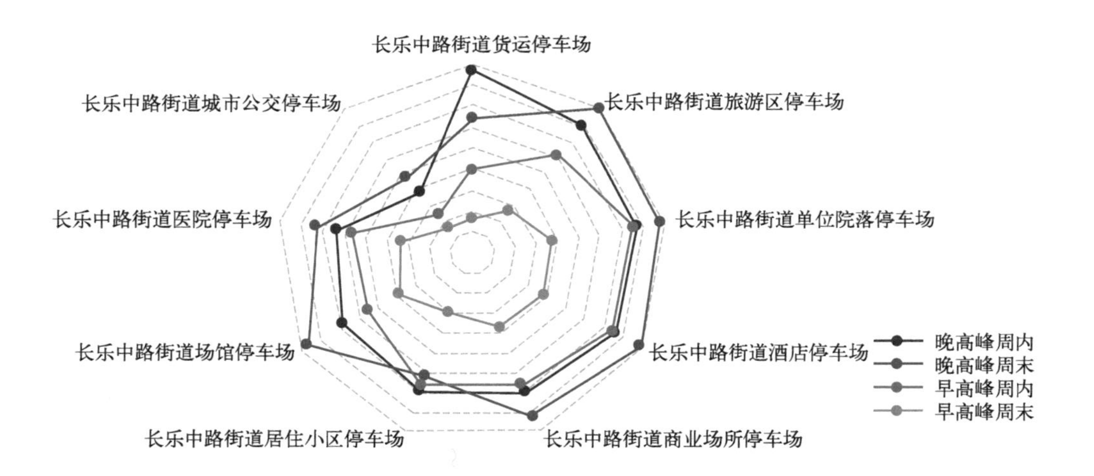
长乐中路街道货运停车场
长乐中路街道城市公交停车场
长乐中路街道旅游区停车场
长乐中路街道医院停车场
长乐中路街道单位院落停车场
长乐中路街道场馆停车场
长乐中路街道酒店停车场
晚高峰周内
晚高峰周末
早高峰周内
早高峰周末
长乐中路街道居住小区停车场
长乐中路街道商业场所停车场

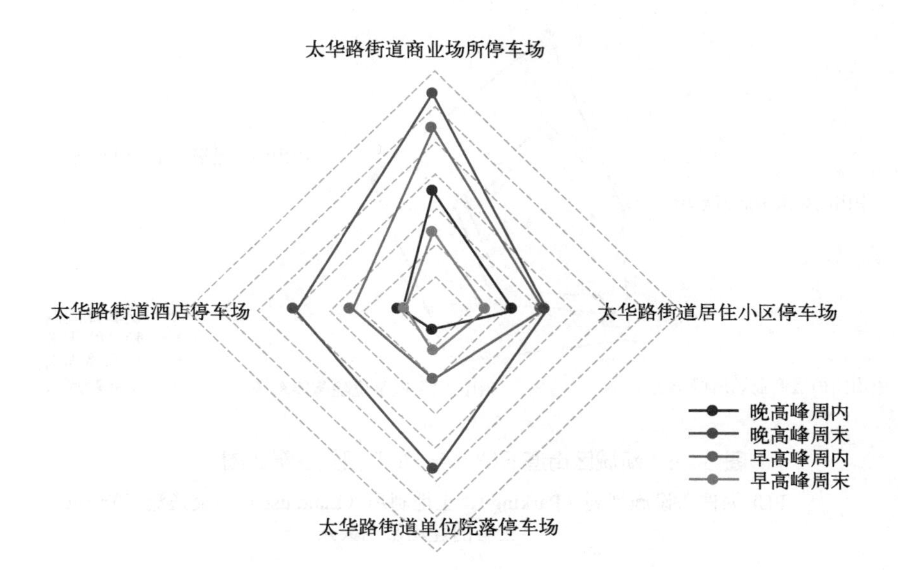
太华路街道商业场所停车场
太华路街道酒店停车场
太华路街道居住小区停车场
太华路街道单位院落停车场
晚高峰周内
晚高峰周末
早高峰周内
早高峰周末

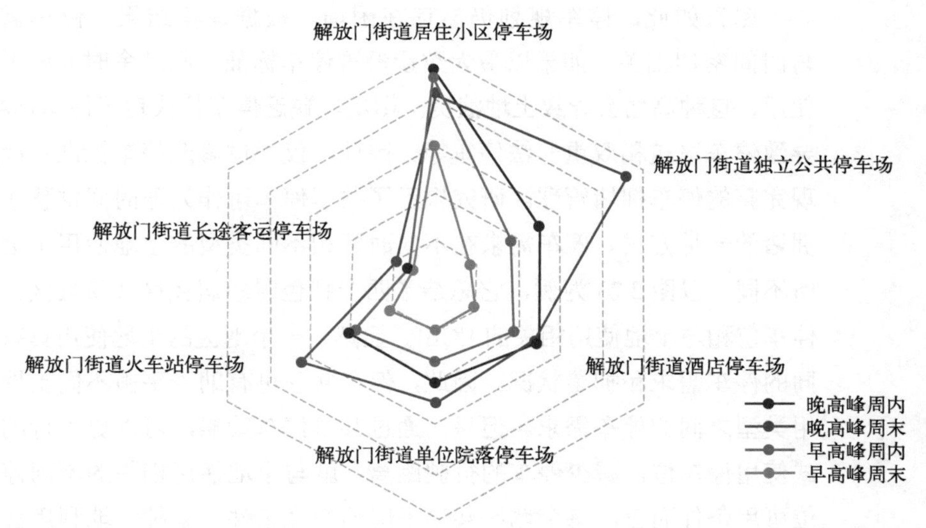
解放门街道居住小区停车场
解放门街道独立公共停车场
解放门街道长途客运停车场
解放门街道火车站停车场
解放门街道酒店停车场
解放门街道单位院落停车场
晚高峰周内
晚高峰周末
早高峰周内
早高峰周末

图 3.23

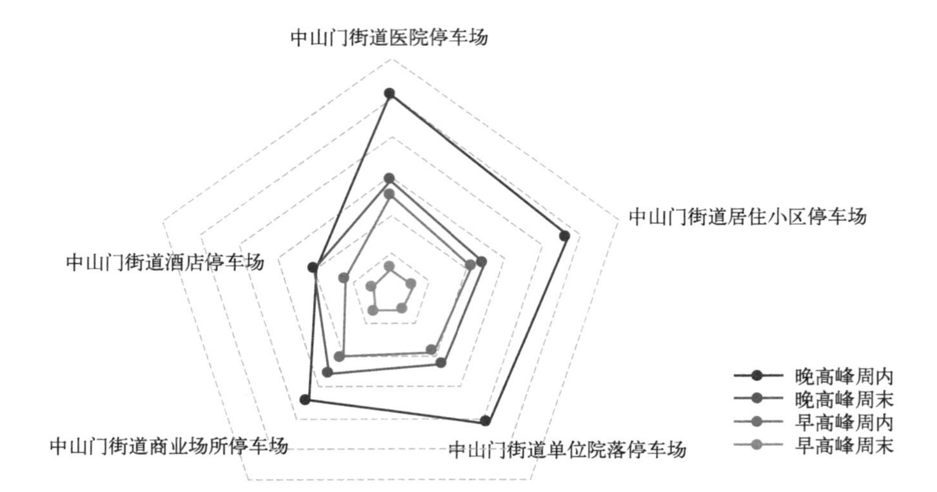

图 3.23　新城区街道 ECEI 与 PLT 相关性雷达图

PLT 为停车设施规划（Parking）、土地利用（Land use）与交通流（Traffic）三者的互动影响关系

尽管如此，停车规划仍然存在困境。根据建模结果，停车需求与时间密切相关。如果以最大数量设置停车标准，则其余时间将无人使用，这种高估会导致土地浪费。相反，缺乏停车位决定了停车拥堵，导致停车巡航和双重非法停车等。因此，仅通过修改停车标准不能实现完整的停车拥堵管理。研究揭示了共享停车可作为随时间推移缓解拥堵的一种方式。停车需求在不同时间和不同类型的土地使用上会有所不同。以图 3.23 为例，它总结了四个特色时段居民区（新城区）的停车位和与土地使用相关的 ECEI。显然，一个地区的土地使用具有不同的停车需求和拥堵状况。因此，停车共享可有助于平衡不同土地利用类型之间的停车需求。但是，通过共享停车策略，可以更可行的方式使用停车位，减少停车的行驶距离。就与土地使用相关的不同停车位可用条件而言，每个地区共享不同的交通条件。某种土地利用优化策略只能满足一段时间的拥堵缓解。因此，参考停车共享策略的文献，主要缺点是缺乏固定的评估标准，没有尝试研究合理的拥堵缓解策略。

根据雷达分析图中的结果，研究提供了有关如何优化不同地区土地使用类型的证据。通过分析多种土地利用和停车类别下的 ECEI，可以通过减少严重情况下的拥堵缓解来做出妥协。例如，图 3.24 中，在长乐西路住宅区，停车所包围的住宅用地在傍晚高峰期受到的拥堵影响最轻。与其他土地利用类型相比，与住宅相关的停车场拥堵问题不太可能发生。研究发现可通过共享住宅和官方停车设施来缓解拥堵。因此，在不同土地利用功能之间共享停车位是提高停车位利用率的有效途径。最佳的土地利用功能有助于填补供需缺口，平衡停车不足和不同地区的可用性。

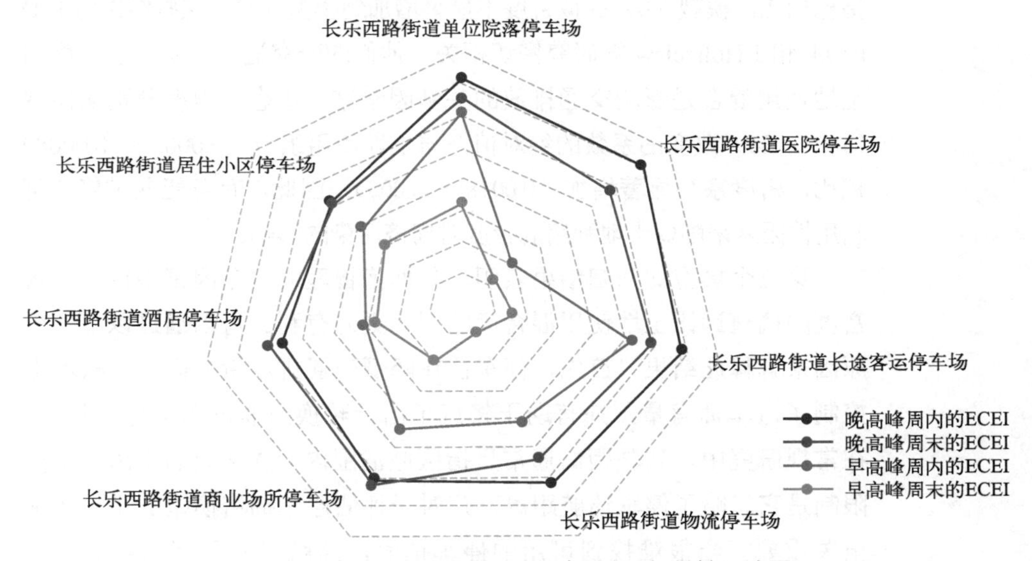

图 3.24　长乐西路街道 ECEI 与 PLT 相关性雷达图

3.4.5.3　停车设施密度对路网交通状况的影响

研究结果表明，停车场和停车位密度对居住区内的拥堵排放具有一定的影响。停车密度与拥堵的 CO_2 效应具有显著的相关性。这一发现证实了停车计划（包括分配和金额）可通过两种方法来缓解拥堵。首先，增加停车场密度，减少停车场的巡游时间和距离，从而节省燃油消耗，减少污染。此外，单个汽车的停车时间短，将导致其他汽车的排放率较低。其次，应该限制停车位的密度。密集的停车位会导致出口处的进出车辆过多，从而导致前向交通的失真。回归模型提供了进一步的证据，表明可用停车位的因素削弱了土地利用对二氧化碳排放的影响。具体而言，调整后的R^2从模型（a）中的0.289增加到模型（c）中的0.329，而调整后的R^2从模型（b）中的0.324增加到模型（c）中的0.329。这一结果表明，停车位作为限制土地使用强度的一种手段，在减少与排放相关的交通拥堵方面可能更容易实现。具体地说，停车位增加了土地使用密度对车辆排放的影响，同时降低了土地使用混合效应。与模型（b）一样，具有停车可用性变量的ECEI的预测能力高于模型（a）中仅应用土地使用的变量。此外，与模型（a）中添加的停车指标相比，模型（b）的拟合度不显著增加到模型（c）。这些结果与L D Frank和J Holtzclaw的研究密切相关，他们的研究进一步支持了密度和土地使用混合是影响交通排放的关键因素这一概念。根据分别从模型（a）～（c）改变的系数的绝对值，与土地使用组合（0.0005～0.0008）相比，密度系数显著增加（0.0018～0.005）。因此，有可能通过停车可利用性因素来削弱土地利用混合度对拥挤污染的影响。

这三个模型的回归结果表明，与拥堵管理的停车因素平行，建筑密度的调整远比土地使用混合度的调整更为有利。可以通过以下三个原因来解释此结果。首先，停车位在降低交通排放量方面，从根本上控制了汽车拥有量，并有助于将汽车出行转换为非汽车选择。其次，在常规研究中，驾驶距离通常是指区域范围内OD之间的距离。主要限制是它忽略了停车巡航距离，这对于评估停车拥堵模型的排放水平至关重要。当很难找到可用的停车位时，巡航时间和距离将大大增加。因此，花在巡航上的时间和距离在某种程度上将抵消土地用途混合对节省旅行距离的影响。再者，密度在公共交通使用水平中起着至关重要的作用。结合停车位优化，密度的增加将鼓励更多的旅行者使用公共交通工具。

3.5 基于供需平衡的停车规划缓堵的基本原理

停车设施的调控作用具体体现为：公共车位对车辆使用的调控，

比如通过制定停车共享政策，优化停车资源的配置，减少停车巡航的时间等。自备车位可对小汽车拥有率进行调控。同时，更加合理的新建停车场规划方案，将减少由于车位供给不足造成的非法停车行为及其造成的交通拥堵污染问题。然而，停车场类型并不是影响居民对停车位选择的主要因素，周华珍的研究表明，从便利性出发，驾驶员常常选择可达性最高的停车场停靠。因此，停车设施可达性成为影响交通流速度、碳排放量的关键调控因素（图 3.25）。近年来，公路建设加快，我国道路车辆承载数增加迅速，车路矛盾大幅增加，城市交通拥堵状况不断恶化，其中拥堵造成的机动车碳排放量约高出自由流速的 50%。因此，减少道路交通碳排放，尤其通过优化交通、土地利用结构减少拥堵，是低碳城市可持续发展研究的重要问题。目前，以低碳出行为导向的交通需求管理已成为低碳城市研究领域普遍关注的问题。若将平均车速由 20km/h 提高至 30 ～ 40km/h，平均油耗将降低 20% ～ 40%，减排 40%。

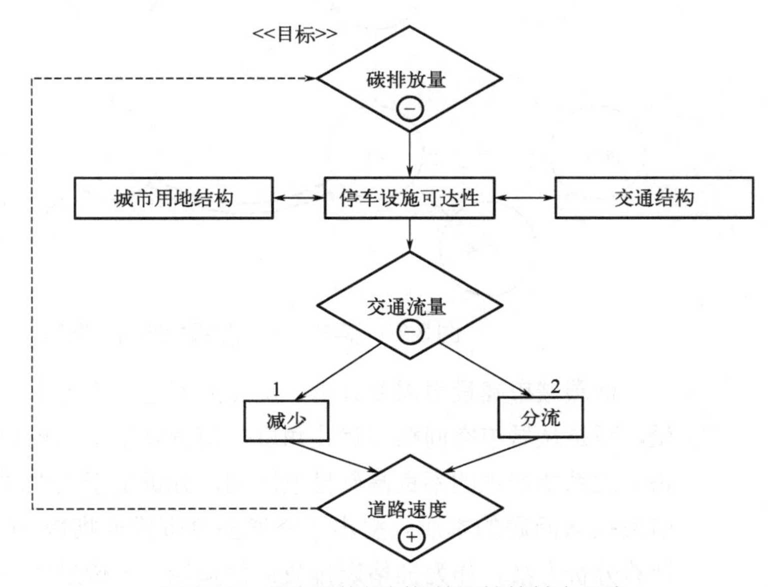

图 3.25　停车设施规划缓堵调控的基本思路

如前文所述，停车设施的规划与交通结构和土地利用结构密不可分，又相互制衡，相互影响。土地利用的合理规划，可以减少居民对机动车交通的使用需求及停车需求，从而改变依赖小汽车出行的城市交通结构。因此，利用控制论原理，通过调控停车设施的可达性，实现土地利用结构及交通结构的协调、优化，如何配置停车位数量及停车场空间分布，协调区域交通问题值得思考。

目前已有研究对停车类型及配建指标的规划忽略了停车共享对停车供需关系的影响。不同建筑类型提供服务的时间特征不同，带来停车需求的时间差异。交通高峰期，常常出现某个（些）停车场泊位供不应求、附近停车场车位闲置的现象。这种停车资源供给 - 需求时空关系的不匹配造成的拥堵，即使增加再多的停车泊位，也难以缓解特定区域的停车供需矛盾。因此，如图 3.26 所示，利用时空差异特征，寻求供需关系的平衡。“供需总量平衡”和“时空动态平衡”是后续章节探索的停车缓堵的基本原则。

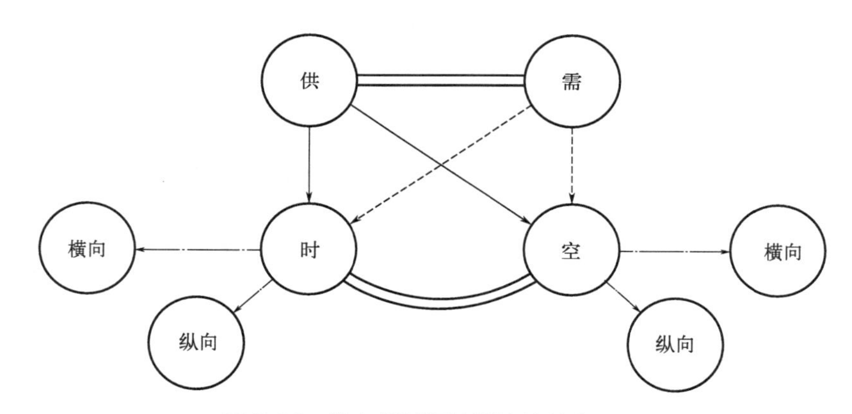

图 3.26　停车规划调控缓堵的基本原理

低碳城市建设更需要分析、降低的不是道路基本交通流的碳排放量，而是从城市空间格局优化角度，衡量城市空间规划组织失衡对道路交通系统产生的不良高碳排放影响，分析由于土地利用规划失衡而引发拥堵问题的本质。提出“交通多余碳排放指数 ECEI”的概念及计算分析方法，作为拥堵碳排放评价指标，评价道路在不同时间与空间状况下的多余碳排放状况，弥补传统交通碳排放数据获取、对城市不同空间尺度道路交通拥堵碳排放量特异性分析的局限性。首次利用大数据挖掘技术，实现了全尺度交通拥堵碳排放特征的动态获取，使土地利用与交通系统的协同分析、优化成为可能。

运用多元回归模型分析了土地利用、停车场可利用性和ECEI之间的三元关系。研究结果表明：停车位供需比、密度和土地利用混合度与拥堵碳排放量呈负相关关系；低密度停车场和高密度停车位增加了居住区的交通拥堵，同时也对紧凑型土地利用的可持续性产生了不利影响；与土地利用优化相比，停车设施的调控优化具有更显著的效果，在土地利用参数中，停车位供需差异对拥堵碳排放的影响最为显著，对于停车场和停车位对交通拥堵的影响，居住区停车场密度和停车位密度对拥堵排放的影响存在权衡关系；由于土地利用和停车设施的不平衡，导致了长距离相关的跨区域交通；停车供给和需求之间的差异是造成通勤期间交通拥挤的主要原因；交通拥堵对CO_2的影响在工作日比周末更严重，晚高峰比早高峰时段更高。因此，在实现可持续城市和交通发展计划时，不应将土地使用和停车指标分开考虑，根据土地利用与停车供需的时空差异特征，寻求供需平衡对拥堵缓解的方法。

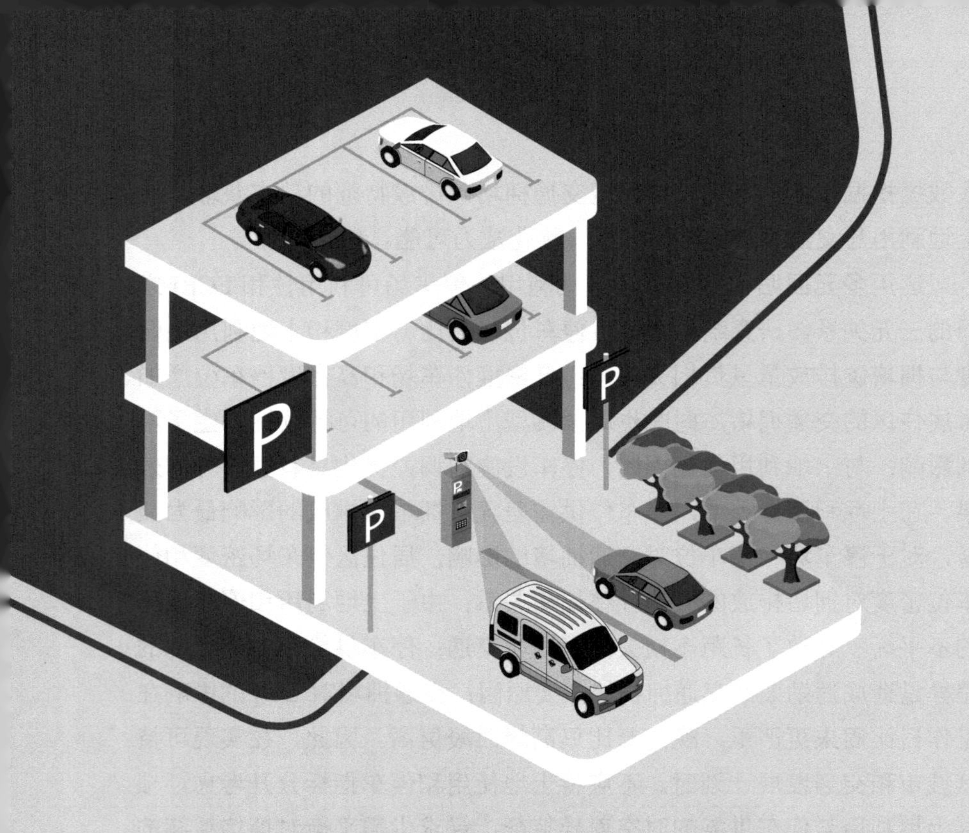

Chapter 4

第4章

既有城区停车规划动态优化模型构建

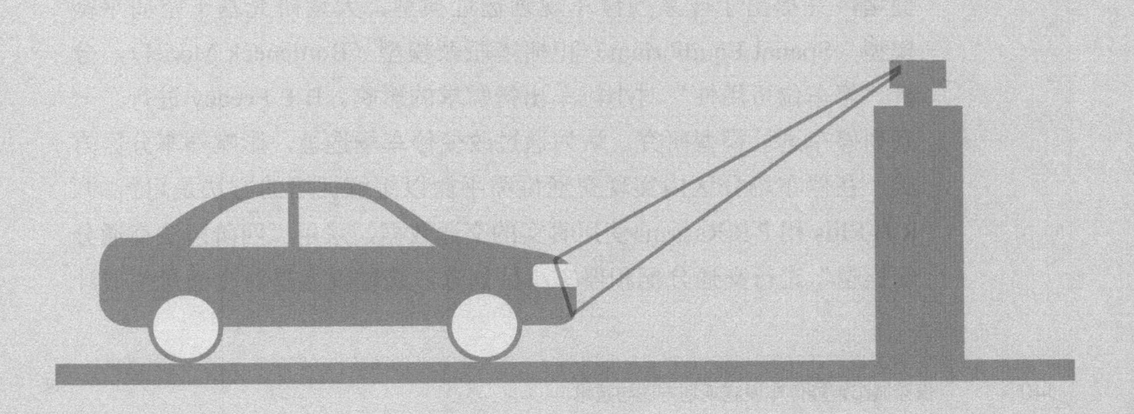

本章的研究重点在于探讨和解决如何在建成区进行停车场选址的规划，以便更好地调控城市道路交通流的动态分布，提高交通效率，并实现缓堵减排的目标。

4.1 拥堵管理（CMP）的概念

CMP 作为一项系统过程，包括拥堵识别、应用策略改善运输系统性能及效益评估等步骤。因此，从拥堵管理的角度，停车场的规划实践应该与交通数据收集、动态交通分配和交通性能监控的过程相适应。然而，如 J Rong 所强调，尽管停车位被认为对城市交通系统的运行有重要影响，但模型的建立通常侧重于停车位可用性影响用户出行路线的临时决策，缺少在交通系统、土地利用和其他城市因素共同作用下的综合分析。

4.2 国内外停车规划模型

4.2.1 构建原则

国内外研究人员试图通过经济和社会层面的停车策略控制交通拥堵，并提出了一系列停车规划选址模型。大量研究基于空间平衡模型（Spatial Equilibrium）和拥堵瓶颈模型（Bottleneck Model），分析“停车位可用性”对小汽车出行需求的影响。B P Feeney 进行了一系列停车选址模型研究，认为通过改变停车场选址，影响停车分区方式，在停车场分区内实现交通供需平衡以缓解拥堵的方法是可行的。R H Ellis 和 P R Rassam 使用真实的交通数据，采用“四阶段法交通分配模型”进行交通分配和停车小区划分，这种模型是对交通量生成计算、行程计算、交通方式划分和交通分配的传统方法，长期以来广泛应用于城市交通规划预测，但很少用于停车需求预测中。作为交通路线的“调节器”，通过引导停车设施引导交通流在路网的平衡分布也是改善道路交通拥堵的一种有效方法。因此，模型的构建应该综合考虑土地利用对交通和停车需求、交通流分配的影响。正如前文介绍，土地使用和交通系统的动态分区在建模过程中并未得到充分考虑，因此应重新考虑调控型停车设施模型的构建，体现土地使用、动态交通分配和停车需求的动态变化过程。

4.2.2 分区方法

基于静态分区的传统停车模型计算方法，无法应用于动态停车需求预测和交通分配。交通分析小区通常是根据土地用途和道路条件的“相似性”而产生的。相似的土地利用部分被划分为一个交通小区或停车功能区（半径通常在 300m 以内），用于交通分配和停车需求估计。然而“相似”的界定似乎并不清楚。为了获得更精确的停车需求估计结果，H Cui 和 H Wang 在城市公共停车场项目（PPE_Pro）系统的规划和评估中提出“停车产生单元”的概念。停车产生单元小于交通小区，由几个相邻的建筑物组成，每个建筑物被抽象成停车产生点。但是，使用这种静态分区方法，交通分配和停车需求无法反映土地使用区域的重新划分及其引发停车需求和交通分配的变化。

4.2.3 优化目标

停车选址优化模型是对停车场选址规划以实现优化目标的最常用方法。常用的优化目标有：停车费、旅行时间和成本、步行时间和停车建设成本等。就优化目标而言，J Chen 等通过遗传算法提出了位置约束和非约束模型，以最小化该位置所有停车场的总步行距离。T W Austin 和 M J Lee 将步行时间、停车费用和行进距离作为影响因素，为停车人员找到“最佳”位置，模型通常根据高峰时段的交通量和停车需求情况做出决策。S Wang 等介绍了一种多层次、多目标的停车选址模型，其目标是通过路外停车设施来优化巡航长度和步行距离。Z Wang 等开发了一种多指标和多约束模型，以最大程度地降低停车费用。与 Z Wang 等所提出的相似，X Y Ni 等将成本扩展到更广泛的范围，包括步行成本、建设成本和停车成本等。M Jelokhani-Niaraki 和 J Malczewski 将地理信息系统（GIS）的功能与多准则决策分析模型集成在一起，找到满足不同群体的利益的最优停车位解决方案，并为停车地点的位置提供了一系列评估标准，例如土地成本最小化，到道路、娱乐场所、行政和商业中心的平均距离最小化等。此外，对于非营利组织（例如大学），成本最优是停车选址的另一个重要因素。但目前已有停车优化建模方法均未涉及拥堵效应及碳排放量的优化，因此对于低碳导向的停车规划而言，如何识别停车选址规划模型对于拥堵管理过程的有效性尚不明确。

4.2.4 模型分类

综上所述，本书根据模型建立的原则和规划目标，将停车设施规划模型分为以下几类：

① 优化模型：该模型专注于提高个体或特定支线交通系统的效率，如通过计算最短步行时间、最小化停车成本等指标，以达到优化个体出行体验的目的。

② 约束模型：在特定的区域内，如一个街区，该模型在有限的可选位置中选择最优的停车场建设地点，以实现群体交通效率的最大化。此外，针对新城建设等没有严格空间限制的情况，提出了相应的非约束性模型。

③ 重力模型和交通分配模型（Traffic Assignment Model, TAM）：这类模型着重于分析起点和终点的土地利用特性对出行需求（Travel Demand）和出行分布（Trip Distribution）的影响。通过模型计算，可以得出最短出行时间的方案，为交通规划和停车设施布局提供决策支持。

这些模型的建立和应用，旨在综合考虑交通系统的整体效率和个体出行的便捷性，实现停车资源的合理配置和城市交通的高效运行。

通过科学的方法对停车设施进行规划和调控，可以有效缓解城市停车压力，提升居民的生活质量，促进城市的可持续发展。

4.2.5 在 CMP 中的实践应用

然而，在低碳城市建设的实践中，现有的规划模型应用面临一些挑战。

首先，建模方法及优化目标的缺陷：以最短出行距离、时间，步行距离或建设成本为优化目标的停车规划模型，难以保证路网车辆的整体行驶速度及行驶过程中的碳排放量。D Schrank 等的研究表明，车辆行驶碳排放率与行驶速度并非线性相关，而是存在六次曲线函数关系。也就是说，以主干道为例，在拥堵状况下，车辆碳排放率约高出正常行驶速度的 50%，与其走一条拥堵但短的主干道，选择路程更长但顺畅的支路路径的碳排放量可能更低。因此，调控型停车规划需要通过选址规划，引导车辆在路网的行驶路径，使整体路网碳排放最优，需要传统的约束模型与交通分配模型进行结合。

其次，分区方式的局限：传统模型中固定的分区方式，忽略了停车需求动态变化对路网流量造成的影响，无法保证车辆运行过程中，路网碳排放量的动态最优。已有研究中，停车分区多以静态街区或停车功能分区为单元计算停车需求、区域间交通量及路网交通量分配情况。然而，在车辆实际运行过程中，当某个停车场已无空余车位时，车辆应选择最近邻区域内的可用的停车场停放，以减少停车等候及占道造成的拥堵。因此，交通状况及停车位可用性随时间的动态变化，迫使预设交通分配不断地重新计算。因此，调控模型的建立过程，需要引入一种动态渐进优化的停车分区方式，使模型在真实场景的动态规划中保证最优。

然而实验室的研究结果通常与现实中存在差距，虽然 M Barth 和 K Boriboonsomsin 预测当交通流量趋于平稳时，理想状态下交通 CO_2 排放可减少近 45％。但根据 T Yamashita 等的研究表明，人们不太可能通过各自的路径选择以尽量减少系统的总成本。即使通过精确的建模方法对行车路径进行模拟，也很难确保车辆按照模拟路线行驶，从而影响优化方案的有效性。近年来，学者开始关注交通诱导系统在拥堵控制中的实践，特别是结合导航和ITS（智能交通系统）功能的智能停车系统以增强停车规划的缓堵效果。因此，在未来绿色智能交通系统和智慧城市中，有必要选择一种适用的具有动态规划和调度功能的停车选址建模和分析方法以缓解拥堵。为了确保复杂动态规划的计算效率和准确性，目前基于人工智能理论的神经网络算法和遗传算法为大数据挖掘背景下的路径诱导及最优路径的选择提供了机遇。

综上所述，停车设施规划建模需要解决的几个关键问题是：优化目标，约束条件，数据采集方法和分区方法。因此，以低碳为导向的调控型停车规划建模应遵循以下原则。

4.3 动态优化模型构建原则

4.3.1 基于大数据分析的规划一体化模型

概念化的数学模型分析是理解城市运行规律、对城市交通系统进行科学管理的重要工具。目前交通与土地利用模型均有大量研究，但鲜有研究动、静态交通及土地利用三者之间互动关系的动态优化模型。交通系统是一个不断变化的动态系统，因此动态的优化调控模型将更适用于表达分析交通与土地利用的互动关系。

城市土地利用规划通过对城市空间的规划调整（空间结构、土地利用、交通设施等），减少交通出行距离、小汽车使用，并优化交通流空间布局。因此，根据停车需求、土地利用、交通系统的互动关系，利用平衡供需缓解交通拥堵的基本思路，构建停车选址规划分析模型。理论上，调控停车设施、道路交通设施或土地利用强度，均可以实现区域交通供需状况的优化，但结合低碳城市的研究目标及建成区的客观条件，根据影响因素调控的难易程度，选择对建成区低影响的停车设施规划调控对策。

4.3.2 基于动态规划的停车优化算法

基于遗传算法的动态优化寻找建成区停车场规划选址的最优解集。研究提出的动态分区方法将影响土地使用方式和交通流在道路网络的分配与组织方式。停车场的选址及分布方案将决定交通小区的划分方式，及土地利用和道路交通路段的分割方式。因此，模型的动态优化过程也是交通流动态分配过程，通过对各路段交通流的优化，实现智能交通网络对道路交通流的控制，平衡交通流缓解拥堵 CO_2 排放的目标。

4.3.3 优化目标

根据国内外已有研究，停车规划模型的优化目标主要分为以下几类：关注个体或某一支线的交通效率，如最短步行时间、最小停车花费等的优化模型；在一定区域内有限位置中选择停车位置，满足群体交通效率最优的约束模型；在此基础上，提出非约束性模型用于新城建设；关注起终点土地利用决定的交通需求及交通流分配，获得最短出行时间方案的重力模型和交通分配模型等；然而根据 D Schrank 等的研究，碳排放率与车辆行驶速度是六次曲线函数关系，以最短出行距离、时间，步行距离或建设成本为目标的停车位分配方法，难以保证车辆在路网的行驶速度及行驶过程碳排放量最低。虽然停车可用性对交通系统运行产生影响，但基于传统模型方法，公共停车布局对城市路网拥堵碳排放的调控效果无法被保证。因此，需要将传统的约束模型与交通分配模型进行结合，确定一组公共停车设施的位置，通过影响车辆在路网的行驶路径，提高城市整体的交通效率，减少碳排放。特别是对于智能停车，作为智能交通系统（ITS）的重要组成部分，实时导航将有助于保证现实世界中公共停车对行驶路线的动态调度。减少车辆个体临时决定出行方案对路网系统碳排放优化效果的影响，满足实时动态交通诱导计算的需求。综上所述，以路网整体碳排放最优为优化目标，相比于传统的最短路径，或者单车个体效率最优更具合理性，如图 4.1 所示。

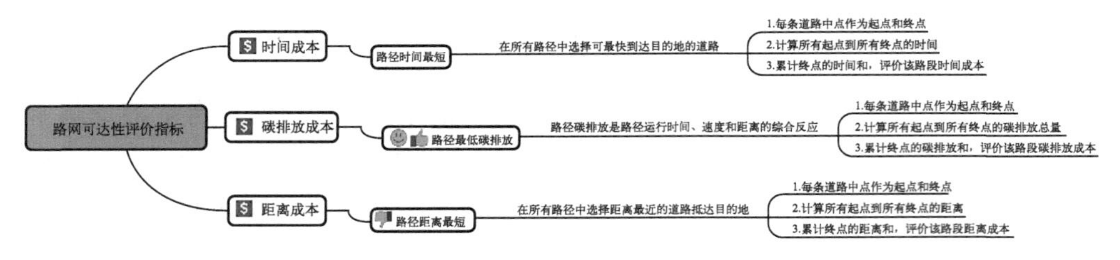

图 4.1　优化模型优化目标类型比较

4.3.4　分区方法

传统模型中以街道或功能单元计算停车需求、区域间交通流量及交通分布。这种固定的分区方式，无法实现对动态流量的调控，忽略了停车需求动态变化对路网流量造成的影响。也就是说，当系统中某个公共停车场已无空余车位，原本属于这个停车场最近邻区域内的停车需求需要通过其他近邻且可用的公共停车场解决。随时间变化的停车位可用性和交通状况迫使对预先建立的交通分配时间表进行不断的修改和重新考虑。因此，需要考虑一种动态的分区方式，使模型在真实场景的动态规划中也能保证实时最优。

4.3.4.1　基于泰森多边形的停车小区划分原理

基于动态分区的调控型停车设施规划方法，选择一种优化的停车小区分区形态，适用于动态优化的建模、分析及计算过程并优化传统四边形或简单辐射半径划分停车小区对停车需求的计算缺陷。

传统停车小区和交通诱导方式是以对象圆形辐射范围计算停车场服务范围。这种方式造成停车服务范围无法完全覆盖研究区域或覆盖范围重叠的问题，见图 4.2，这会造成用户搜寻停车设施困难，无法快速定位最近的设施。H Cui 和 H Wang 在 PPE Pro 系统中提出了“停车生成小区”的概念。停车生成小区是比交通小区划分更为精细的单元，由几个或几十个相邻且较集中的停车生成点组成。一个停车生成小区内只建一个公共停车场，且这个公共停车场只为本小区内的停车生成点服务，这样的停车分区方法大大提高了停车场的选择效率，但此方法仍然是一种静态的停车分区模式。

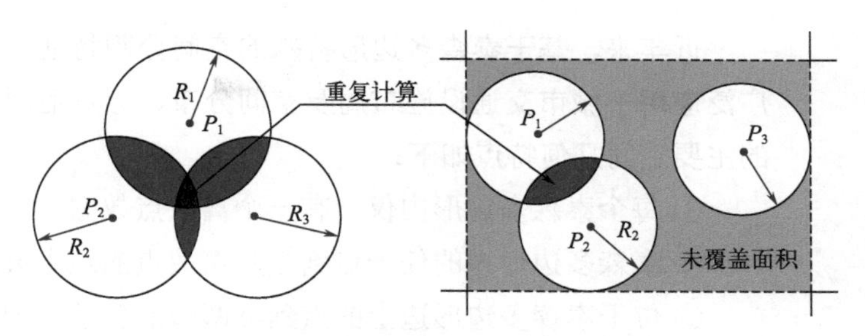

图 4.2　传统停车生成小区示意图

4.3.4.2　泰森多边形分区特点

泰森多边形是对空间平面的一种分割形式，是由相应的采样点与周围的所有邻域点作垂直平分线，并将各垂直平分线依次连接组合而成（图 4.3），该方法是由荷兰气候学家 Thiessen 首先提出的一种插值分析方法。

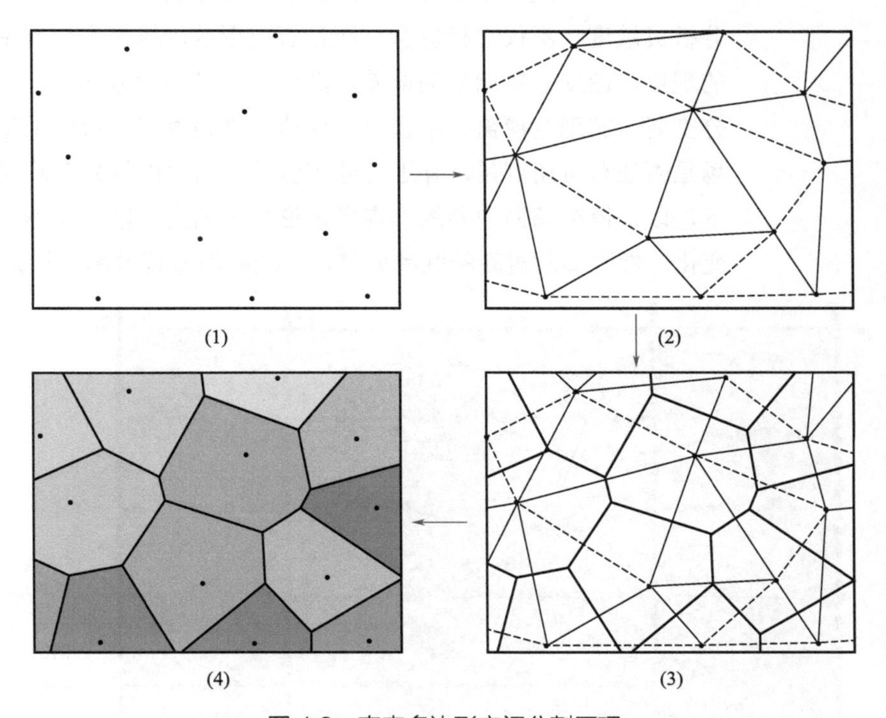

图 4.3　泰森多边形空间分割原理

近年来，基于泰森多边形特殊的空间分割特征，国内外学者将其广泛应用于城市交通设施布局及空间分布、影响范围等。泰森多边形的主要空间几何特点如下：

① 每个泰森多边形内仅含有一个离散点数据；

② 泰森多边形内的任一点到相应离散点的距离最近；

③ 位于泰森多边形边上的点到其两边的离散点的距离相等。

结合以上特点，将泰森多边形法则应用于停车小区划分的优势如下：首先，泰森多边形可用于定性分析、统计分析、邻近分析等。可以用泰森多边形离散点的性质来描述停车小区的性质。当数据点（待停车辆）落入某一泰森多边形内，它与该泰森多边形相应的离散点（停车场）最邻近。因此，建模时无需再引入距离参数，简化了模型优化目标的计算过程及模型复杂度（图 4.4）。

其次，传统停车诱导路径的选取需要建立分析模型，求解计算并分析灵敏度，不仅过程复杂，而且模型覆盖区域常常出现空白或重叠的现象，造成计算结果的误差。基于泰森多边形分区法，可以有效划分空间，实现全覆盖、不重叠，快速计算距离车主目的地最近的停车场是否还有可用容量，并进行停车诱导。当目的地停车场满额的情况下，以该停车场为中心的泰森多边形分区消失，联动车辆行驶路径的变化，做到实时更新和联动调整，实现路网系统效率的提升。

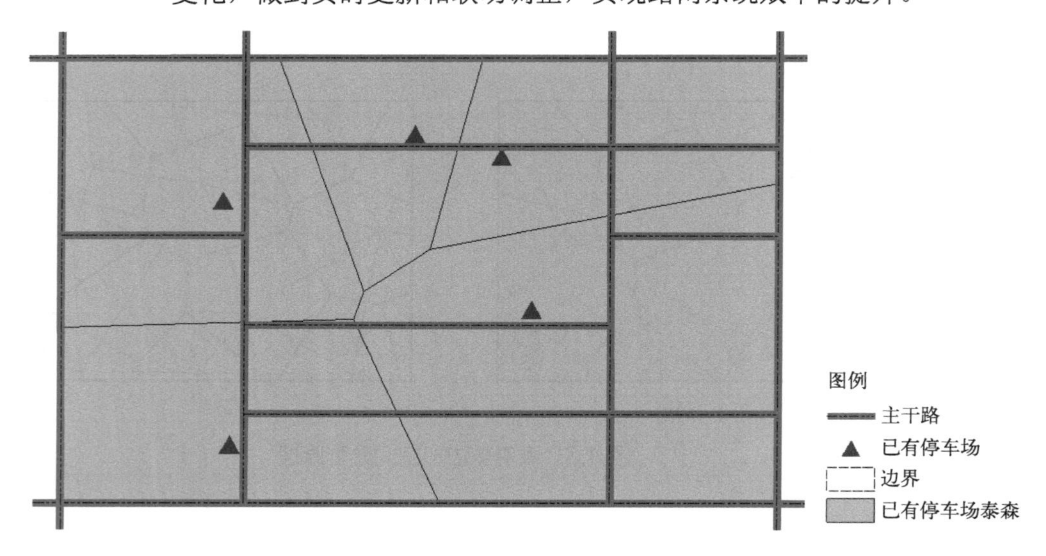

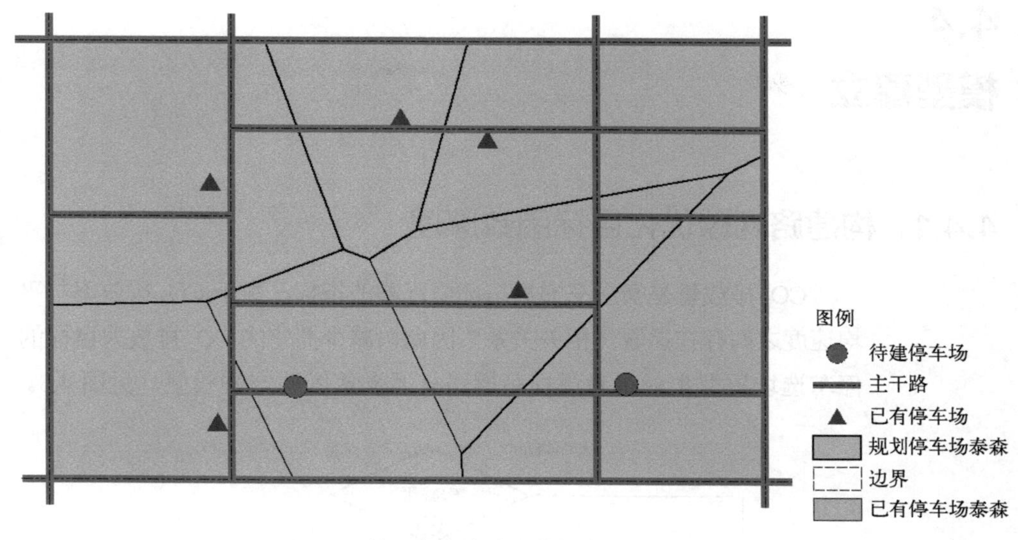

图 4.4　基于泰森多边形的停车小区划分模型

最后，基于泰森多边形的停车小区划分可以减少车辆寻找停车设施的时间。基于泰森多边形的分区方法，根据已有停车场布点提前将城市划分成若干停车小区，当车辆行驶在某个停车小区内的路径上，必然离该泰森多边形停车小区离散点（停车场）最近。利用该原理，在开源地图平台可以实现对车辆的快速诱导，帮助其更快驶入可用停车场。

4.3.5　利用遗传算法进行模型求解

遗传算法是一种搜索系列任务以发现系统最佳解决方案的有效方法，具有隐式并行性和全局信息最优性的特点。因此，在本模型的求解过程中，应用遗传算法在复杂的城市系统多因素影响下，简化复杂参数设计及动态优化过程，便于快速有效地找到最佳方案。其中，单亲遗传算法（Partheno Genetic Algorithm，PGA）通过避免局部平衡降低计算复杂度。求解的基本思路为：首先根据约束条件确定可行的公共停车场备选位置的集合；其次利用遗传算法确定可行方案最佳组合模式并实现最优碳排放求解。

4.4 模型建立

4.4.1 构建路网碳优化目标函数原理

CO_2 排放量是衡量交通拥堵环境影响的指标，由于 CO_2 排放率与平均速度之间存在显著负相关关系，因此以减少拥堵的 CO_2 排放为目标的停车选址模型也就是考虑提高道路交通流速度的方法模型，见图 4.5。

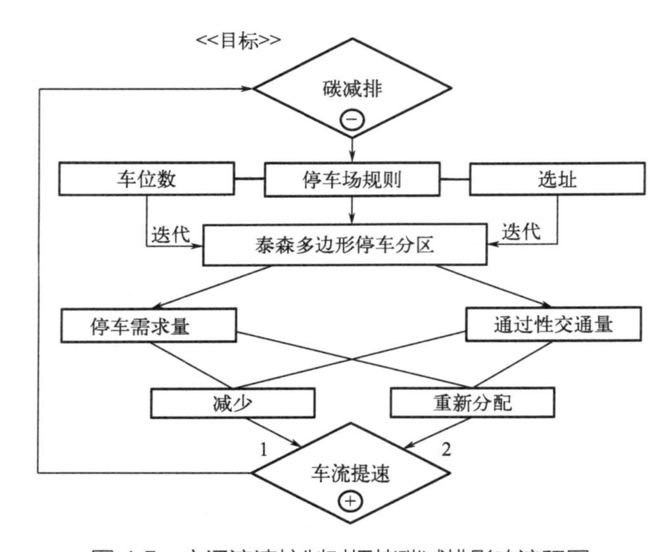

图 4.5　交通流速控制对拥堵碳减排影响流程图

根据出行习惯，研究默认车主优先选择目的地的配建停车场，不足的部分通过公共停车场解决。由于公共停车场的服务范围不局限于单一土地利用类型或建筑，因此每个公共停车场需求点作为对周边交通产生影响的源头，停车场位置组合的最优选择由备选停车场集合经过单亲遗传算法不断迭代产生，按照停车设施服务的近邻原则划分平面，每个公共停车场的需求点与邻近道路交通及土地利用区域产生关联，划分每个停车需求点的影响范围，并作为后续交通疏导的子区域。

4.4.2 交通流分配的系统均衡原理

为了构建道路流速与碳排放的相关性模型，现对 Wrdrop 第一原理（用户均衡）及第二原理（系统均衡）目标式进行解析。

$$\mathrm{Min}Z\left(X\right)=\sum_{a}\int_{0}^{x_a}t_a(w)\mathrm{d}w \tag{4.1}$$

$$\mathrm{Min}Z(X)=\sum_{a}x_a t_a(x_a) \tag{4.2}$$

式中，x_a 为路段 a 的流量，PCU/h；t_a 为路阻，可理解为驶过路段 a 的实际时间，s。t_a 是一个关于路段实际流量与路段通行能力的 BPR 函数，形式如下：

$$t_a=t_0\left[1+\alpha\left(\frac{x_a}{c_a}\right)^{\beta}\right] \tag{4.3}$$

式中，c_a 为路段 a 的通行能力，PCU/h；t_0 为零流阻抗，即道路空静状态下车辆自由行驶通过路段的时间，s，可认为是路段长度与设计车速的商；α、β 为阻滞系数，分别取 0.15 及 4。

分析可发现，Wardrop 第一原理及第二原理公式的目标式其实是关于道路实际流量 x_a 的目标式。进行碳排放模型构建时，也可考虑通过道路实际流量来建立碳排放的目标式。由于碳排放与车速有关，故可寻求车速与流量的关系，间接通过车速表达流量，建立碳排放模型。

因此，在建模过程中，通过迭代停车分析小分区，研究停车规划对交通流量分配和停车需求的影响。遵循 Wardrop 第二原理，寻求系统最优（路网整体碳排放量最小）状况下的道路交通流量分配方案。因此，模型寻求路网系统碳排放的优化目标与交通流量的关系，并通过每条道路的平均速度表示。

4.4.3 约束条件

模型的约束条件通常根据停车人员的行为和城市环境土地、资源的有限性而定。例如，J Oppenlander 和 R Dawson 提出了到停车场的步行距离最短的单目标位置规划模型，该模型选择最大允许步行距离内的停车位置和泊位分配的最优解集。K Aliniai 等开发了一种停车模型，针对停车历史古迹被确定为限制因素。J Chen 和 W Wang 将最大步行距离作为约束因素。同样，Y J Gur 和 E A Beimborn 使用步行时间和搜索时间作为约束条件，设计可能的个人旅行行为。

因此结合本研究确定约束条件如下：

首先，设定整个网络的碳减排目标。该目标通过两组停车设施规划变量的迭代实现优化，即选址及车位数。因此，在不同的停车选址场景下，通过停车分析小区的迭代计算，每个区域的交通吸引量、停车需求量和出行量都是不断变化的。通过不断迭代的交通小区，实现道路交通流量的重新分配或路段的停车需求和交通量的优化。

目前，在城市建成区配建停车场的规划已经基本完成的情况下，基于配建停车场的既有方案，对公共停车场选址及数量进行优化建模。模型设置约束条件如下：

① 假设附属停车场无空余车位，对公共停车场进行规划选址建模。由于前往特定目的地到其附属停车场的距离必比周边公共停车场短，该假设符合停车最小步行距离原则。

② 研究区域被划分为几个停车分析小区，用于停车需求的计算，每个区内只有一个公共停车场。小区之间产生的交通量和交通分配过程如图 4.6 所示。

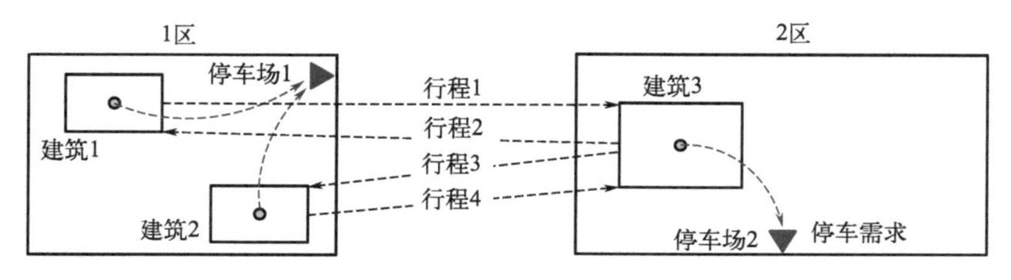

图 4.6　停车分析小区示意图

③ 在每个区域中，建筑物被视为单独的停车需求产生点。

④ 服务小区内包括的建筑物，距该停车场是最少的步行距离。

⑤ 服务半径不超过 300m。 每个公共停车库最多可容纳 300 个车

位。具体来说，如果一个公共车库中有超过 50 个车位，则其入口应距离道路交叉口至少 100m。

以建成区为研究对象，在土地资源有限的状况下，停车设施选址只能在有限的空间位置。因此，通过构建约束性选址优化模型，选择满足路网总碳排放最小的停车场选址优化方案。新区规划时，土地利用没有明确限制，可以通过构建非约束模型求解。

4.4.4 泰森多边形动态优化分区方式

基于泰森多边形分区方法的停车场动态分区，将每个候选停车场作为多边形的离散点（图 4.7 中三角点和大圆点）。每个区域的边界是连接两个相邻离散点的直线的中垂直线。

以图 4.7 为例，采用泰森多边形的动态迭代方式划分采样区域。（a）～（c）分别示出了基于泰森多边形分区 3、5 和 7 个的动态变化过程。小圆点代表每个区域中的建筑物的质心，大圆点表示迭代过程中增加的公共停车场，三角形表示现有公共停车场。每个分析小区内覆盖建筑面积、土地利用类型和交通量、停车需求都将被迭代修正。相应地，在此划分方法的基础上，分区间的交通量及交通分配也将被迭代修正。

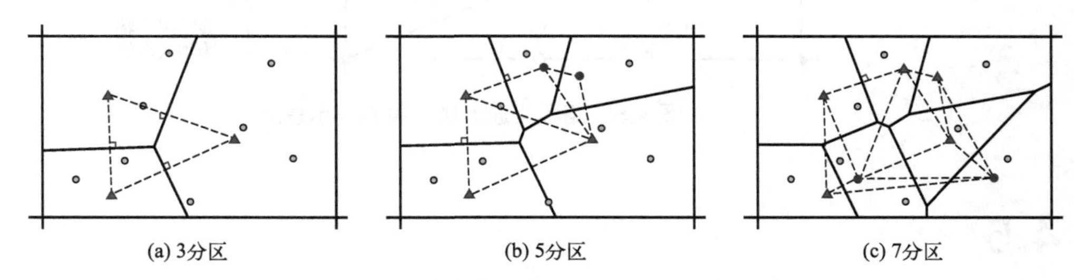

图 4.7　基于泰森多边形的停车分析小区迭代过程

根据最近邻居原理，此分区方法具备以下特征：

① 多边形内的所有建筑物到该公共停车场的距离最短。

② 每个公共停车区的中心是生成泰森多边形的离散点，其中多边形质心被视为交通分配的特征点。

③ 建筑质心是停车需求产生的特征点。如果建筑物质心落于多边形边界，则该建筑物的停车需求可归于任一侧。

通过对整个研究区域实施分区，确定每个区域停车需求产生范围和交通分布。与传统的分区方法相比，建立基于泰森多边形迭代的动态停车分区的交通分配方式有两个明显优势：

首先，交通流分配通常以道路交叉口之间的道段为基础。然而，即使在一路段上，由于进出车辆的变化，交通流量也会不同（见图 4.8）。基于停车分区的道路流量分配可以停车场出入口为界，根据多边形的边界将每条道路划分为若干路段，更精确地计算每条道路上的交通流。

更重要的是，如图 4.8 所示，当车辆要在①号分区停车时，其与①号分区的公共停车场的距离小于该区域中其他任一停车场，简化了优化目标计算时的工作量和复杂度。

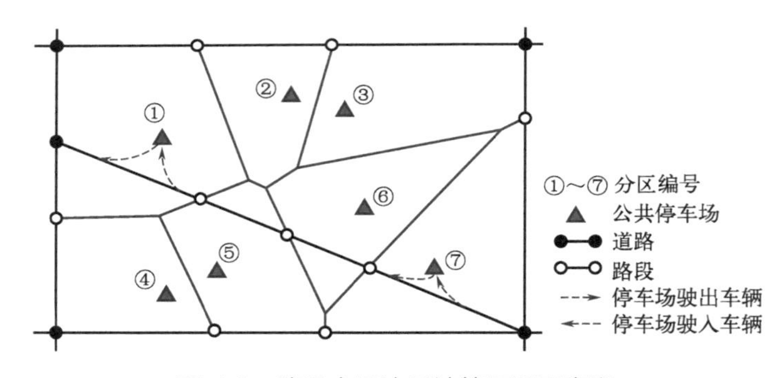

图 4.8　路段交通流量计算原理示意图

4.5 算法应用

4.5.1 优化模型的建立

模型以 M 个公共停车场为例（其中包括已建停车场和待建停车

场）。为了便于计算，每个公共停车场特征点由其所在的泰森多边形质心表示，编号为 1 ～ m。第 m 个停车场的坐标为 (x^m ，y^m)。每一停车场作为个体参与方案优化，基于选择的备选点，创建泰森多边形停车分析小区。多边形个数大于等于 1 且不多于 M（$1 \leqslant M' \leqslant M$），编号为 1 ～ m'，每个功能区均以其质心作为特征点，第 m 区的坐标标记为（x_m'，y_m'）。道路网络模型由道路交叉点集 $N=\{1，2，3，a，\cdots，b，\cdots，n\}$ 和道路路段集合 $R=\{1，2，3，\cdots，r\}$ 表示。

拥塞问题的大多数传统解决方案都基于启发式算法（Heuristic Algorithm）论证，其中 S Wang 等阐明了最常用的交通分配原则。如前所述，遵循 Wardrop 原理的交通活动可以表述为数学优化问题。模型的优化目标是使整个交通网络的二氧化碳排放量最小。因此，满足第二种 Wardrop 原理（涉及系统性能优化）的流量模式将是解决优化问题的最佳方案，如下所述：

$$\text{Min } Z = \sum_r D_r E_r L_r \tag{4.4}$$

式中，Z 为交通路网整体碳排放水平；D_r 为道路 r 上的交通流量，PCU/h；E_r 为通过道路 r 平均车速下的 CO_2 排放率；L_r 为道路 r 的长度。

在式（4.5）中，E_r 是平均交通速度 V_r 的函数：

$$E_r = f(V_r) \tag{4.5}$$

其中，V_r 的计算如下

$$V_r = \frac{L_r}{t_r(D_r)} \tag{4.6}$$

其中，t_r 是 t_0 的函数，如下所示：

$$t_r = t_0\left[1+\alpha\left(\frac{D_r}{C_r}\right)^{\beta}\right] \tag{4.7}$$

式中，t_r 是在 D_r 流量条件下通过路段所花费的时间，是一个关于路段实际流量与路段通行能力的 BPR 函数；C_r 为 r 路段的道路通行能力，PCU/h；t_0 为道路零流阻抗，即道路空静状态下车辆自由行驶通过路段的时间，s，可认为 t_0 是道路长度与道路设计速度的商；α、β 为阻滞系数，分别取 0.15 及 4。

因此：

$$\text{Min } Z = \sum_r D_r f\left(\frac{L_r}{t_0\left[1+\alpha\left(\frac{D_r}{C_r}\right)^\beta\right]}\right) L_r \tag{4.8}$$

因此，路网整体排放最优的求解实际是确定网络的最佳流量分配方案。本质上，这种交通流分配的最优方法是基于所有子问题，如：公共停车需求评估、出行时间划分和交通需求计算等。下面将对动态分区过程中产生的迭代计算过程进行详述。

4.5.2 动态交通分配

泰森多边形分区方式取代了传统以道路为边界的交通流量计算分配方法。在考虑交通分布的情况下，路段被多边形边界分隔开，定义路段集为 $K = \{1，2，3，\cdots，k\}$。对于每个路段 k，实际流量应该等于交通小区产生的小汽车出行量分配到 k 的部分，减去在路段 k 停入车库的车辆数。

因此，道路实际车流量计算公式为：

$$D_k' = FD_k - \text{GA}_k^w \times \text{OR}_w \times \text{TR}_w - \text{GP}_k^l \times \text{OR}_m \times \text{TR}_m \tag{4.9}$$

式中，D_k' 为路段 k 的实际车流量；F 为小区小汽车方式出行的比例；D_k 为路段 k 的交通出行量；GA_k^w 为出口在 k 段路上的建筑物配建停车场车位数（容量）；GP_k^l 为出口在 k 段路上的公共停车场车位数（容量）；OR_w 为配建停车场高峰小时泊位占用率；OR_m 为公共停车场高峰小时泊位占用率；TR_m 为公共停车位的周转率；TR_w 为配建停车位的周转率。根据距离最近原则，计算时认为小区产生的停车吸引量优先在建筑配建停车场解决，超出部分由公共停车场解决。

公共停车场的容量计算如下：

$$\text{GP}_k^l = \sum_{i=1}^{l} \frac{\text{PD}_i - \text{GA}_k^w \times \text{TR}_w}{\text{OR}_m \times \text{TR}_m} \tag{4.10}$$

其中，l 为出口在 k 路段公共停车场总数；PD_i 为区域 i 的停车需求。

$$\mathrm{PD}_i = \mathrm{PG}_c \times A_c \tag{4.11}$$

其中，c为用地类别。根据调查计算结论，定义$c = 1$（住宅用地），$c = 2$（商业用地），$c = 3$（办公用地），$c = 4$（文化娱乐用地），$c = 5$（教育用地），$c = 6$（工业用地），$c = 7$（公共设施用地），$c = 8$（医院用地）。PG_c为c类用地的停车生成率，A_c为c类用地的建筑面积。

D_k表示所有区域间生成交通量T_{ij}分配到路段k的部分。因此，结合动态分区方法，基于重力模型，对区域间交通流的路段分配方法如下：

$$T_{ij} = \frac{\varepsilon \mathrm{TG}_i \mathrm{TA}_j}{f(I_{ij})} \tag{4.12}$$

式中，ε为重力模型的系数，此处取经验值0.8；TG_i为i小区产生的交通出行量；TA_j为j小区的交通吸引量；$f(I_{ij})$为从$i \sim j$的交通阻抗，取自由流速下$i \sim j$的最短时间。

TG_i和TA_j的计算方法如下：

$$\mathrm{TG}_i = \sum \mathrm{TG}_c \times A_c \tag{4.13}$$

$$\mathrm{TA}_j = \sum \mathrm{TA}_c \times A_c \tag{4.14}$$

式中，TG_c为c类用地高峰时段的出行生成率；TA_c为c类用地高峰时段交通吸引率；A_c为c类用地面积。

正如S Senge和A Anwar等所介绍的，根据出行量进行道路流量分配。使用逆四阶段用地反馈模型计算小区间交通流量分配到路段k的部分。需要注意的是，路段k不被定义为某个值，而是根据多边形动态迭代的划分方法变化。动态计算过程还用于确定与迭代相关的参数。

以分区过程相关的行程分布为例

$$(T_{ij})_q = \left[\frac{\varepsilon \mathrm{TG}_i \mathrm{TA}_j}{f(I_{ij})}\right]_q \tag{4.15}$$

其中，$(T_{ij})_q$为第q个OD对$i \sim j$产生的交通量。

$$D_k = \sum_{q=1}^{Q}\{(T_{ij})_q w_{mk}\} = \sum_{q=1}^{Q}\left\{\left[\frac{\varepsilon \mathrm{TG}_i \mathrm{TA}_j}{f(I_{ij})}\right]_q w_{mk}\right\} \tag{4.16}$$

D_k 为分配到 k 路段上的流量；k 为路段编号。需要注意的是：路段编号在动态分区迭代的过程中也会进行迭代修改。q 为 OD 对的编号，Q 为 OD 对的总数。w_{mk} 是第 k 个 OD 对 $(T_{ij})q$ 在道路 k 上分配的交通流的比率。

取一个 OD 对，假设从 i 小区到 j 小区有 S 条可行路线，所有车辆选择 S 条路线出行花费的时间服从正态分布，也就是时间越短的，出现的概率越高。在正态分布的公式中，μ 是期望值，也就是最短的时间取 $i \sim j$ 的最小阻抗时间。则从 i 小区到 j 小区出行选择第 $\forall S$ 条路线的概率是：

$$P_{\tilde{S}} = \frac{\mathrm{e}^{-\frac{(T_{\tilde{S}}-\mu)^2}{2\theta^2}}}{\sum_{\tilde{S}} \mathrm{e}^{-\frac{(T_S-\mu)^2}{2\theta^2}}} \tag{4.17}$$

式中，$P_{\tilde{S}}$为选择第 S 条路径的概率；μ 为期望时间，取 $i \sim j$ 的最小阻抗时间；θ 为交通转换参数，取 3 ～ 3.5；T_S 为第 $\forall S$ 条路线的总行程时间。

因此，第 q 个 OD 对在第 k 个路段上分配的总概率 w_{mk} 为：

$$w_{mk} = \sum_{S=1}^{H} P_{\tilde{S}} \tag{4.18}$$

其中，H 是通过第 k 个路段的路线数。

可行路线 S 的确定步骤为：

步骤 1：确定有效路段。根据道路交叉点集 $N=\{1, 2, 3, a, \cdots, b, \cdots, n\}$，计算从每个交叉点到起点的最小行驶时间，将其标记为 T(1)，T(2), …, T（n）。如果 T（a）>T（b），则将 $a \sim b$ 之间的道路视为有效道路。

步骤 2：由步骤 1 中选择有效路段组成可行路线。

步骤 3：分配中，第 $a \sim b$ 路段检索到有交通流量分配到此路段上的次数即为 H。

模型动态迭代的优化流程如图 4.9 所示。

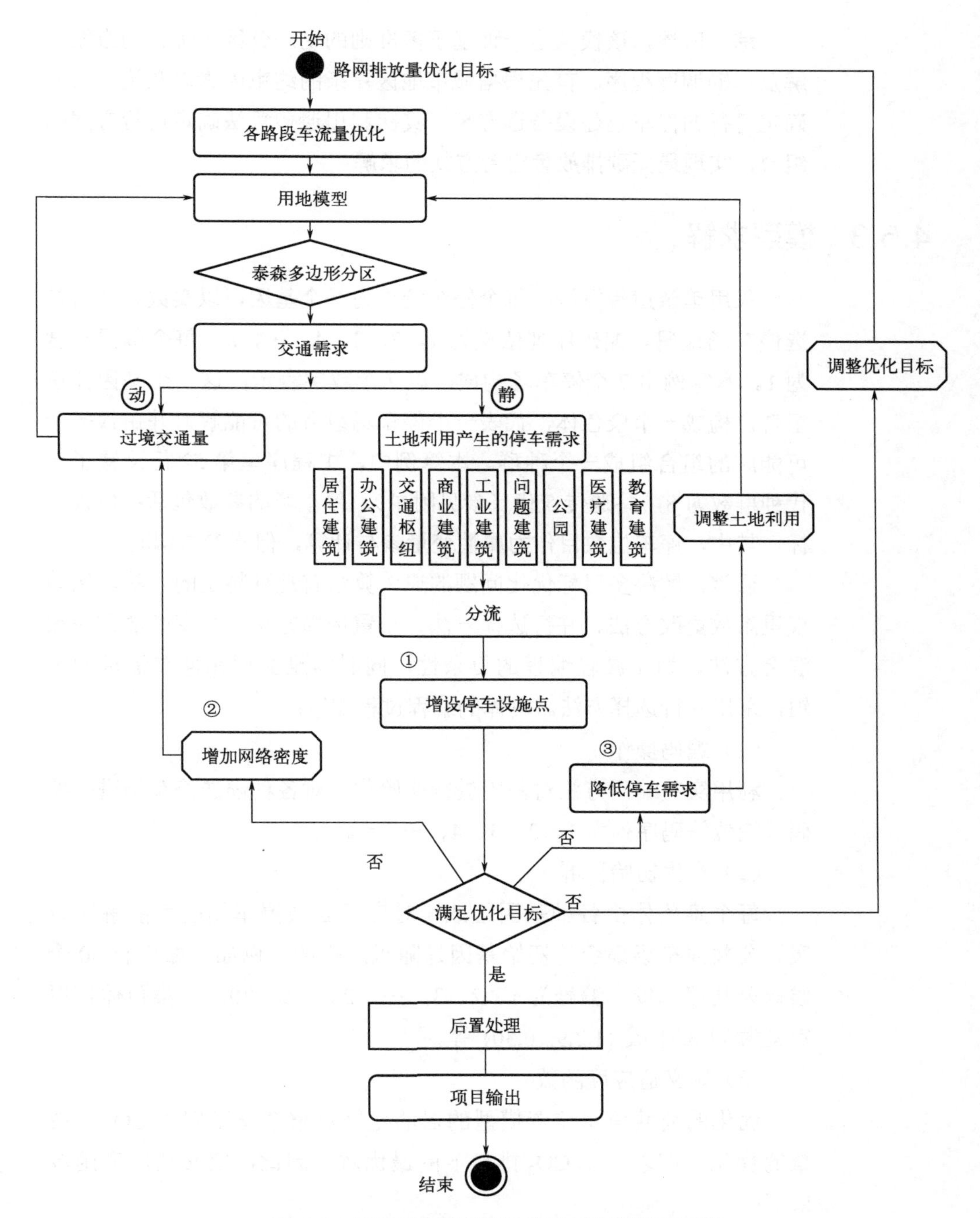

图 4.9　低碳导向的停车动态选址规划模型系统

综上所述，该模型是一种基于多准则的动态分区及优化的方案求解及车辆调度程序。首先根据城市地区复杂的约束因素以及施工限制确定可行的停车场建设备选方案，其次利用遗传算法确定可行方案的组合，实现最低碳排放量组合方式的求解。

4.5.3 模型求解

采用单亲遗传算法：每个停车场作为一个基因，以实数方式对备选停车场编码。编码序列依次为 1，2，3，4，…，n，每个基因长度为 1。本算例由 7 个停车场构成，以 7 个数字表示；这 7 个基因任意组合，构成一个染色体，代表一个停车场组合的可能解，并由很多个可能解的组合组成一个种群。本算例中，主程序里第 52 行设置了一代种群数为 8，共遗传 5 代（参见附录）。停车场的参数包括：位置坐标，其中，停车位数目作为属性变量参与计算，但不参与编码。

通常，解决多目标优化问题的遗传算法有几种特定的方法，例如权重系数更改方法、并行选择方法、布置选择方法、共享函数方法和混合方法。为了减轻编程的复杂性，同时满足交通和停车需求的重组，采用并行选择方法。具体的编程过程如下：

（1）编码操作

利用实数编码方法对基因进行初始化，对各种候选停车场进行编码。泊位编码序列为 1、2、3、4、…、m。

（2）产生初始种群

每个染色体由各种基因组成，对应于公共停车场的可能解决方案。公共停车场集合的初始基因是随机选择的。例如，如果有 30 个候选公共停车场，编号为 1、2、3、…、28、29、30，则染色体可以定义为 {1,3,7} 或 {1,2,9,10,30} 等。

（3）定义适应度函数

优化的公共停车位置模型的目的是针对整个交通网络 CO_2 排放量的优化，即求最小 CO_2 排量下的最优解。因此，定义适应度函数如下：

$$\text{Min } Z = \sum_{r} D_r f\left(\frac{L_r}{t_0\left[1+\alpha\left(\frac{D_r}{C_r}\right)^{\beta}\right]}\right) L_r \tag{4.19}$$

考虑到碳排放量受到交通流量和道路通行能力的影响，约束条件定义如下：

$$\begin{cases} \sum_{r} f_r^{ij} = Q_{rs} \\ f_r^{ij} \geqslant 0 \\ D_r \leqslant C_r \end{cases} \tag{4.20}$$

式中，f_r^{ij}为从 $i \sim j$ 在路段 r 上的交通流；Q_{rs} 为从 $i \sim j$ 的总流量；D_r 为 r 路段上的流量；C_r 为道路容量。

（4）种群选择

种群选择的目的是在初始停车场组中选择一个更好的个体，作为下一代的父本。判断个体是否优秀的标准是个体解决方案及适应度函数的结果。个体的适应度值越好，被下一代选择的可能性就越大。

（5）重组

由于代代之间复制的影响，交配池中的解决方案不断降低整个系统的平均排放量。 由于复制过程未产生新的停车场选址位置坐标集，因此组中最佳个体的适应性不会降低。基因重组过程使用的种群是从交配池中随机选择的，通过选择具有更好个性的停车场组，最后一代将包含父系中最好的遗传基因。

（6）变异

对于染色体中的每个公共停车场，将以相同的概率执行突变。例如，一个基因的当前值为 0，表示不会在人口组中选择该停车场。如果发生突变，则该值将更改为 1，这意味着可以为下一次迭代选择机会。

综上所述，如图 4.10 所示，利用遗传算法实现交通网络优化 CO_2 排放的步骤如下：

步骤 1：初始化。设置种群大小、染色体长度、迭代次数、基因重组方式（换位、移位、倒位）和突变概率。

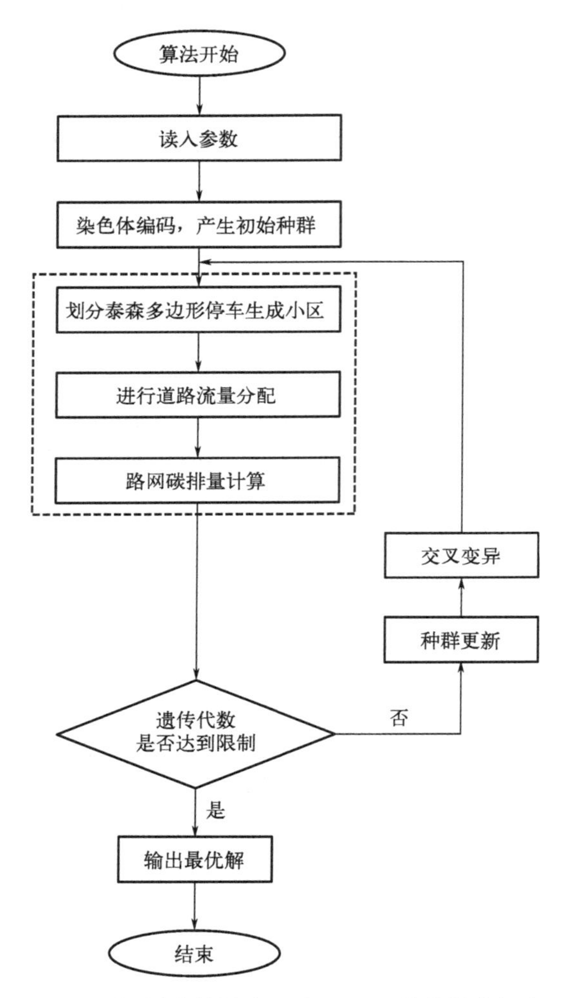

图 4.10　利用遗传算法实现路网 CO_2 优化的求解步骤

步骤 2：将二进制整数应用于每个公共停车场坐标的编码，并随机生成初始种群。

步骤 3：使用迭代方法计算每一代的适应度函数。该方法由三个平行部分分开，即基于泰森多边形的分区，进行交通分配和排放计算。对父代中的所有个体进行分类，选择更好的个体，并淘汰劣等个体，以产生新的公共停车场选址方案的组合。

步骤 4：根据交叉概率，在具有随机连接的个体之间执行交叉，根据突变的概率对单个停车场组合方式进行变异。

步骤 5：确认是否达到最大迭代次数且计算结果不再更优。如果是，则输出停车场位置组合的最佳规划配合方案。否则，返回步骤 3 进行下一轮迭代计算。

基于泰森多边形划分停车小区，建立土地利用 - 交通流分配 - 停车诱导一体化动态非线性优化模型；通过实时获取的城市路网道路运行数据，求解遗传算法最优解情况下调控型停车设施布局设计方案。提出以路网碳排放最优为目标的公共停车场选址优化模型，并设计了基于泰森多边形动态分区、动态道路流量分配相结合的算法。利用遗传算法的隐含并行性，保持对解不同停车场位置组合方案的搜索，找到全局最优的解集，同时确保实时优化流量诱导功能。根据停车需求的时变特征，打破固定停车小区停车生成率与土地利用之间的计算关系，对停车规划（类型、分区、位置等）如何影响车辆在路网上的分布过程进行探讨。

模型主要有以下优点：首先，以整体路网碳排放最优为优化目标，取代了传统的最短路径，或者单车个体效率等，实现了停车规划在低碳研究中的应用。其次，创新使用了动态泰森多边形分区，对传统停车分区模式予以优化，提高了停车需求计算的准确度，简化了模型优化目标函数的计算过程。最后，基于开源数据平台的数据收集及停车诱导系统，提供实时交通流量的优化与反馈，保证了计算结果在建成区环境运行的有效性。研究弥补了当前调控型停车设施动态优化模型在配建指标算法上的缺陷，为开源浮动车数据在研究提高动静态交通协调性、缓解道路拥堵方面提供方法及应用支撑。

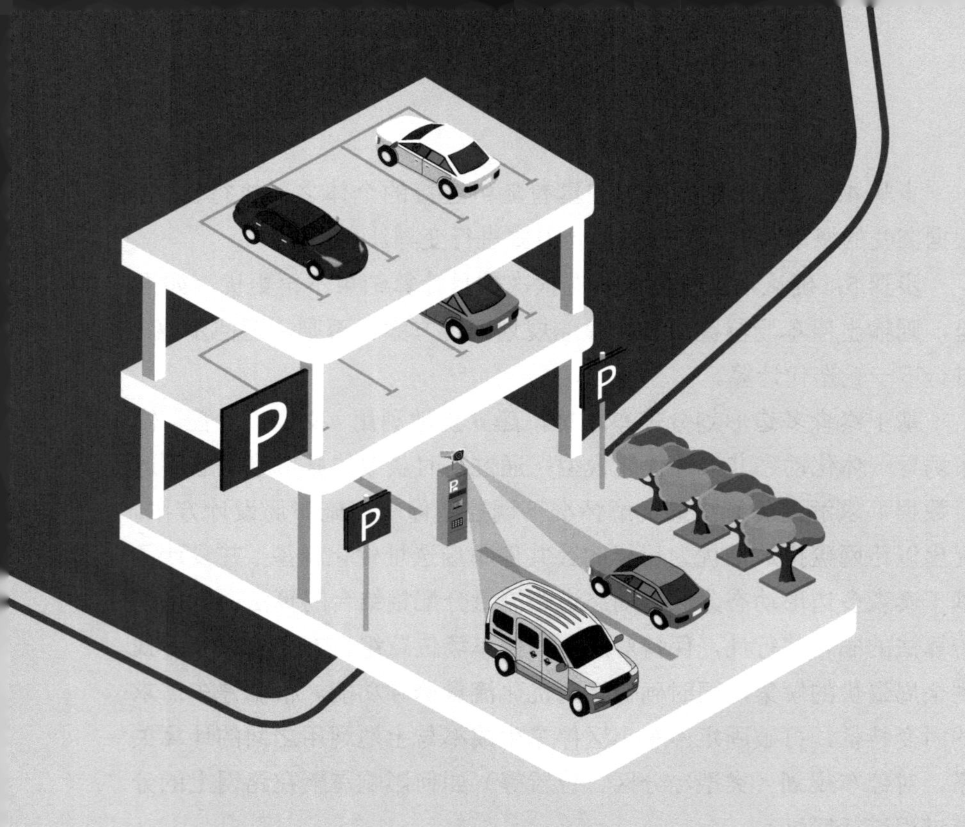

Chapter 5

第5章

低碳导向的调控型智能停车系统

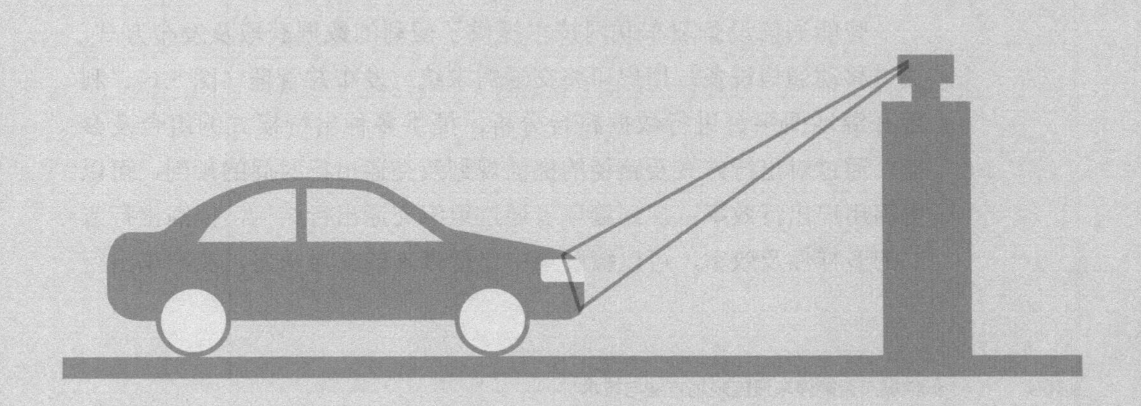

未来，停车资源可能不仅成为一种被动的需求工具，还将成为一种配置交通出行方式的媒介。停车规划不仅对交通效率产生影响，在智能交通背景下，智慧停车系统也将对交通模式产生影响。智慧停车系统通过提前对车辆停放路线、方案进行规划、协调、引导，减少车辆由于停车巡航所产生的多余碳排放。

基于调控型停车设施的规划系统：基于开源地图的交通路况获取、基于泰森多边形的动态路线规划分析、停车路线引导系统，将停车缓堵模型与智能停车系统结合，以保证停车缓堵策略对城市路网碳排放优化的实时性、有效性。从拥堵管理的角度，停车场的规划实践应该与交通数据收集、动态交通分配和交通性能监控的过程相适应。因此，为了保证停车规划对拥堵缓解的实时调控，需要将拥堵管理的过程，包括：数据收集、动态规划、实时诱导与停车系统相结合。

基于现代化的通信智能技术，构建“数据获取 + 分析 + 诱导”的土地利用规划、停车规划、动态交通指挥系统的信息网络，建立车与人、车与路的智能连通，以车辆运行过程采集实时交通数据信息，通过车联网系统传输和处理这些数据，并及时将信息传递给道路交通参与者，实现车辆的有效调度，在合适的道路网络上提供合理的交通流分配方案，进而提高道路与车辆运行效率。主要措施可能涵盖以下几方面。

5.1 基于开源地图平台的路况及实时车位获取

智能通信设备及车联网技术提供了便利的数据获取及发布方式。通过移动通信设备，用户可将交通需求统一发布并管理（图 5.1）。利用开源地图平台进行数据整合分析，提供多种出行模式的组合及参考。通过对出行方式及路径的提前规划及交通出行时间的预判，可以提高用户出行效率；规划管理者通过组织交通出行结构，提高出行方式的多样性及效率，可以缓解集中出行带来的交通压力，及汽车出行需求带来的交通供需矛盾。

图 5.1 基于车联网的智慧停车技术

5.2 低碳出行模式规划

基于开源地图平台的停车缓堵策略，利用开源地图平台交通路况实时更新及动态收集的特点，居民通过数据平台发布信息后，获得智慧交通平台在数据收集基础上，为居民出行提供的出行方式组合及路径规划最优方案（图 5.2）。目前，我国深圳、北京、上海等部分城市已经采用“P+B”——自行车与停车结合，“P+R”——停车设施与轨道交通系统结合的模式，鼓励居民开车到地铁站并乘坐公共交通工具进行日常通勤。因此，为了减少目的地的停车需求，提高公共交通的利用率，可以根据当天路况和交通状况获得定制的出行方案，选择地铁、驾车、单车等多种出行方式混合，进一步提高停车位的可用性。

目前，开源地图平台会提供距离最优或路径短的方案，而并没有提供基于交通碳排放最优方案。因此，以低碳为导向的城市建设需要以碳排放最优为前提，提供时间最优或距离最优的路径，通过不同行驶的组合达成最优的出行方式。

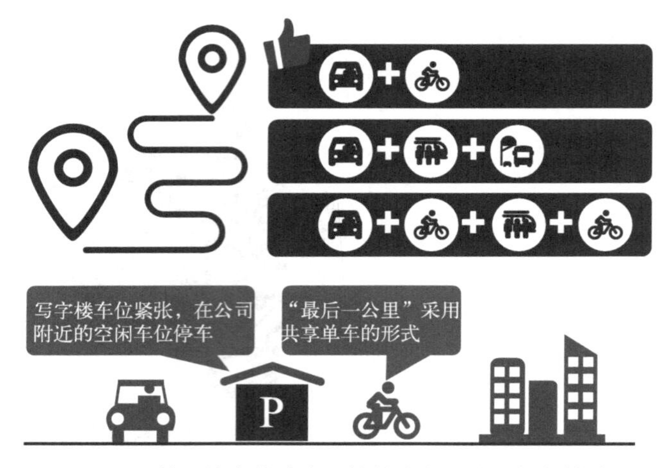

图 5.2　基于停车位动态调控的出行及路径规划模式

5.3 停车资源的动态分配

对于道路交通网络的动态规划、调控方式，可通过车位预定、动态费率、车位共享实现对动态交通的调控，见图 5.3。

图 5.3　停车设施对道路交通系统的调控模式

5.3.1　车位预定

通过实施车位预定系统，可以有效提高停车位的利用率，并减少因寻找车位导致的道路交通资源占用，从而缓解由车位等候引发的交通拥堵问题。

（1）临时停车需求的车位预定

利用开源地图平台，整合停车资源信息，允许用户根据实时的停车需求进行车位的提前规划和预定。这种做法能够显著缩短停车巡航时间，提高交通运输效率，并通过减少无效行驶来降低出行的碳成本（图 5.4）。

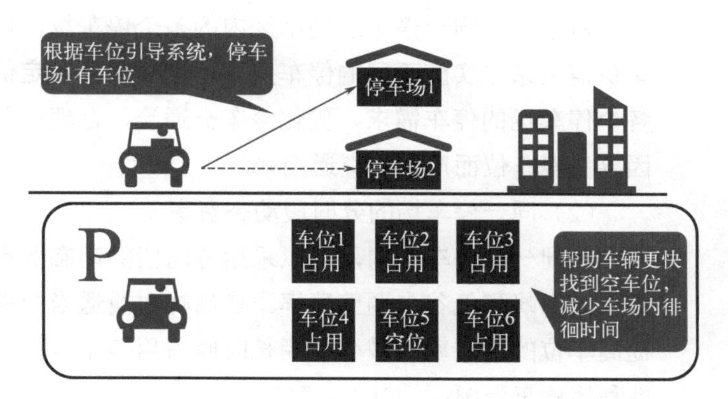

图 5.4 智慧停车的车位预定系统

（2）固定停车需求的车位预定

在轨道交通站点附近的停车场，推广车位预定服务，鼓励驾驶者在出行前预定车位。用户可以根据自己的出行计划，提前预约车位，并根据车位的空余情况选择是否使用公共交通工具进行后半程的出行。这种预定机制不仅能够优化个人出行计划，还能促进公共交通的使用，减少私家车对城市交通和环境的影响。

此外，车位预定系统的实施需要依托智能化的停车管理平台，通过实时数据更新和用户界面的友好设计，确保用户能够方便地获取信息并进行操作。同时，政策层面的支持和引导也至关重要，包括对使用车位预定系统的用户给予一定的激励措施，以及加强对车位预定规则的宣传和教育。通过这些措施，车位预定系统有望成为提高城市停车管理效率、促进交通可持续发展的有效工具。

5.3.2 动态费率

停车收费政策在近年来已成为商业发展中不可忽视的一环。不少商业停车场通过提供免费停车服务来吸引顾客，然而，随着客流量的增加，这种免费停车的政策可能会引发停车拥堵问题。为了有效管理这一问题，可以利用信息平台发布不同停车场的停车价格信息，根据停车需求的峰值进行动态调控。

（1）停车规划小区内的费率差异化

对于处于同一停车规划小区内的多个停车场，可以根据实时的停车供需关系，实施不同的停车费率。这种差异化定价策略有助于均衡各个停车场的停车需求，优化停车交通流，合理配置停车资源，减少因寻找停车位而产生的交通拥堵。

（2）同一停车场的分时段动态费率

在同一个停车场内，可以采用分时段的动态费率制度，根据停车需求的高峰和低谷来调整费率。在高峰时段适当提高停车费率，可以提高车位的周转率，减少车辆长时间占用停车位的情况，从而更有效地利用停车资源。

（3）运营收益与停车收益的协同优化

商业停车场可以通过停车费率的优惠来吸引客流，进而带动商场内的消费。当商场客流量达到稳定状态时，可以适当调整停车费率，将停车服务作为一项收入来源。这种策略既能保证商业运营的吸引力，又能通过合理的停车收费来增加收益。

通过以上策略，停车收费不仅能够作为商业运营的一部分，还能作为城市交通需求管理的有效工具。合理的停车收费政策，结合先进的信息发布和费率调整机制，能够促进停车资源的高效利用，减少城市拥堵，实现商业利益和城市交通管理的双赢。

5.3.3 车位共享

停车共享可以成为提升停车位使用效率的有效方法。通过停车需求的土地利用类型分析，发现利用停车供需时空差异，进行停车共享，可以大大提升停车位的使用率。因此，提高具有停车共享潜力的土地利用类型的混合率，可提升车位共享利用率。

目前，我国城市部分私家车位已经开展了停车位共享、租赁等业务，用户可以利用 APP 进行预约私家车位，在车位空闲时间进行短时共享。结合停车供需特征的分析结果，商业建筑平均车位数最高，且日均使用率最低（图 5.5）。

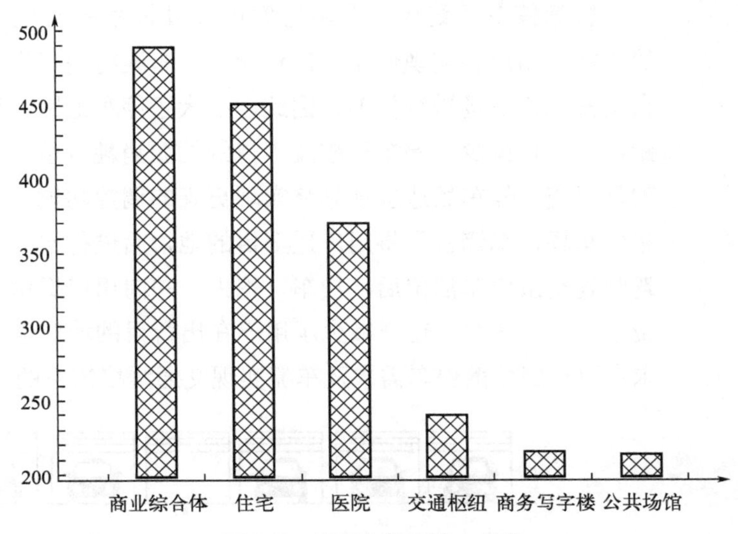

图 5.5　某停车场平均车位数

因此，以商业综合体为例进行停车位共享效益的评估。利用时间差，通过与高于停车位平均使用率的土地利用类型建筑停车场进行停车位共享，可以有效提高商业综合体停车场分时使用率。如图 5.6 所示，非高峰时段的商业停车共享也具有研究潜力。

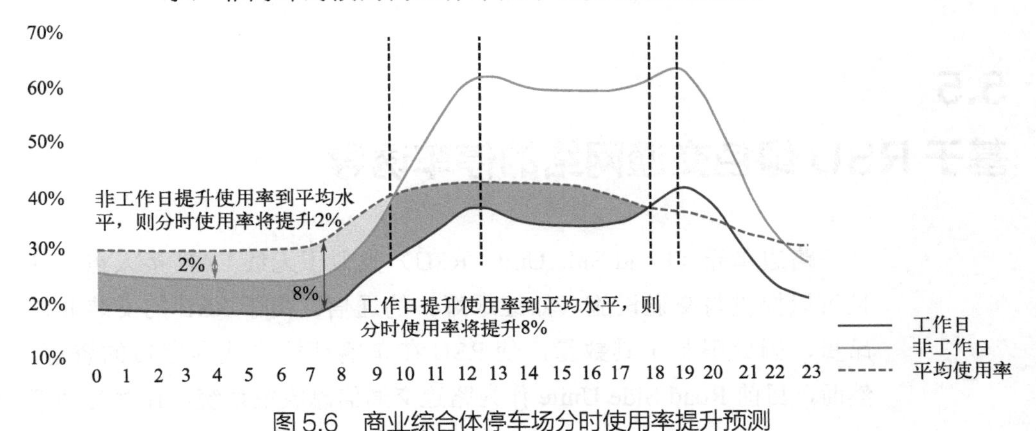

图 5.6　商业综合体停车场分时使用率提升预测

5.4
自动驾驶及智慧停车系统

智慧停车系统应充分考虑智能驾驶技术的发展。通过手机 APP 等终端，用户将实现停车的远程操作。车辆将用户送至目的地后，会自动开往停车场进行停泊，因此，扩大了停车范围，缩短了用户步行距离，并且减少了停车巡航及等待的能源消耗。基于智慧停车及无人驾驶系统，停车场选址规划将实现更强的调控功能，出行终点将不再是停车场，车辆首先将用户送至目的地，后进行自主泊车，车辆自动驾驶到空余停车泊位后，泊车，熄火，并向用户提供车辆位置、停车费率等（图 5.7）。这样减少了用户在出行目的地对停车设施的集中需求，以达到分散停车需求及车流实现交通缓堵的目的。

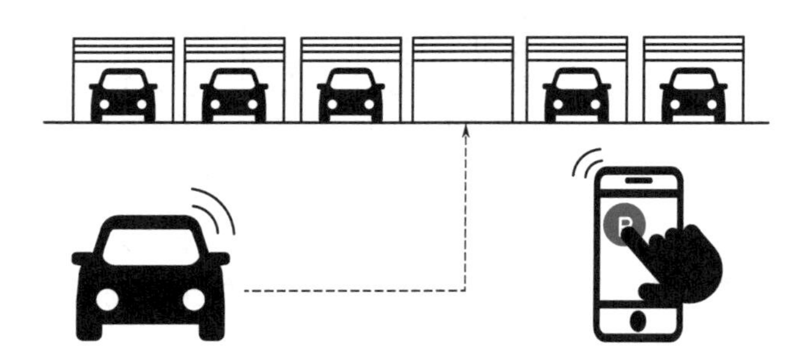

图 5.7　基于自动驾驶的智慧停车系统

5.5
基于 RSU 绿色交通网络的停车诱导

路边单元（Road Side Unit，RSU）类似于无线 LAN 接入点，并且可以提供与交通设施（如红绿灯）的通信。由于 RSU 的安装非常昂贵，因此限制了其数量，使 RSU 在车辆环境中成为宝贵的资源。然而，目前 Road Side Unite 作为路边交通信息收集系统，在对交通事故的发布及反应方面，速率明显优于开源地图的采集及反馈。

因此，将 RSU 与开源地图平台、手机结合，能够减少所需的 RSU 数量以及事故通知时间。目前，国内 RSU 系统的建立并不完善，交通安全同样也是影响交通效率的一个重要因素。停车动态调控系统通过对交通事故的及时反映，提前为车辆提供规避事故路段的停车场方案，减少由于交通事故引发的拥堵状况。提高 RSU 系统的合理布设，缩短交通事故的反馈时间，对于路网系统的事故预警、提前预判及交通绿网建立提供了新的思路、方法。

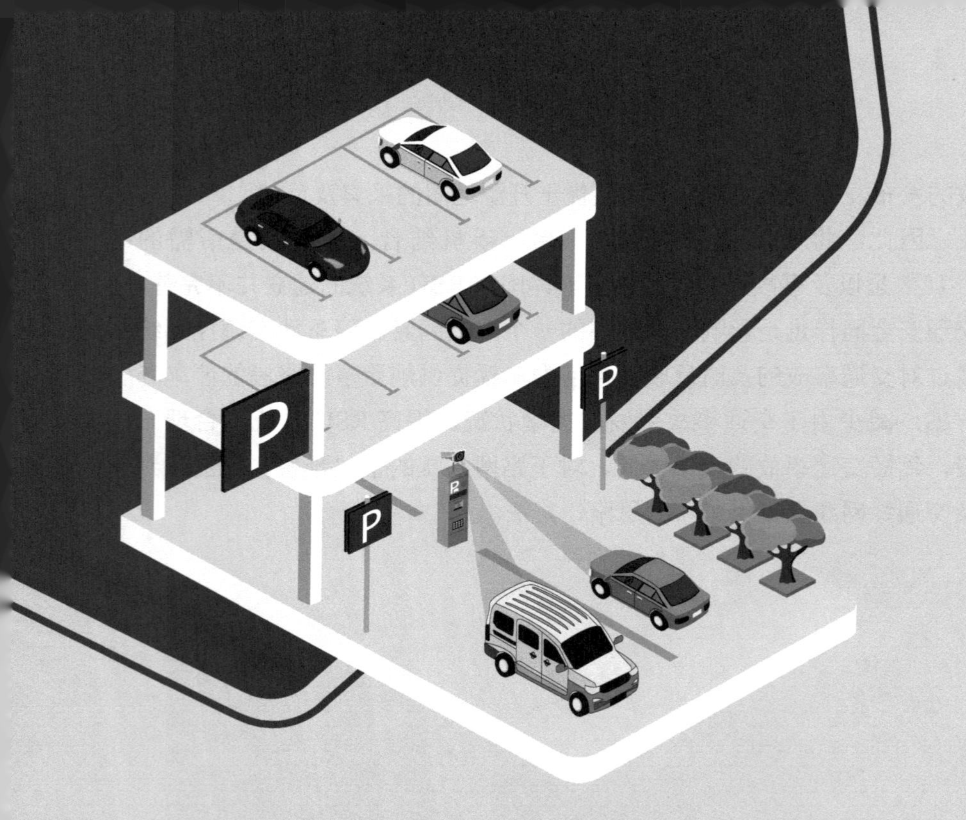

Chapter 6

第6章 西安建成区停车规划缓堵实践

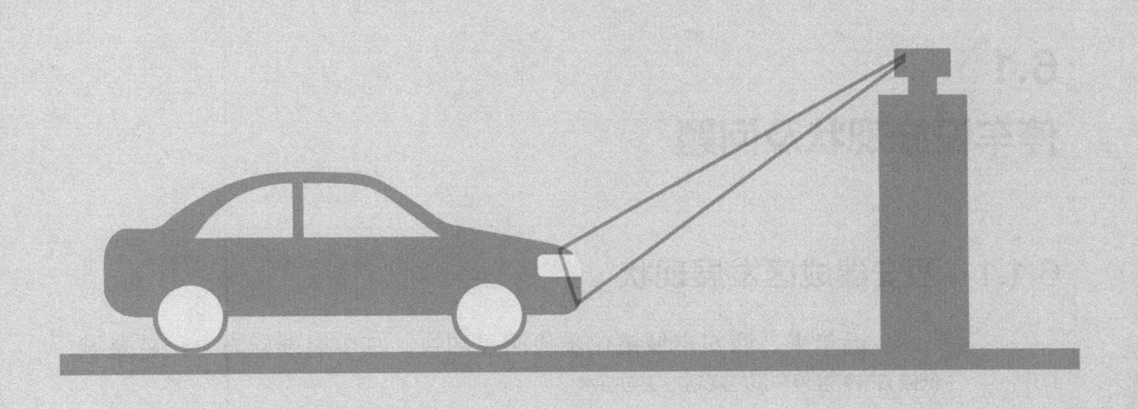

以西安既有城区为例，通过分析由停车设施配置不合理引发的交通拥堵现象，研究中心城区土地利用、停车供给及现状、建设限制条件对道路交通拥堵造成的影响机理。探索在低影响前提下，以停车规划调控城市建成区交通流的时空分布，通过提升停车设施可达性提升道路交通效率，减少拥堵的规划调控策略。

图 6.1 为基于调控型停车规划模型提出的规划支持体系，其基本步骤及策略包含规划设计、政策管理、价格调节、智能停车等。以西安市真实道路现状区域的仿真模拟，检验方案对于研究区域交通拥堵碳排放的优化效益。

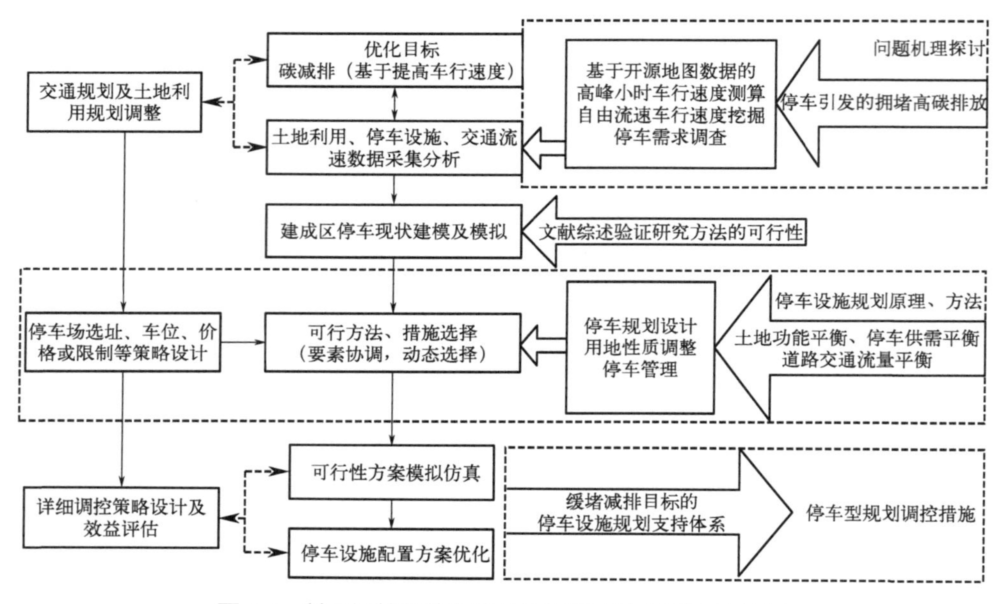

图 6.1　基于调控型停车规划模型提出的规划支持体系

6.1
停车设施现状及问题

6.1.1　西安建成区发展现状

近年来，西安市城镇化步伐明显加快，其中重要标志之一就是城镇就业人口显著增加。随着城市化进程不断加快，居民生活水平不断提高，城市机动车数量增长迅速。为了满足日益增长的出行需求，西安市近年来加快了道路建设速度。由于绝大多数的机动车以汽油、柴油作为动力，因此机动车数量的快速增加不仅加大了能源压力，碳排放也越来越多。因此，城市就业人口及机动车保有量的迅速增加使通勤交通压力增大，建成区早晚高峰期道路拥堵已常态化。

6.1.2 停车现状及其致堵成因

西安明城墙以内区域人口密度最大，历史城区的路网密度、宽度、道路交通及停车基础设施已经无法满足人们日益增长的出行需求。据不完全统计，城市主干道配建停车场有 50% 挪作他用，且社会停车场大多不对外开放，可达性不高；占道停车位 23000 多个，缺口约 7000 个；配建停车场平峰时段停放率不足 40%，高峰时段停放率不足 75%，利用率不高。

根据各种交通工具对道路资源的占用比例（图 6.2），小汽车∶公共交通∶非机动车为 7∶1∶0.5。也就是说，在承担相同出行量的情况下，小汽车占了道路资源的 68.9%，而公交车只占 10.2%，并且碳排放量比例小汽车约是公共交通的 7 倍。因此，小汽车是建成区优化道路资源配置、减少拥堵高碳排放需要重点关注的对象。

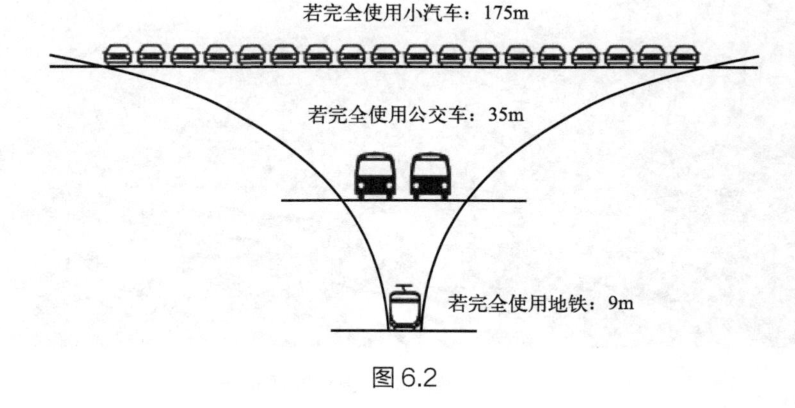

图 6.2

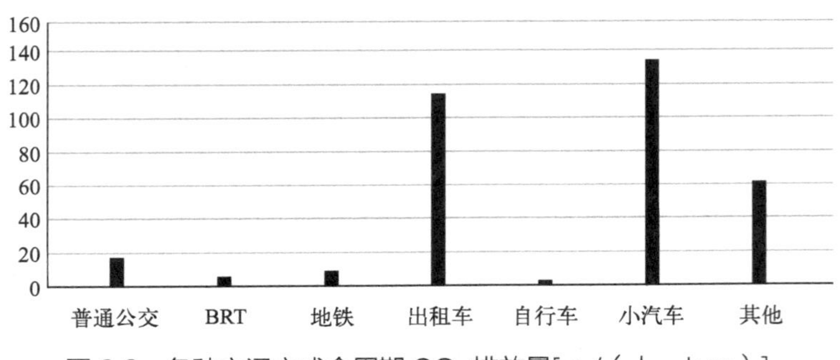

图 6.2 各种交通方式全周期 CO_2 排放量[g /(人·km)]

6.1.3 拥堵及高碳排放

随着机动车的快速增长，西安市城市中心城区交通拥堵问题正日益严重，交通拥堵时段不断延长、拥堵区域日益扩大、拥堵成本迅速增加，不仅为西安市城市居民出行带来诸多不便，也影响了城市经济发展和旅游业的吸引力。

图 6.3 为典型的潮汐式路段拥堵路况。由于土地利用规划失衡，通勤交通流大量聚集在城市通过性主干道，由此产生的线状拥堵主要出现在南北主轴线及环路，见表 6.1。

图 6.3 道路拥堵状况

表 6.1　西安市城市建成区主要拥堵路段信息

路段名称	平峰时速 /（km/h）	拥堵高峰时速 /（km/h）
西二环路	57	20.81
东二环路	56.33	20.98
太白北路	39.33	15.38
二环南路东段	54.67	22.61
二环南路西段	57	24.14
环城北路东段	52.33	22.97
太白南路	42.67	19.13
西二环路	58	26.01
环城南路东段	38	17.03
长安南路	44	19.98

在交通高峰期，城市区域汇聚大量车流，产生面状拥堵长时间拥塞，见表 6.2。

表 6.2　西安市城市建成区主要拥堵区域信息

区域名称	累计拥堵时长 /（h/D，小时 / 天）	高峰拥堵运行速度 /（km/h）
小寨	5.43	16.2
胡家庙	2.81	21.22
金花路	2.48	21.92
红庙坡	2.41	20.49
洪庆	1.92	23.51
电子城	1.74	16.02
万寿路	1.34	18.1
北关	1.31	18.32
广济街	1.18	16.65
太华路	1.14	19.31

城市线状、面状拥堵与土地利用产生的交通需求相关，但点状拥堵常常发生在交通终点，以医疗、商业、学校及交通枢纽和老旧小区周边为代表，见表 6.3。

表 6.3　西安市城市建成区主要拥堵点信息

地点名称		高峰拥堵运行速度 /（km/h）
商圈	钟楼	7.43
	小寨赛格	6.29
	大雁塔	8.12
学校	高新一小	12.32
	陕师大实验小学	14.08
	高新一中	15.13
医院	唐都医院	12.4
	交大一附院	7.1
	西安市儿童医院	9.02
交通枢纽	西安市火车站	13.11

由于占道、停车位规划不足等造成道路通行能力的下降，产生点状的拥堵，如图 6.4 所示，老旧小区停车设施规划预留不够，造成新增车辆无处停放。

图 6.4　某家属院停车场

图 6.5 所示居住区由于停车场收费过高，产生的大量晚间停车需求集中在道路上，占道停车使道路通行能力下降，引发拥堵。

图 6.5　某居住区占道停车

图 6.6 所示停车场因组织不合理造成车辆进出停车场频繁，对直行车流造成干扰，产生拥堵。

图 6.6　某停车场入口

6.2
停车规划缓堵的基本思路

通过对西安市主城区道路拥堵状况的分析研究，发现私家车出行是西安城市通勤高峰造成道路拥堵的主体。由于城市历史发展原因，车辆没处停放、规划设计原因不好停放、经济原因（违章）乱停放，占用公共道路资源造成交通拥堵，引发城市多余碳排放及环境负效应。随着城市的不断发展，建成区有限的土地资源将无法满足不断增长的停车需求。如何在用地紧缺的条件下优化土地资源配置，制定科学合理的停车策略、利用停车规划平衡供需矛盾，缓解拥堵是低碳城市研究的重要方向。

如图6.7所示，为了缓解拥堵，需要平衡土地利用产生的出行需求与道路交通供给。这种供给包括两方面：静态交通系统（停车系统），动态交通系统（路网系统）。需要控制的是小汽车出行需求，而增加公共交通需求、非机动交通需求这种低碳的出行方式。虽然，土地利用是产生停车吸引的源头，但从土地利用优化角度进行的城市更新，与小汽车、公共交通及非机动交通这三种出行行为相关。如果就拥堵控制而言，则更需要直接降低的是小汽车出行需求。因此，基于停车系统优化的拥堵调控更具有针对性。

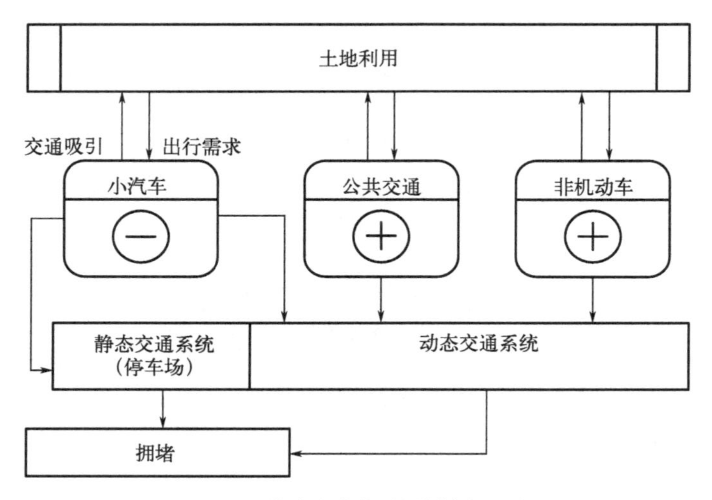

图6.7　停车规划缓堵的基本思路

6.3
仿真与参数设置

本节将结合停车规划模型，以图 6.8 所示西安市中心城区选址为例，验证该模型对于道路交通拥堵碳排放调控的可行性。

该街道位于历史旅游文化遗址及西安市重要商圈的交汇区，是西安市停车建设一类区，土地利用强度高，早晚高峰期车流量大，现有停车及道路交通需求远超过了其停车和道路通行能力。但由于处在历史文化遗址保护区，可用于新建停车场的空地极为有限。区域停车资源紧张，大量停车需求得不到满足，造成区域线状、点状严重的交通拥堵，引发高碳排放。因此，根据该区域特殊的区位条件及停车现状矛盾，论证停车场规划调控对于交通拥堵缓解的重要性。

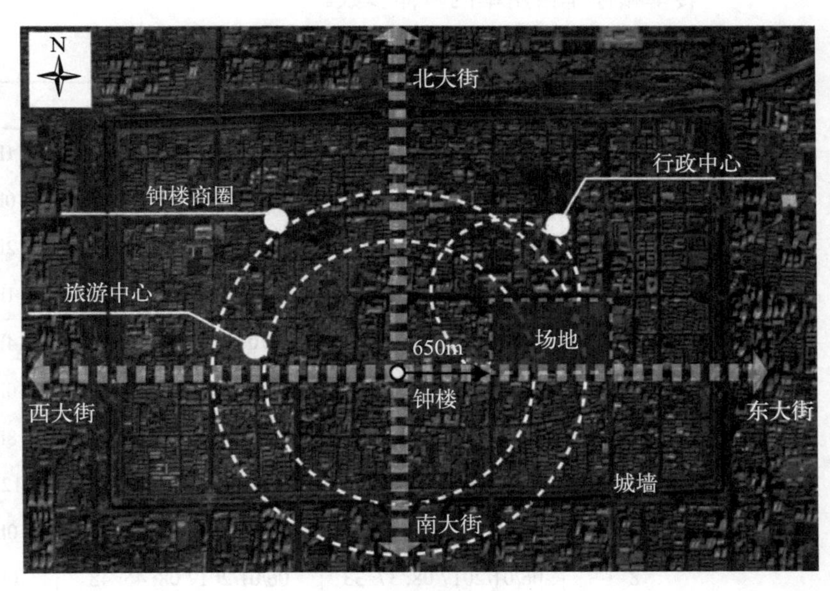

图 6.8　基地区位

为了建立可靠的停车模型，将真实的城市建成区环境图 6.8 转换简化为图 6.9。

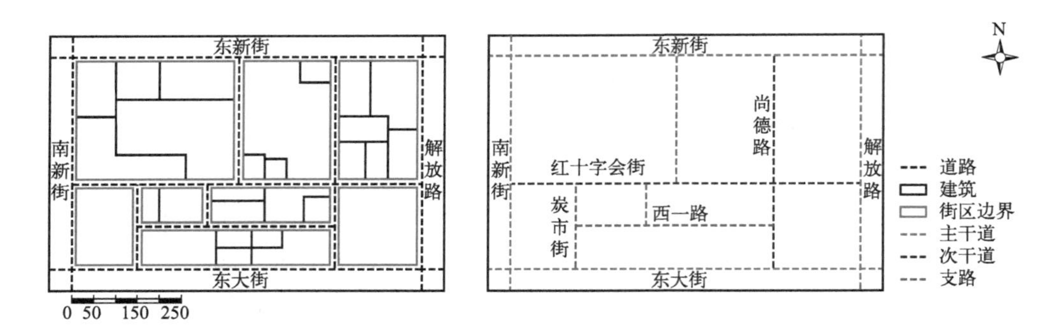

图 6.9　基地建成环境现状

为了获取区域停车使用状况的准确参数，从 2017 年 6 月 1 日 0:00 到 6 月 30 日 23:59 对现有的公共停车场进行实地调研。表 6.4 列举了停车场收集的 11159 个停车位使用数据，包括车辆驶入驶出时间。根据数据调查，对该区域停车场使用现状进行分析，确定模型中停车周转率和停车占用率的具体参数。

表 6.4　停车位使用信息

车位编码	停车开始时间	车辆驶出时间	停车时长
1	06/01/2017 08: 00: 16	06/01/2017 09: 23: 39	1h 23min 23s
5	06/01/2017 08: 01: 36	06/01/2017 08: 18: 48	0h 17min 12s
6	06/01/2017 08: 09: 15	06/01/2017 10: 39: 13	2h 29min 58s
2	06/01/2017 08: 14: 37	06/01/2017 09: 59: 34	1h 44min 57s
3	06/01/2017 08: 18: 19	06/01/2017 12: 33: 16	4h 14min 57s
7	06/01/2017 08: 30: 54	06/01/2017 09: 09: 45	0h 38min 51s
11	06/01/2017 08: 32: 05	06/01/2017 17: 10: 31	8h 38min 26s
12	06/01/2017 08: 32: 26	06/01/2017 20: 43: 42	12h 11min 16s
4	06/01/2017 08: 33: 27	06/01/2017 09: 29: 17	0h 55min 50s
8	06/01/2017 08: 37: 33	06/01/2017 08: 46: 48	0h 09min 15s

首先对通勤高峰时段（上午 8:00 至 9:00）公共停车位使用需求及其对直行交通流的影响进行了分析。如图 6.10 所示，在早高峰时段，绝大多数为驶入停车位车辆，而驶出车辆相对较少，在模型计算

时可忽略不计。

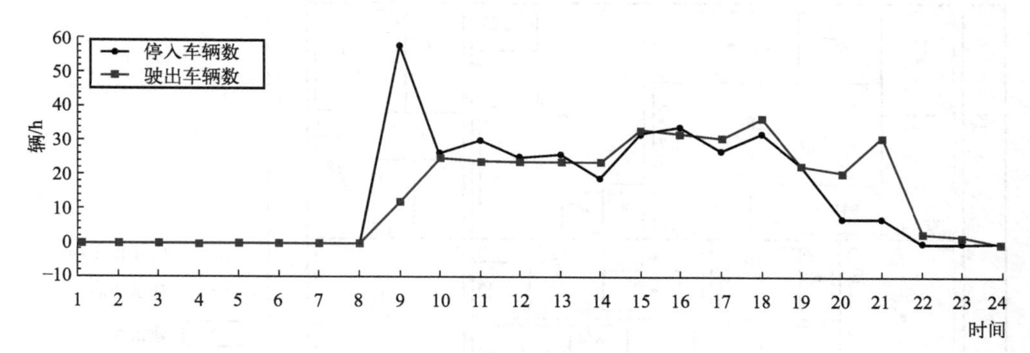

图 6.10　公共停车场停车位使用信息

因此，在不失一般性的情况下，在早晨的高峰时段，直接采用驶入车流量计算路段净流量，如式（6.1）所示：

$$D_r' = FD_r - \mathrm{GA}_r^w \times \mathrm{OR}_w \times \mathrm{TR}_w - \mathrm{GP}_r^l \times U_{pr} \times T_{pr} \tag{6.1}$$

根据停车位使用状况的调查统计，定义以下参数：F=0.7，OR_w=0.5，TR_w=2.0～3.0；假设 GP_r^l 处于饱和状态，从而 $U_{pr}=1$，$T_{pr}=1$。

则待建停车场车位数（容量）计算：

$$\mathrm{GP}_r^l = \sum_{i=1}^{l} \frac{\mathrm{PD}_i - \mathrm{GA}_r^w \times \mathrm{TR}_w}{\mathrm{OR}_m \times \mathrm{TR}_m} \tag{6.2}$$

$\mathrm{PD}_i=\mathrm{PG}_c\times A_c$，当 $c=1$ 时，$\mathrm{PG}_1=0.3$；$c=2$，$\mathrm{PG}_2=2.3$；$c=3$，$\mathrm{PG}_3=1.2$；$c=4$，$\mathrm{PG}_4=0.7$；$c=5$，$\mathrm{PG}_5=0.5$；$c=6$，$\mathrm{PG}_6=0.8$；$c=7$，$\mathrm{PG}_7=0.6$；$c=8$，$\mathrm{PG}_8=0.6$。以 $c=8$ 为例，PG_8 在高峰时段将在 1000m^2 的医院大楼内产生 0.6 个停车位需求。

其次，介绍动态停车分区及交通量的生成过程。图 6.11 显示了样本地块的建成环境信息，该地块有 28 座建筑物，其中 10 座拥有附属停车场。

将道路路段的左下角定义为坐标原点。基于坐标原点，标记每个建筑质心坐标，将每个建筑物的质心点视为特征点输入模型建筑物信息。输入包含建筑编号、土地利用类型、土地利用面积、附属停车位、停车场出入口路段编号及坐标。参数见表 6.5。

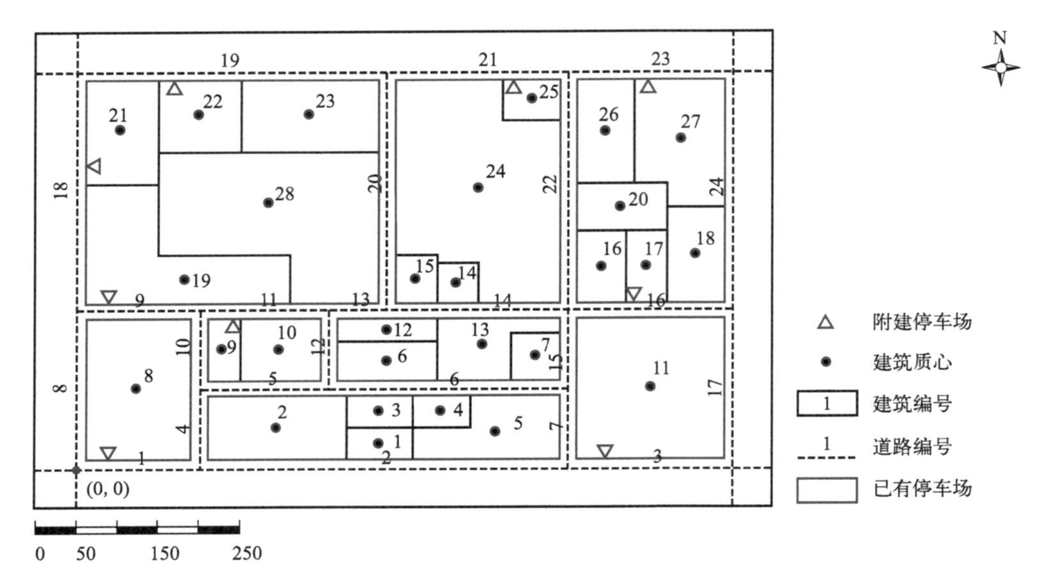

图 6.11 建成环境中附属停车场信息

表 6.5 建筑物及其附属停车位的信息

建筑编号 ID	土地利用类型	土地利用面积 /m²	建筑附属停车位数	停车场出口路段编号	坐标	
					X	*Y*
1	办公	3522			370	30
2	商业	10000			245	50
3	居住	4383			370	70
4	居住	6153			445	70
5	居住	29443			513. 28	45.17
6	教育	24809			380	135
7	办公	12556			560	140
8	商业	127922	639	1	75	100
9	商业	49125	245	11	180	150
10	居住	56407			250	150
11	医疗	97999	900	3	700	100
12	商业	29545			380	175
13	居住	7953			495.71	154.28
14	办公	16036			465	235
15	商业	21889			415	240
16	商业	21738			640	255
17	居住	10878	55	16	695	255
18	商业	34638			755	270
19	商业	118176	590	9	135	240

续表

建筑编号 ID	土地利用类型	土地利用面积 /m²	建筑附属停车位数	停车场出口路段编号	坐标	
					X	*Y*
20	办公	10872			665	330
21	商业	7373	37	18	55	425
22	教育	9199	30	19	150	445
23	商业	64707			285	445
24	居住	107925			491.28	354.57
25	商业	27152	135	21	555	465
26	商业	19459			645	425
27	商业	122000	610	23	737.56	414.76
28	居住	95769			235	335

图 6.12 标注了候选停车场的具体位置（绿色实心三角形）。在此示例中，共有 5 个已建停车场、2 个备选待建停车场。为了更好地说明分区方法，以最多 7 个停车场全部选择的情况，对研究区域进行分区示意。通过 Matlab 仿真确定这 7 个停车场位置的组合方式，实现道路网络整体碳排放量最小的优化目标。根据停车场的位置，创建 7 个独立的泰森多边形作为停车分析小区。每个多边形的信息由其质心（黄点）表示。

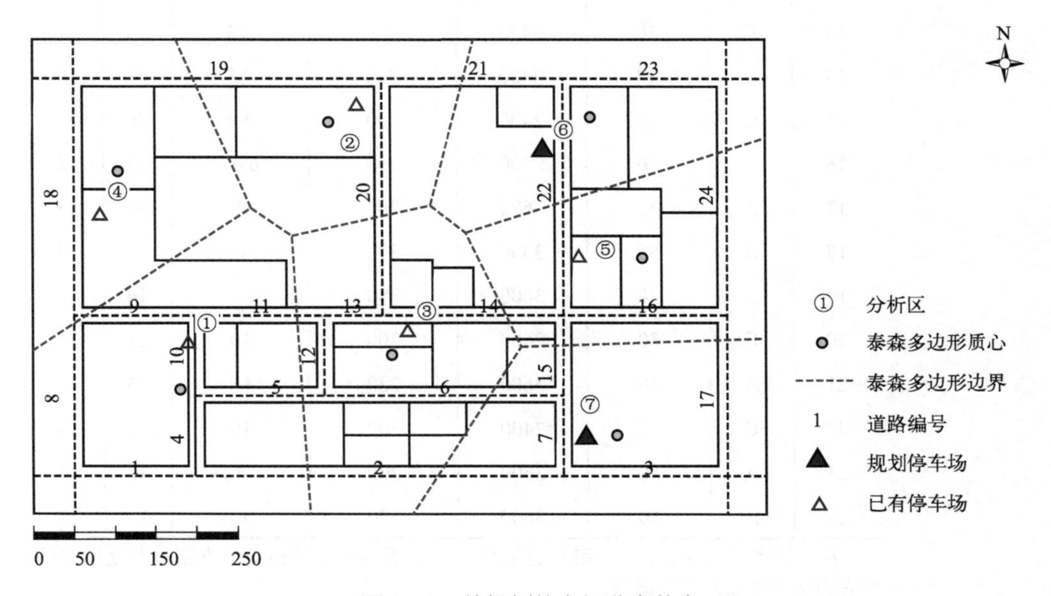

图 6.12 待规划停车场分布信息

表 6.6 列出了图 6.12 中的道路参数，表 6.7 列出了图 6.12 中路段端点参数。

表 6.6 道路信息

道路编号	道路类型	设计速度 /(km/h)	道路容量 /(PCU/h)	道路长度 /m	通行时间 /s	起点	终点
1	A	50	3600	150	3	1	2
2	A	50	3600	450	9	2	3
3	A	50	3600	200	4	3	4
4	L	20	1200	100	5	2	5
5	L	20	1200	160	8	5	6
6	L	20	1200	290	14.5	6	7
7	C	30	2400	100	3.3	3	7
8	A	50	3600	200	4	1	8
9	C	30	2400	150	5	8	9
10	L	20	1200	100	5	5	9
11	C	30	2400	160	5.3	9	10
12	L	20	1200	100	5	6	10
13	C	30	2400	70	2.3	10	11
14	C	30	2400	220	7.3	11	12
15	C	30	2400	100	3.3	7	12
16	C	30	2400	200	6.67	12	13
17	A	50	3600	200	4	4	13
18	A	50	3600	300	6	8	14
19	A	50	3600	380	7.6	14	15
20	C	30	2400	300	10	11	16
21	A	50	3600	220	4.4	15	16
22	C	30	2400	300	10	12	16
23	A	50	3600	200	4	16	17
24	A	50	3600	300	6	13	17

注：道路类型中，A、L 和 C 分别代表主干道、次干道和城市支路；此处列出的所有道路均为双向通行道路。

表 6.7 道路端点信息

道路端点编号	端点坐标	
	X	Y
1	0	0
2	150	0
3	600	0
4	800	0
5	150	100
6	310	100
7	600	100
8	0	200
9	150	200
10	310	200
11	380	200
12	600	200
13	800	200
14	0	500
15	380	500
16	600	500
17	800	500

表 6.8 提供了这 7 个公共停车场及其多边形的基本参数。

表 6.8 停车场和道路参数

公共停车场编号（多边形编号）	车库容量（最大车辆数）	停车场质心坐标		停车场出口路段编号	多边形质心坐标	
		X	Y		X	Y
1	20	140	166.12	10	129.67	106.72
2	30	346.44	468.15	19	314.54	445.32
3	30	408.42	183.81	14	388.62	149.57
4	30	31.44	328.88	18	53.93	381.47
5	20	619.52	278.67	22 由南向北	694.72	271.89
6	20	576.87	407.73	22 由北向南	634.00	449.65
7	40	626.00	47.23	7	664.17	50.99

如图 6.13 所示，从分析小区的质心到最近的路段创建了质心连杆。分析小区内生成的所有交通流都通过连杆分配到道路网络。根据

生成的连杆，测量其长度和质心位置，参数见表 6.9。在此示例中，将 7 个多边形质心视为交通分配的特征点，并通过不同的连杆进行连接。

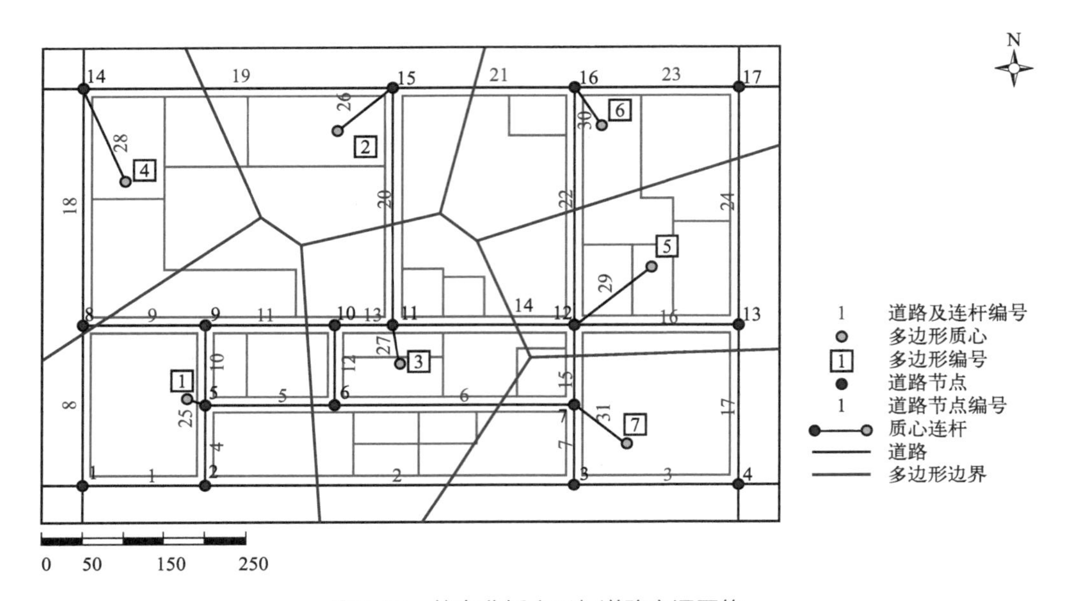

图 6.13　停车分析小区与道路交通网络

表 6.9　质心连杆参数

连杆编号	长度 /m	多边形质心	坐标		道路端点编号	坐标	
			X	*Y*		*X*	*Y*
25	21.42	1	129.67	106.72	5	150	100
26	85.28	2	314.54	445.32	15	380	500
27	51.16	3	388.62	149.57	11	380	200
28	130.22	4	53.93	381.47	14	0	500
29	118.92	5	694.72	271.89	12	600	200
30	60.75	6	634.00	449.65	16	600	500
31	80.74	7	664.17	50.99	7	600	100

尽管本案例研究中选择了城市中心区，但该优化模型对于不同约束条件下的城市建成区具有普遍适用价值。如图 6.14 所示，研究的基本方法是将研究区域根据泰森多边形空间特性，划分为停车分析小

区，在分区的基础上，实现均衡交通分布和停车需求的优化及缓堵减排的目标。

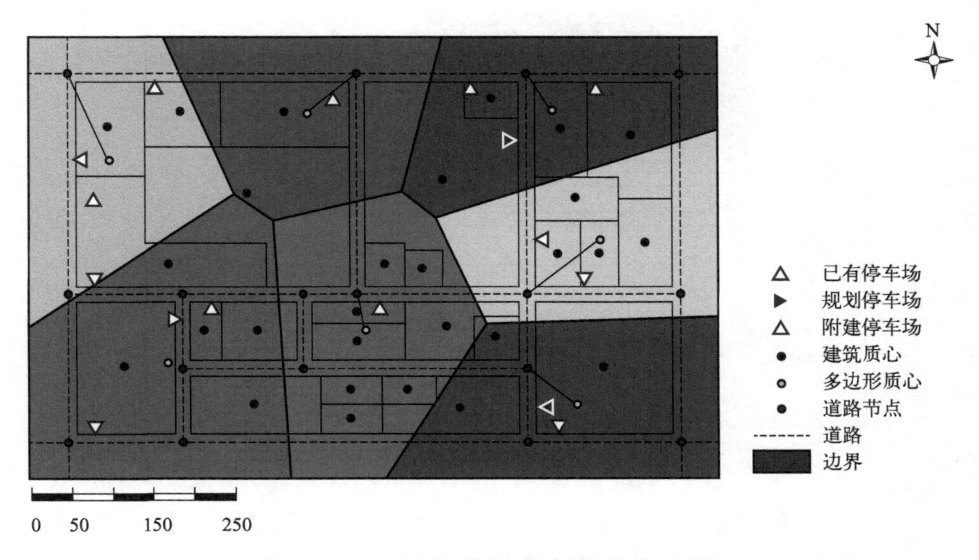

图 6.14　基于泰森多边形的动态分区与建模

6.4 实验结果与分析

通过 Matlab（MATrix LABoratory）编程（Matlab 2016a）进行模型的动态分区和流量分配的仿真计算。计算环境是微软 Windows7，2.6GHz 英特尔酷睿 i7 中央处理器（CPU），图形处理单元（GPU）为：Intel HD graphics 4000（1536MB）。编程界面及优化迭代过程如图 6.15 所示。

最佳停车场选址组合是通过单亲遗传算法（PGA）实现的，目的是通过停车场选址规划对路网交通流分配产生影响，寻找碳排放量最优的停车场组合。

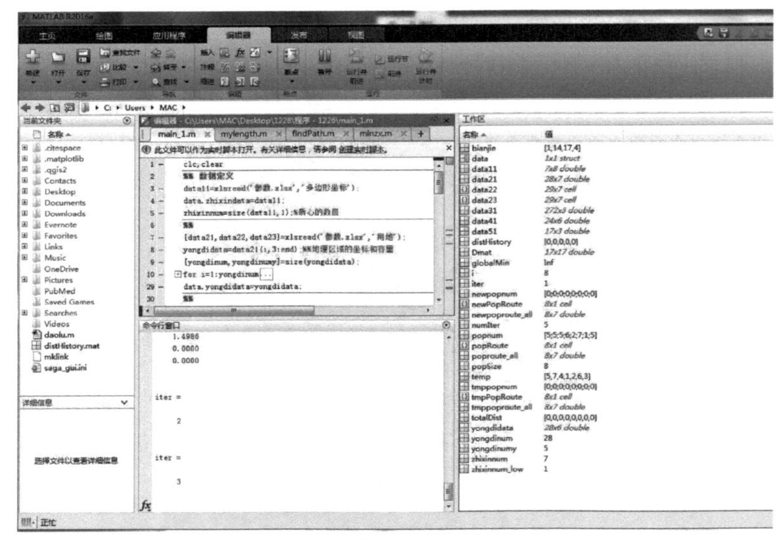

图 6.15　产生种子并计算碳排放量的过程

如图 6.16 所示，在 1 ～ 7 个可用停车场选址中，【4，1，6，5，7】最终被选为最佳的 5 个停车场组合，实现该区域道路网络系统碳排放最优。

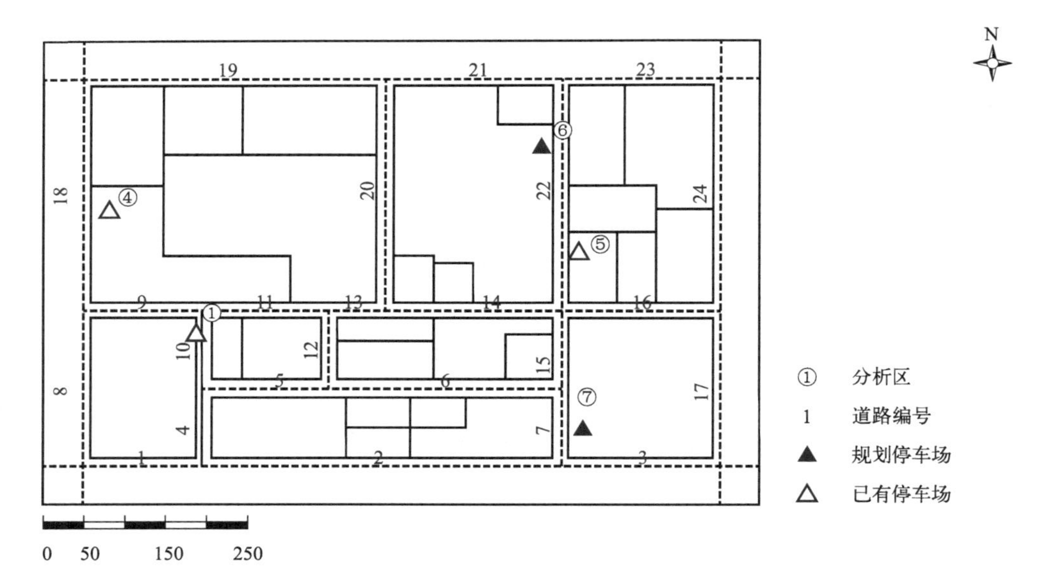

图 6.16　停车设施的最佳选址

图 6.17 为 PGA 迭代过程中，道路网络整体碳排放量的变化。可以清楚地看到，经过 5 轮（含产生算子的第 1 轮）PGA 优化，模型获得最优解。在模拟过程中，碳排放量在 1 ～ 3 次迭代后略有下降，在第 4 次迭代后达到了最小值且保持稳定，碳排放量停止进一步下降。说明优化模型经过 4 轮的优化迭代，选择出了最优解集。通过此案例的论证，有望在适当迭代次数后获得最佳总体性能的最优解集，也就是停车场组合方案，该方法为未来停车动态诱导技术提供了有趣且切合实际的研究方向。

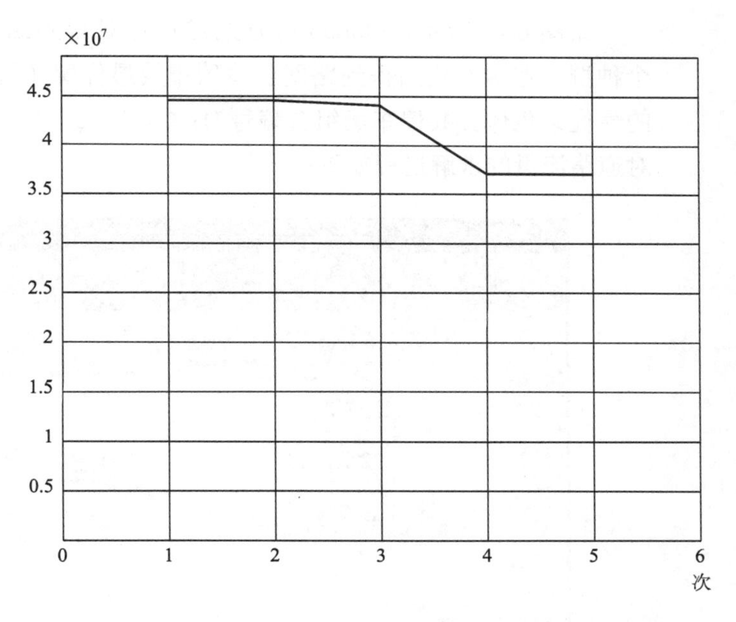

图 6.17　遗传算法选择方案对路网碳排放的优化结果

值得注意的是，与传统遗传算法产生的振荡优化结果不同，该方案经过两次迅速下降达到了最优。这个现象的可能解释为：这 7 个备选停车场产生的遗传种子数比较少。由于研究地块位于西安城市中心繁忙区，建设程度高，受制于土地建设情况，仅设计了 7 个备选停车场，在图 6.17 中，备选方案数低，限制了杂交过程产生算子的可能性数量。因此，当以遗传算法进行迭代运算时，模型很快找出最优解集，使计算结果突然下降并很快到达稳定最低。

6.5 效益评估

下面将详细论述模型最优解的求解过程，并检验方案对碳排放优化的合理性。

6.5.1 Matlab 仿真结果

如图 6.18 所示，Matlab 对方案进行计算得到结果显示：经过 8 个种群、遗传 5 代后得到路网整体碳排放最优解（最小），最终确定的最优染色体公共停车场组合编号为：4 ，7，5，1，6。计算过程中，对道路流量的求解过程如下：

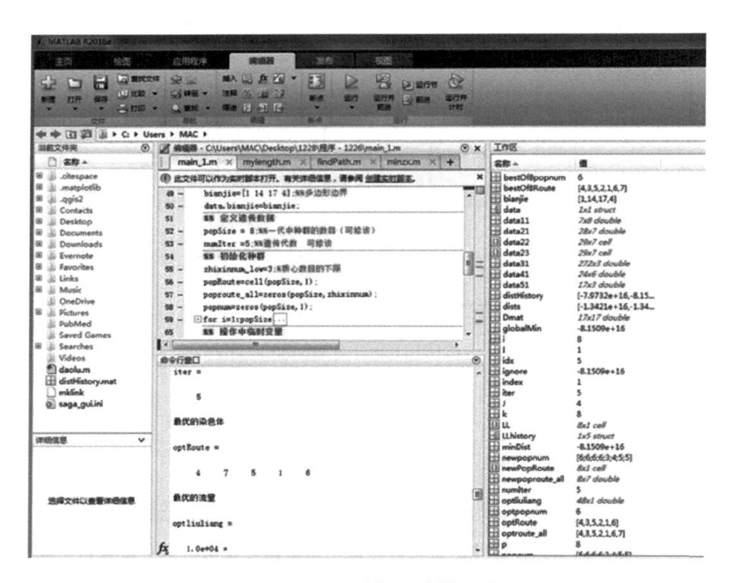

图 6.18 Matlab 模型计算工作界面

图 6.19 为 Matlab 对模型建模求解的矩阵结果。其中，由于本算例中单亲遗传 5 代后计算结果出现最优解，故总共有 5 组路段流量的计算结果，如图 6.19（a）所示。其中，每代遗传后路段的最优流量分配如图 6.19（b）所示。

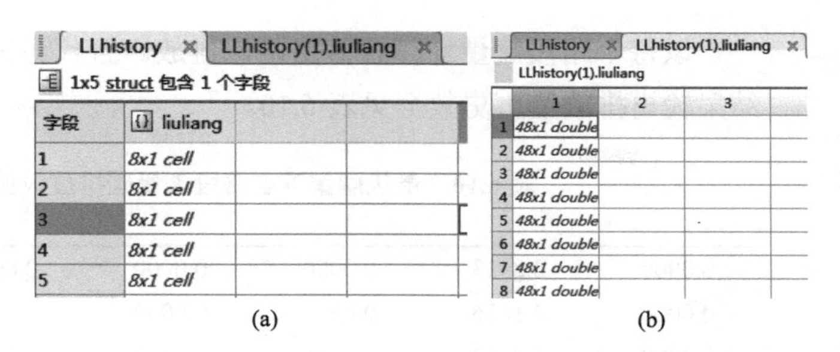

图 6.19　迭代产生的 5 组路段流量矩阵

本算例共有 24 条道路，为双向，故每代遗传共产生 48 条流量数据，矩阵结构如图 6.20 所示。

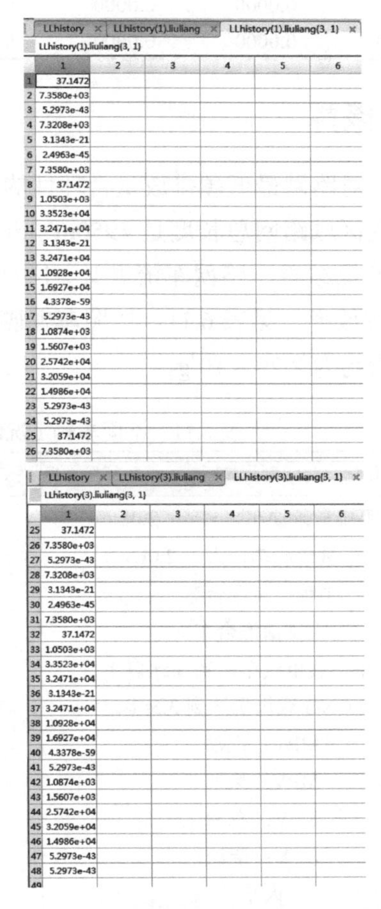

图 6.20　每组矩阵中 48 条路段分配流量

以每个路段流量计算整体路网碳排放。五代遗传后的碳排放计算结果输出排放量历史数据见表 6.10。

表 6.10 最优解集下各路段流量碳排放数值

单位：10^4g

0.0000	0.8913	0.0000	0.0000	0.8913	0.0000
0.0000	4.1876	0.8913	0.0000	4.1876	0.8913
0.0000	3.2962	1.0130	0.0000	3.2962	1.0130
0.0000	0.0000	1.8725	0.0000	0.0000	1.8725
0.0000	3.2962	2.3571	0.0000	3.2962	2.3571
0.0000	1.6646	1.2673	0.0000	1.6646	1.2673
0.0000	0.0000	0.0000	0.0000	0.0000	0.0000
0.0000	0.0000	0.0000	0.0000	0.0000	0.0000

6.5.2 碳排放核算

（1）对路网最低碳排放量合理性的检验

研究区域路网总长度是 4950m，双向，道路长度是 9900m。根据 Matlab 模拟结果，路网车流共计 414742 辆。根据不同车型测算得到的 CO_2 排放率，见表 6.11，按照车辆碳排放率约为 200g/km 估算，路网排放量约为 8.29×10^7g。

表 6.11 不同车辆工况的碳排放量

车辆形式	CO_2 排放量 /（g/km）
中等排量柴油车，1.7 ～ 2.0L	187.6
大排量柴油车，大于 2.0L	255.8
中等排量混合车	126.2
大排量混合车	224
柴油车，载重汽车达到 3.5t 以上	271.6
LPG 或 CNG 载重量达到 3.5t 以上	271.8
MPV：汽油	242.2
MPV：柴油	212
SUV：汽油	305.4
SUV：柴油	266.4
火车	57.7

结合图 6.17，计算结果为（3.5 ～ 3.7）$\times 10^7$g，虽然模拟结果与理论估算值存在差异，但数量级一致，且误差均在合理范围。经分析，计算结果误差的可能原因有：同一路段在不同时刻拥堵状况存在差异，但数值均在合理范围，由于碳排放量是一个累计值，车辆基数大，每一辆车小的差异都会累计产生整体数值的较大差别。

（2）对遗传算法产生过程方案碳排放的计算

模型利用遗传算法在选择最优解的过程中会产生多组停车场组合方案，根据选择的过程方案，进行路网碳排放量的计算，经判断求解得到的方案碳排放量最低。

综上所述，计算结果验证了所提出碳排放优化模型的准确度；同时证实了停车选址优化模型对于拥堵碳排放控制的可行性和基于遗传算法对模型求解的合理性。

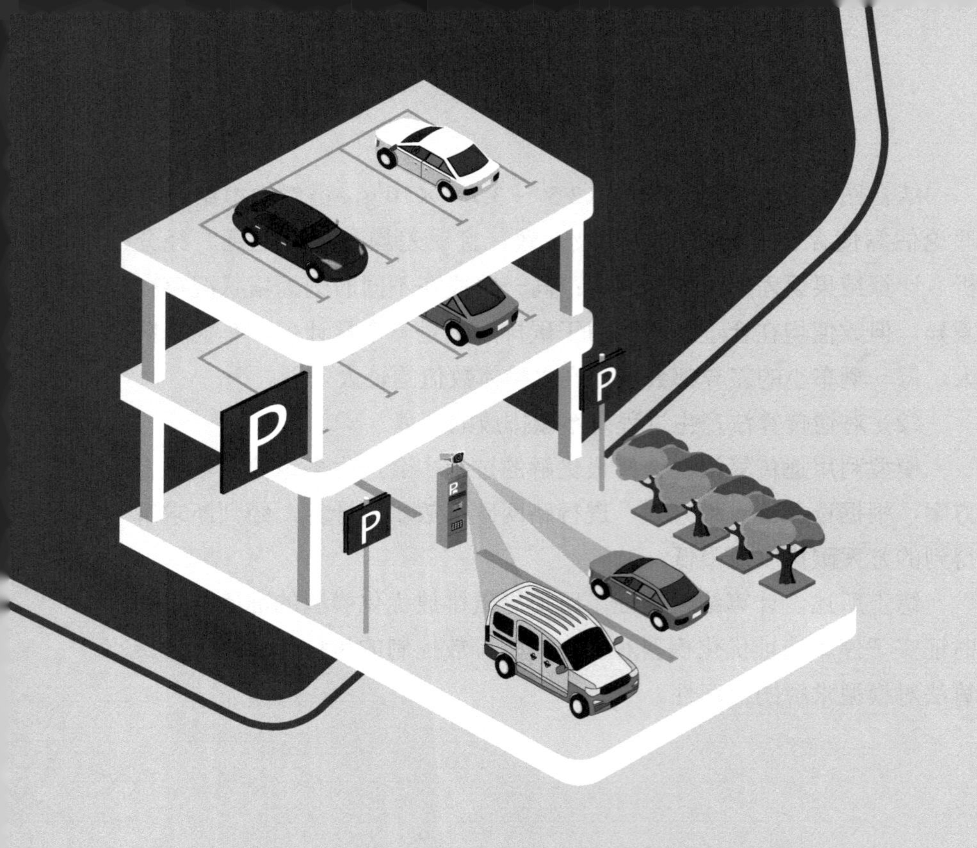

附录 编写的Matlab最优停车场规划方案求解脚本

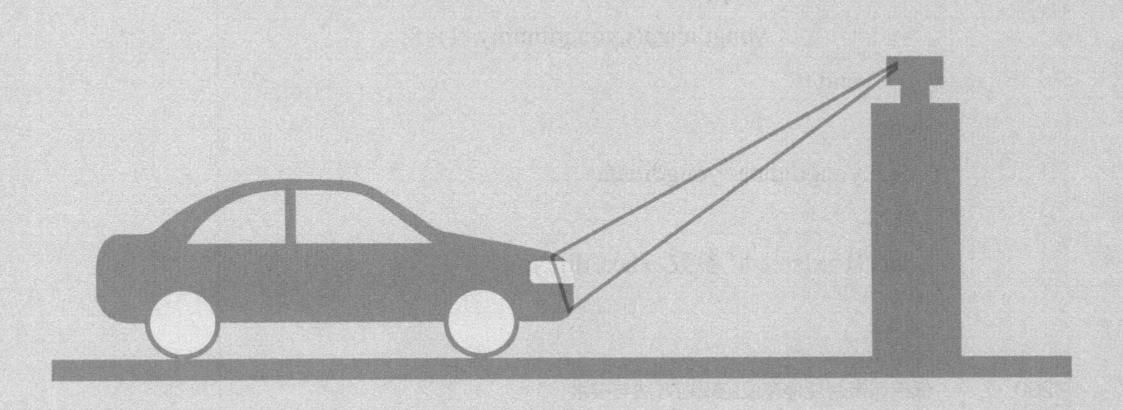

```
clc,clear
data11=xlsread('参数.xlsx','dbxzb');
data.zhixindata=data11;
zhixinnum=size(data11,1);% 质心的数目
%%
[data21,data22,data23]=xlsread('参数.xlsx','yd');
yongdidata=data21(:,3:end);%% 地理区域的坐标和容量
[yongdinum,yongdinumy]=size(yongdidata);
for i=1:yongdinum
    if strcmp(data22(i+1,2),'居住用地')
        yongdidata(i,yongdinumy+1)=1;
    elseif strcmp(data22(i+1,2),'商业用地')
        yongdidata(i,yongdinumy+1)=2;
    elseif strcmp(data22(i+1,2),'办公用地')
        yongdidata(i,yongdinumy+1)=3;
    elseif strcmp(data22(i+1,2),'文化娱乐用地')
        yongdidata(i,yongdinumy+1)=4;
    elseif strcmp(data22(i+1,2),'教育用地')
        yongdidata(i,yongdinumy+1)=5;
    elseif strcmp(data22(i+1,2),'工业用地')
        yongdidata(i,yongdinumy+1)=6;
    elseif strcmp(data22(i+1,2),'公共设施用地')
        yongdidata(i,yongdinumy+1)=7;
    elseif strcmp(data22(i+1,2),'医疗用地')
        yongdidata(i,yongdinumy+1)=8;
    end
end
data.yongdidata=yongdidata;
%%
data31=xlsread('参数.xlsx','dljz');
```

```
Dmat=inf*ones(max(data31(:,1)),max(data31(:,1)));%% 道路邻接矩阵
for i=1:size(data31,1)
    if ~isnan(data31(i,end));
        Dmat(data31(i,1),data31(i,2))=data31(i,3);
    end
end
for i=1:size(Dmat,1)
    Dmat(i,i)=0;
end
data.Dmat=Dmat;
%%
data41=xlsread(' 参数 .xlsx','dl');
data41=data41(:,3:end);
data.daolu=data41;
%%
data51=xlsread(' 参数 .xlsx','dldd');
data.daoluduandian=data51(:,2:3);
bianjie=[1 14 17 4];%% 多边形边界
data.bianjie=bianjie;
%% 定义遗传数据
popSize =8;%% 一代中种群的数目（可修改）
numIter =6;%% 遗传代数 修改
%% 初始化种群
zhixinnum_low=4;% 质心数目的下限
popRoute=cell(popSize,1);
poproute_all=zeros(popSize,zhixinnum);
popnum=zeros(popSize,1);
for i=1:popSize
    temp=randperm(zhixinnum);
     popnum(i)=zhixinnum_low+round((zhixinnum-zhixinnum_
```

```
low)*rand());
        popRoute{i}=temp(1:popnum(i));
        poproute_all(i,:)=temp;
end
%% 操作中临时变量
globalMin = Inf;
totalDist = zeros(1,popSize);%% 存储碳排放
distHistory = zeros(1,numIter);%% 碳排放变化历史
tmpPopRoute =cell(8,1);
newPopRoute = cell(popSize,1);
tmppopnum=zeros(8,1);
newpopnum=zeros(popSize,1);
tmppoproute_all=zeros(8,zhixinnum);
newpoproute_all=zeros(popSize,zhixinnum);
%% 遗传开始
for iter=1:numIter
        [totalDist,LL]=mylength(popRoute,popnum,data);
         % Find the Best Route in the Population
        [minDist,index] = min(totalDist);% 找到最好的种群
        distHistory(iter) = minDist;%% 存储最好的种群
         LLhistory(iter).liuliang=LL;
        %%
        if minDist < globalMin
                globalMin = minDist;
                optRoute = popRoute{index};% 最优的染色体
                optroute_all=poproute_all(index,:);
                optpopnum=popnum(index);
                optliuliang=LL{iter};
        end
```

```
    % Genetic Algorithm Operators
    randomOrder = randperm(popSize);
    for p = 8:8:popSize

        rtes = poproute_all(randomOrder(p-7:p),:);
        popnums=popnum(randomOrder(p-7:p));
        dists = totalDist(randomOrder(p-7:p));
        [ignore,idx] = min(dists); %#ok
        bestOf8Route = rtes(idx,:);
        bestOf8popnum=popnums(idx);

        routeInsertionPoints = sort(ceil(zhixinnum*rand(1,2)));
        I = routeInsertionPoints(1);
        J = routeInsertionPoints(2);
        for k = 1:8 % Generate New Solutions

            tmppoproute_all(k,:)=bestOf8Route;
            tmppopnum(k)=bestOf8popnum;
            tmpPopRoute{k} = tmppoproute_all(k,1:tmppopnum(k));
            switch k
                case 2 % Flip 倒位
                    tmppoproute_all(k,I:J) = tmppoproute_all(k,J:-1:I);
                    tmpPopRoute{k}=
tmppoproute_all(k,1:bestOf8popnum);
                case 3 % Swap 交换
                    tmppoproute_all(k,[I J]) = tmppoproute_all(k,[J I]);
                    tmpPopRoute{k}=
tmppoproute_all(k,1:bestOf8popnum);
                case 4 % Slide 移位
                    tmppoproute_all(k,I:J) = tmppoproute_all(k,[I+1:J I]);
```

```
                tmpPopRoute{k} =
tmppoproute_all(k,1:bestOf8popnum);
            case 5
tmppopnum(k)=zhixinnum_low+round((zhixinnum-zhixinnum_
low)*rand());
                tmpPopRoute{k}=
tmppoproute_all(k,1:tmppopnum(k));
            case 6 % Flip 倒位
                tmppoproute_all(k,I:J) = tmppoproute_all(k,J:-1:I);
tmppopnum(k)=zhixinnum_low+round((zhixinnum-zhixinnum_
low)*rand());
                tmpPopRoute{k} =
tmppoproute_all(k,1:tmppopnum(k));
            case 7 % Swap 交换
                tmppoproute_all(k,[I J]) = tmppoproute_all(k,[J I]);
tmppopnum(k)=zhixinnum_low+round((zhixinnum-zhixinnum_
low)*rand());
                tmpPopRoute{k} =
tmppoproute_all(k,1:tmppopnum(k));
            case 8 % Slide 移位
tmppopnum(k)=zhixinnum_low+round((zhixinnum-zhixinnum_
low)*rand());
                tmppoproute_all(k,I:J) = tmppoproute_all(k,[I+1:J I]);
                tmpPopRoute{k} =
tmppoproute_all(k,1:tmppopnum(k));
            otherwise % Do Nothing
        end
    end
    %%
    newPopRoute(p-7:p) = tmpPopRoute;
```

```
        newpopnum(p-7:p)=tmppopnum;
        newpoproute_all(p-7:p,:)=tmppoproute_all;
    end
    popRoute = newPopRoute;
    popnum=newpopnum;
    poproute_all=newpoproute_all;
iter
end
%%
    figure(1);
    plot(distHistory,'b','LineWidth',2)
    grid on
    title('Best Solution History');
     set(gca,'XLim',[0 numIter+1],'YLim',[1.1*min([1 distHistory])
1.1*max([1 distHistory])]);
    %%
      disp(' 最优的染色体 ')
      optRoute,
      disp(' 最优的流量 ')
      optliuliang
       save distHistory.mat distHistory
```

参考文献

[1] Shoup D.The ideal source of local public revenue[J].Regional Science and Urban Economics,2004, 34 (6): 753-784.

[2] Barone R E, Giuffrè T, Siniscalchi S M, et al.Architecture for parking management in smart cities[J].IET Intelligent Transport Systems,2013, 8 (5): 445-452.

[3] Bram Van O, Li Y, Liu S. Parking Guidebook for Beijing[R].2015.

[4] 赵鹏军 . 历史城区交通节能减排的空间规划理论 [J]. 国际城市规划 ,2014, 29 (2): 43-51.

[5] Banister D.Cities, mobility and climate change[J].Journal of Transport Geography,2011, 19: 1538-1546.

[6] Jabareen Y R.Sustainable Urban Forms Their Typologies, Models, and Concepts[J].Journal of Planning Education and Research,2006, 26 (1): 38-52.

[7] Yang H, Liu W, Wang X, et al.On the morning commute problem with bottleneck congestion and parking space constraints[J].Transportation Research Part B: Methodological,2013, 58: 106-118.

[8] Arnott R, Inci E.An integrated model of downtown parking and traffic congestion[J].Journal of Urban Economics,2006, 60 (3): 418-442.

[9] Cai Y, Chen J, Zhang C, et al.A Parking Space Allocation Method to Make a Shared Parking Strategy for Appertaining Parking Lots of Public Buildings[J].Sustainability,2018, 11 (1).

[10] 张泉 . 低碳生态的城市交通规划应用方法与技术 [J]. 江苏城市规划 ,2016, (4): 49.

[11] Deakin E.Land use and transportation planning in response to congestion problems: A review and critique[J].Transportation Research Record,1989, 1237: 77-86.

[12] Feeney B P.A review of the impact of parking policy measures on travel demand[J].Transportation Planning and Technology,1989, 13 (4): 229-244.

[13] Franco S.Downtown parking supply, work-trip mode choice and urban spatial structure[J].2015.

[14] Brueckner J K, Franco S F.Parking and urban form[J].Journal of Economic Geography,2017, 17 (1): 95-127.

[15] Hunt J D, Kriger D S, Miller E J.Current operational urban land - use–transport modelling frameworks: A review[J].Transport Reviews,2005, 25 (3): 329-376.

[16] Garrett M, Wachs M. Transportation planning on trial: The Clean Air Act and travel forecasting[M]. Sage Publications,1996.

[17] Habib K M N, Morency C, Trépanier M.Integrating parking behaviour in activity-based travel demand modelling: Investigation of the relationship between parking type choice and activity scheduling process[J].Transportation Research Part A: Policy and Practice,2012, 46 (1): 154-166.

[18] Banister D.Planning more to travel less: Land use and transport[J].Town Planning Review,1999, 70 (3): 313.

[19] Carrese S, Gori S, Picano T. Relationship between parking location and traffic flows in urban areas,Advanced Methods in Transportation Analysis: Springer,1996: 183-214.

[20] Transportation S, Committee H.Summary Report: Reducing Congestion and Greenhouse Gas Emissions through Parking Policy[J],2009.

[21] Cervero R.Congestion relief: the land use alternative[J].Journal of Planning Education and Research,1991, 10 (2): 119-130.

[22] Chester M, Fraser A, Matute J, et al.Parking infrastructure: A constraint on or opportunity for urban redevelopment? A study of Los Angeles County parking supply and growth[J].Journal of the American Planning Association,2015, 81 (4): 268-286.

[23] Guo Z.Does residential parking supply affect household car ownership? The case of New York City[J]. Journal of Transport Geography,2013, 26: 18-28.

[24] Franco S.Downtown parking supply, work-trip mode choice and urban spatial structure[J]. Transportation Research Part B: Methodological,2017, 101: 107-122.

[25] Kitamura R, Mokhtarian P L, Daidet L.A micro-analysis of land use and travel in five neighborhoods in the San Francisco Bay Area[J].Transportation,1997, 24 (2): 125-158.

[26] Alford G, Whiteman J.Macro-urban form and transport energy outcomes: Investigations for Melbourne[J].Road & Transport Research: A Journal of Australian and New Zealand Research and Practice,2009, 18 (1): 53.

[27] Cao J, Menendez M.System dynamics of urban traffic based on its parking-related-states[J]. Transportation Research Part B: Methodological,2015, 81: 718-736.

[28] Wang R, Yuan Q.Parking practices and policies under rapid motorization: The case of China[J]. Transport Policy,2013, 30: 109-116.

[29] Inci E.A review of the economics of parking[J].Economics of Transportation,2015, 4 (1-2): 50-63.

[30] 朱亮 . 北京市停车需求预测与公共停车设施规划的研究 [D]. 北京：北京交通大学交通运输学院 ,2007.

[31] 陈峻 , 王炜 , 晏克非 . 城市停车设施需求预测研究 [J]. 东南大学学报 ,1999, 29 (11): 121-126.

[32] 关宏志 , 王鑫 , 王雪 . 停车需求预测方法研究 [J]. 北京工业大学学报 ,2006, 32 (7): 600-604.

[33] 卢红锋 . 城市公共停车设施选址方法研究 [D]. 长沙：长沙理工大学 ,2008.

[34] 梅振宇 , 项贻强 , 陈峻 , 等 . 基于停车选择行为的路内停车价格优化模型 [J]. 交通运输系统工程与信息 ,2010, 10 (1): 99-104.

[35] 梁伟 , 段进宇 . 控制性详细规划中停车位控制研究——以北京市中心城为例 [J]. 城市规划 ,2006,

30 (5): 32-37.
[36] 陆化普 . 城市交通拥堵机理分析与对策体系 [J]. 综合运输 ,2014 (3): 10-19.
[37] 梅振宇 . 城市路内停车设施设置优化方法研究 [D]. 南京 : 东南大学 ,2006.
[38] Weinberger R, Kaehny J, Rufo M.US parking policies: An overview of management strategies[J],2010.
[39] Shoup D.The trouble with minimum parking requirements[J].Transportation Research Part A: Policy and Practice,1999, 33 (7-8): 549-574.
[40] Shoup D. The high cost of free parking: Updated edition[M]. Routledge,2017.
[41] Shen T, Hua K, Liu J.Optimized Public Parking Location Modelling for Green Intelligent Transportation System Using Genetic Algorithms[J].IEEE Access,2019, 7: 176870-176883.
[42] Čuljković V.Influence of parking price on reducing energy consumption and CO_2 emissions[J]. Sustainable Cities and Society,2018, 41: 706-710.
[43] Wang Y, Peng Z, Chen Q.Model for Public Car Park Layout Based on Dynamic Multiperiodic Parking Demands[J].Journal of Urban Planning and Development,2018, 144 (4).
[44] Kodransky M, Hermann G, Europe's U.Turn: From Accommodation to Regulation[J].Institute for Transportation and Development Policy, Spring,2011.
[45] Wang J J, Liu Q.Understanding the parking supply mechanism in China: a case study of Shenzhen[J]. Journal of Transport Geography,2014, 40: 77-88.
[46] Liu Q, Wang J, Chen P, et al.How does parking interplay with the built environment and affect automobile commuting in high-density cities? A case study in China[J].Urban Studies,2016, 54 (14): 3299-3317.
[47] 赵童 . 交通影响分析中逆四阶段用地反馈模型探讨 [J]. 同济大学学报 : 自然科学版 ,2001, 29 (11): 1266-1271.
[48] 郭涛 , 杨涛 . 基于 GA 的公共停车场选址模型研究 [J]. 交通运输工程与信息学报 ,2006, 4 (1): 95-98.
[49] 陈峻 , 王炜 . 城市社会停车场选址规划模型研究 [J]. 公路交通科技 ,2000, 17 (1): 59-62.
[50] Wang S, Chen J, Zhang H.A Location Optimization Model for Curb Parking Facilities Coordinating with Off-street Parking Facilities[J].Journal of Highway and Transportation Research and Development,2009, 26 (5): 97-102.
[51] 段满珍 , 陈光 , 曹会云 , 等 . 停车场均衡利用博弈模型 [J]. 西南交通大学学报 ,2017, 52 (4): 810-816.
[52] 陈群 , 晏克非 . 基于路网容量约束的停车设施泊位规模优化 [J]. 北京工业大学学报 ,2012, 38 (4): 553-557.
[53] Smith M S. Shared parking[M]. 2005.

[54] 王斌 . 城市中心区组合用地配建停车泊位共享匹配研究 [D]. 南京 : 东南大学 ,2017.
[55] 何鹏 . 面向泊位共享的医院配建停车时间窗口优化研究 [D]. 南京 : 东南大学 , 2016.
[56] 陈恺 . 城市中心区典型行政办公配建泊位共享时间窗口划分研究 [D]. 南京 : 东南大学 ,2016.
[57] 陈峻 , 王斌 , 张楚 . 基于时空容量的配建停车资源共享匹配方法 [J]. 中国公路学报 ,2018, 31 (3): 96-115.
[58] 段满珍 , 杨兆升 , 米雪玉 , 等 . 基于居住区共享停车的双层规划诱导模型 [J]. 西南交通大学学报 ,2016, 51 (6): 1250.
[59] 肖飞 , 张利学 , 晏克非 . 基于泊位共享的停车需求预测 [J]. 城市交通 ,2009, 7 (3): 73-79.
[60] 陈峻 , 谢凯 . 中心城区高校停车泊位共享的动态分配模型及效果评价 [J]. 中国公路学报 ,2015, 28 (11): 104-111.
[61] 刘月 . 面向节能减排的车辆检测站网点布局优化方法研究 [D]. 哈尔滨 : 东北林业大学 ,2015.
[62] Smit R, Brown A L, Chan Y C.Do air pollution emissions and fuel consumption models for roadways include the effects of congestion in the roadway traffic flow?[J].Environmental Modelling & Software,2008, 23 (10-11): 1262-1270.
[63] 刘志林 , 秦波 . 城市形态与低碳城市 : 研究进展与规划策略 [J]. 国际城市规划 ,2013 (2): 4-11.
[64] Islam M N, Rahman K-S, Bahar M M, et al.Pollution attenuation by roadside greenbelt in and around urban areas[J].Urban forestry & urban greening,2012, 11 (4): 460-464.
[65] Barter P. Parking policy in Asian cities[M]. Asian Development Bank,2011.
[66] Zheng S, Zhang X, Xu J.Urban Spatial Mismatch and Traffic Congestion——Empirical Study on Jobs-housing Unbalance and Over-concentration of Public Service in Beijing[J].Reform of Economic System,2016 (3): 50-55.
[67] 何保红 , 陈峻 , 王炜 . 城市建筑物停车场配建指标探讨 [J]. 规划师 ,2004, 20 (8): 73-75.
[68] Zhao T, Xu W.Research on Inverse Four-stage Land Feedback Model in Traffic Impact Analysis[J]. Journal of Tongji University,2001, 29 (11): 1266-1271.
[69] 刘典 , 张飞舟 . 城市停车场实时车位获取与分配研究 [J]. 计算机工程与应用 ,2017, 53 (7): 242-247.
[70] Nelson A C, Meyer M D, Ross C B.Parking supply policy and transit use: Case study of Atlanta, Georgia[J].Transportation research record,1997, 1604 (1): 60-66.
[71] Engel-Yan J, Hollingworth B, Anderson S.Will reducing parking standards lead to reductions in parking supply? Results of extensive commercial parking survey in Toronto, Canada[J].Transportation research record,2007, 2010 (1): 102-110.
[72] Manville M, Shoup D C. Parking requirements as a barrier to housing development: regulation and reform in Los Angeles[M]. Citeseer,2010.

[73] Guo Z, Ren S.From minimum to maximum: Impact of the London parking reform on residential parking supply from 2004 to 2010?[J].Urban Studies,2013, 50 (6): 1183-1200.

[74] Hamilton B A.Parking Restraint Measures[J].Making the right choices: Options for managing transport congestion,2006: 293-298.

[75] Economics S.Planning. Innovative Funding Models for Public Transport in Australia[J].SGS Economics and Planning,2015.

[76] Marsden G.The evidence base for parking policies—a review[J].Transport Policy,2006, 13 (6): 447-457.

[77] Arrington G, Cervero R. Effects of TOD on housing, parking, and travel[M]. 2008.

[78] Rowe D H, Christine Bae C-H, Shen Q.Evaluating the impact of transit service on parking demand and requirements[J].Transportation research record,2011, 2245 (1): 56-62.

[79] Willson R.Parking policy for transit-oriented development: lessons for cities, transit agencies, and developers[J].Journal of Public Transportation,2005, 8 (5): 5.

[80] Cervero R, Kockelman K.Travel demand and the 3Ds: Density, diversity, and design[J].Transportation Research Part D: Transport and Environment,1997, 2 (3): 199-219.

[81] Iacono M, Levinson D, El-Geneidy A.Models of Transportation and Land Use Change: A Guide to the Territory[J].Journal of Planning Literature,2008, 22 (4): 323-340.

[82] Grote M, Williams I, Preston J, et al.Including congestion effects in urban road traffic CO_2 emissions modelling: Do Local Government Authorities have the right options?[J].Transportation Research Part D: Transport and Environment,2016, 43: 95-106.

[83] Frank L D.Land Use and Transportation Interaction[J].Journal of Planning Education and Research,2000, 20 (1): 6-22.

[84] Jelokhani-Niaraki M, Malczewski J.A group multicriteria spatial decision support system for parking site selection problem: A case study[J].Land Use Policy,2015, 42: 492-508.

[85] Davis A Y, Pijanowski B C, Robinson K, et al.The environmental and economic costs of sprawling parking lots in the United States[J].Land Use Policy,2010, 27 (2): 255-261.

[86] Zhang K, Batterman S, Dion F.Vehicle emissions in congestion: Comparison of work zone, rush hour and free-flow conditions[J].Atmospheric Environment,2011, 45 (11): 1929-1939.

[87] Panis L I, Broekx S, Liu R.Modelling instantaneous traffic emission and the influence of traffic speed limits[J].Science of the total environment,2006, 371 (1-3): 270-285.

[88] Abou-Senna H, Radwan E.VISSIM/MOVES integration to investigate the effect of major key parameters on CO_2 emissions[J].Transportation Research Part D: Transport and Environment,2013, 21: 39-46.

[89] Çolak S, Lima A, González M C.Understanding congested travel in urban areas[J].Nature Communications,2016, 7: 10793.
[90] Downs A. Stuck in traffic: Coping with peak-hour traffic congestion[M]. Brookings Institution Press,2000.
[91] Ta N, Chai Y, Zhang Y, et al.Understanding job-housing relationship and commuting pattern in Chinese cities: Past, present and future[J].Transportation Research Part D: Transport and Environment,2017, 52: 562-573.
[92] Louail T, Lenormand M, Picornell M, et al.Uncovering the spatial structure of mobility networks[J]. Nature Communications,2015, 6: 6007.
[93] Balac M, Ciari F, Axhausen K W.Modeling the impact of parking price policy on free-floating carsharing: Case study for Zurich, Switzerland[J].Transportation Research Part C: Emerging Technologies,2017, 77: 207-225.
[94] Mccahill C, Haerter-Ratchford J, Garrick N, et al.Parking in Urban Centers: Policies, supplies, and implications in six cities[J].Transportation Research Record,2014, 2469 (1): 49-56.
[95] Litman T, Steele R. Land use impacts on transport[M]. Victoria Transport Policy Institute Canada,2017.
[96] Daggett J, Gutkowski R.Transportation in university communtities: parking and automobile policies and practices[J].Parking: the magazine of the parking industry,2003, 42 (7).
[97] Li J. City Parking Facilities Planning Study[D]. Xian University of Architecture and Technology,2006.
[98] Panayappan R, Trivedi J M, Studer A, et al. VANET-based approach for parking space availability[C]. Proceedings of the fourth ACM international workshop on Vehicular ad hoc networks,2007: 75-76.
[99] Rong J.An Analysis of Policy Failure in Traffic Decision-making: A Case Study of Parking Charge Policy in Beijing[J].Journal of Transportation Engineering,2018.
[100] Bramley G, Power S.Urban form and social sustainability: the role of density and housing type[J]. Environment and Planning B: Planning and Design,2009, 36 (1): 30-48.
[101] Meurs H, Van Wee G.Land use and mobility: a synthesis of findings and policy implications[J],2003.
[102] Knaap G J, Song Y, Nedovic-Budic Z.Measuring patterns of urban development: new intelligence for the war on sprawl[J].Local Environment,2007, 12 (3): 239-257.
[103] Group A T. Congestion Management Process Update[R].2015.
[104] 文国玮 . 城市交通与道路系统规划 [M]. 北京：清华大学出版社 ,2001.
[105] Grazi F, Bergh J C V D, Ommeren J N V.An empirical analysis of urban form, transport, and global warming[J].Energy Journal,2008, 29 (4): 97.
[106] 赵鹏军，李铠 . 大数据方法对于缓解城市交通拥堵的作用的理论分析 [J]. 现代城市研究 ,2014,

10: 25-30.

[107] Norman J, Maclean H L, Kennedy C A.Comparing high and low residential density: life-cycle analysis of energy use and greenhouse gas emissions[J].Journal of urban planning and development,2006, 132 (1): 10-21.

[108] Barth M, Boriboonsomsin K.Real-world carbon dioxide impacts of traffic congestion[J].Transportation Research Record,2008, 2058 (1): 163-171.

[109] 周伟，米红．中国能源消费排放的 CO_2 测算 [J]. 中国环境科学 ,2010, 30 (8): 1142-1148.

[110] Larson E, Delaquil P, Wu Z, et al. Exploring Implications to 2050 of Energytechnology Options for China[C].Greenhouse Gas Control Technologies-6th International Conference,2003: 881-887.

[111] 赵娴．北京市 2008 年交通能源需求与环境排放分析 [D]. 北京：北京交通大学 ,2007.

[112] 朱松丽．北京、上海城市交通能耗和温室气体排放比较 [J]. 城市交通 ,2010 (3): 58-63.

[113] 王晓华．基于 LEAP 模型的北京市物流发展对节能减排影响研究 [D]. 北京：北京交通大学 ,2009.

[114] 严晗．北京典型道路机动车污染物排放与浓度特征研究 [D]. 北京：清华大学 ,2014.

[115] Grote M, Williams I, Preston J, et al.A practical model for predicting road traffic carbon dioxide emissions using Inductive Loop Detector data[J].Transportation Research Part D: Transport and Environment,2018, 63: 809-825.

[116] Smit R, Poelman M, Schrijver J.Improved road traffic emission inventories by adding mean speed distributions[J].Atmospheric Environment,2008, 42 (5): 916-926.

[117] 孙健，刘琼，彭仲仁．城市交通拥挤成因及时空演化规律分析——以深圳市为例 [J]. 交通运输系统工程与信息 ,2011, 11 (5): 86-93.

[118] 林涛．基于大数据的交通规划技术创新应用实践——以深圳市为例 [J]. 城市交通 ,2017, 15 (1): 43-53.

[119] Hao J, Zhu J, Zhong R.The rise of big data on urban studies and planning practices in China: Review and open research issues[J].Journal of Urban Management,2015, 4 (2): 92-124.

[120] Li J, Long Y, Dang A.Live-Work-Play Centers of Chinese cities: Identification and temporal evolution with emerging data[J].Computers, Environment and Urban Systems,2018, 71: 58-66.

[121] Castro P S, Zhang D, Li S. Urban traffic modelling and prediction using large scale taxi GPS traces[C].International Conference on Pervasive Computing,2012: 57-72.

[122] Kerner B S, Rehborn H, Aleksic M, et al.Methods for Tracing and Forecasting Congested Traffic Patterns[J].Traffic engineering & control,2001, 42 (8).

[123] Ma X, Yu H, Wang Y, et al.Large-scale transportation network congestion evolution prediction using deep learning theory[J].PLoS One,2015, 10 (3): e0119044.

[124] Zhang Y, Shi W H, Liu Y C.Comparison of several traffic forecasting methods based on travel time

index data on weekends[J].Journal of Shanghai Jiaotong University,2010.

[125] 郑淑鉴，杨敬锋．国内外交通拥堵评价指标计算方法研究 [J]. 公路与汽运 ,2014, 000 (001): 57-61.

[126] Dixon K K, Wu C-H, Sarasua W, et al.Posted and free-flow speeds for rural multilane highways in Georgia[J].Journal of transportation engineering,1999, 125 (6): 487-494.

[127] Ribeiro S K, Kobayashi S, Beuthe M, et al.Transportation and its infrastructure[J],2007.

[128] 席广亮，甄峰．基于大数据的城市规划评估思路与方法探讨 [J]. 城市规划学刊 ,2017 (01): 56-62.

[129] Yao Y, Li X, Liu X, et al.Sensing spatial distribution of urban land use by integrating points-of-interest and Google Word2Vec model[J].International Journal of Geographical Information Science,2017, 31 (4): 825-848.

[130] Zhou J, Pei H, Wu H. Early warning of human crowds based on query data from Baidu maps: analysis based on shanghai stampede,Big Data Support of Urban Planning and Management: Springer,2018: 19-41.

[131] Zhang S, Wu Y, Liu H, et al.Real-world fuel consumption and CO_2 emissions of urban public buses in Beijing[J].Applied Energy,2014, 113: 1645-1655.

[132] 郝艳召，宋国华，邱兆文，等．基于浮动车数据的机动车排放实时测算模型 [J]. 中国环境科学 ,2015, 35 (2): 396-402.

[133] Huan L, Chunyu H, Lents J, et al.Beijing vehicle activity study[J].Final Report, International Sustainable Systems Research California, USA,2005.

[134] Shen T, Hong Y, Thompson M M, et al.How does parking availability interplay with the land use and affect traffic congestion in urban areas? The case study of Xi’an, China[J].Sustainable Cities and Society,2020, 57: 102126.

[135] Sagiroglu S, Sinanc D. Big data: A review[C].2013 International Conference on Collaboration Technologies and Systems (CTS),2013: 42-47.

[136] Wang Z, Chen F, Fujiyama T.Carbon emission from urban passenger transportation in Beijing[J]. Transportation Research Part D: Transport and Environment,2015, 41: 217-227.

[137] Yao G, Guo H, Li C, et al.Analyzing the elements related to parking demand: An empirical study in Beijing[J].Advances in Mechanical Engineering,2016, 8 (4).

[138] 龙瀛，毛其智，杨东峰，等．城市形态、交通能耗和环境影响集成的多智能体模型 [J]. 地理学报 ,2011, 66 (8): 1033-1044.

[139] Holtzclaw J. Harnessing urban form to reduce driving and pollution: New studies in Chicago, LA and San Francisco[R]. Air and Waste Management Association, Pittsburgh, PA (United States),1998.

[140] 周华珍．城市公共停车场选址优化研究 [D]. 兰州：兰州交通大学 ,2015.

[141] Crawford J, French W.A low-carbon future: Spatial planning' s role in enhancing technological innovation in the built environment[J].Energy Policy,2008, 36 (12): 4575-4579.

[142] 范秀英，张微，韩圣慧．我国汽车尾气污染状况及其控制对策分析 [J]. 环境科学 ,1999, 20 (5).

[143] Willson R W.Suburban parking requirements: a tacit policy for automobile use and sprawl[J].Journal of the American planning association,1995, 61 (1): 29-42.

[144] Ellis R H, Rassam P R.Structuring a systems analysis of parking[J].Highway Research Record,1970 (317).

[145] Horner M W, Groves S.Network flow-based strategies for identifying rail park-and-ride facility locations[J].Socio-Economic Planning Sciences,2007, 41 (3): 255-268.

[146] Isa N, Mohamed A, Yusoff M. Implementation of dynamic traffic routing for traffic congestion: A review[C].International Conference on Soft Computing in Data Science,2015: 174-186.

[147] Chen J, Liu D, Chen X, et al.Planning method of urban parking facilities' locating model with its genetic algorithm[J].China Journal of Highway and Transport,2001, 14 (1): 85-88.

[148] Cui H, Wang H.The application of gradual optimization method in the location of urban parking lots[J].Journal of Xian University of Architecture & Technology,2001, 33 (1): 39-45.

[149] Austin T W, Lee M J.Estimation of potential use of peripheral parking for Los Angeles CBD[J]. Highway Research Record,1973 (444).

[150] Wang Z, Tan Z, Xu H. Location Model and Algorithm of Public Parking Facilities[C].2008 International Conference on Intelligent Computation Technology and Automation (ICICTA),2008: 598-602.

[151] Ni X Y, Ma X D, Xia X M. Location model of public parking facilities basing on the optimal total social cost[C].Applied Mechanics and Materials,2013: 175-178.

[152] Whitlock E.Use of linear programming to evaluate alternative parking sites[J].Highway Research Record,1973 (444).

[153] Oppenlander J, Dawson R. Optimal location of sizing of parking facilities. Institute of Transportation Engineers[C].58th Annual Meeting, Vancouver (Technical Paper 428),1988: 428-30.

[154] Aliniai K, Yarahmadi A, Zarin J Z, et al.Parking Lot Site Selection: An Opening Gate Towards Sustainable GIS-based Urban Traffic Management[J].Journal of the Indian Society of Remote Sensing,2015, 43 (4): 801-813.

[155] Chen J, Wang W.Study on Location Planning Model for Urban Public Parking Area[J].Journal of Highway and Transportation Research and Development,2000, 17 (1): 59-62.

[156] Gur Y J, Beimborn E A.Analysis of parking in urban centers: equilibrium assignment approach[J]. Transportation Research Record,1984 (957).

[157] Yamashita T, Izumi K, Kurumatani K, et al. Smooth traffic flow with a cooperative car navigation system[C].Proceedings of the fourth international joint conference on Autonomous agents and multiagent systems,2005: 478-485.

[158] Sperry B R, Burris M W, Dumbaugh E.A case study of induced trips at mixed-use developments[J]. Environment and Planning B: Planning and Design,2012, 39 (4): 698-712.

[159] Litman T, Colman S B.Generated traffic: Implications for transport planning[J].ITE journal,2001, 71 (4): 38-46.

[160] Oussedik S, Delahaye D, Schoenauer M. Dynamic air traffic planning by genetic algorithms[C]. Proceedings of the 1999 Congress on Evolutionary Computation-CEC99 (Cat. No. 99TH8406),1999: 1110-1117.

[161] 王淑伟, 孙立山, 荣建. 北京市轨道站点吸引范围研究[J]. 交通运输系统工程与信息,2013, 13 (3): 183-188.

[162] Wardrop J G.Road paper some theoretical aspects of road traffic research[J].Proceedings of the institution of civil engineers,1952, 1 (3): 325-362.

[163] 刘艳秋, 刘博. 交通拥堵下基于实时交通信息的路径选择模型[J]. 沈阳工业大学学报,2014, 36 (4): 426-430.

[164] Zhang Q, Huang F, Cao G. Urban parking facility planning: Beijing China Architecture & Building Press,2009.

[165] Wang S, Sun L, Rong J, et al.Transit traffic analysis zone delineating method based on Thiessen polygon[J].Sustainability,2014, 6 (4): 1821-1832.

[166] Bureau O P R.Traffic assignment manual[J].US Department of Commerce,1964.

[167] Senge S. Assessment of path reservation in distributed real-time vehicle guidance[C].2013 IEEE Intelligent Vehicles Symposium (IV),2013: 94-99.

[168] Anwar A, Fujiwara A, Zhang J. Newly developed link performance functions incorporating the influence of on-street occupancy for developing cities: study on Dhaka city of Bangladesh[C].the 90th annual meeting of the Transportation Research Board, Washington, DC, January,2011: 23-27.

[169] 徐建闽. 我国低碳交通分析及推进措施[J]. 城市观察,2010, 000 (004): 13-20.